Die Familienstiftung

Thorsten Klinkner · Domenik Wagener

Die Familienstiftung

Ein steuerlicher Praxisleitfaden

2. Auflage

Thorsten Klinkner
Geschäftsführer
UnternehmerKompositionen GmbH
Meerbusch, Deutschland

Domenik Wagener
UnternehmerKompositionen GmbH
Meerbusch, Deutschland

ISBN 978-3-658-37645-1   ISBN 978-3-658-37646-8   (eBook)
https://doi.org/10.1007/978-3-658-37646-8

Die Deutsche Nationalbibliothek verzeichnet diese Publikation in der Deutschen Nationalbibliografie; detaillierte bibliografische Daten sind im Internet über http://dnb.d-nb.de abrufbar.

Planung/Lektorat: Vivien Bender
Springer Gabler ist ein Imprint der eingetragenen Gesellschaft Springer Fachmedien Wiesbaden GmbH und ist ein Teil von Springer Nature.
Die Anschrift der Gesellschaft ist: Abraham-Lincoln-Str. 46, 65189 Wiesbaden, Germany

Inhaltsverzeichnis

Errichtung einer Familienstiftung

1.1 Einleitung

1.1.1 Begriffsabgrenzungen

Das Bürgerliche Gesetzbuch (BGB) und die Stiftungsgesetze der Länder enthielten lange keine gesetzliche Definition des Begriffs *„Stiftung"*. Durch das Gesetz zur Vereinheitlichung des Stiftungsrechts[1] wurde nunmehr in § 80 Absatz 1 BGB n.F. eine Legaldefinition eingeführt:

Die Stiftung ist eine mit einem Vermögen zur dauernden und nachhaltigen Erfüllung eines vom Stifter vorgegebenen Zwecks ausgestattete, mitgliederlose juristische Person. Die Stiftung wird in der Regel auf unbestimmte Zeit errichtet, sie kann aber auch auf bestimmte Zeit errichtet werden, innerhalb derer ihr gesamtes Vermögen zur Erfüllung ihres Zwecks zu verbrauchen ist (Verbrauchsstiftung).

Eine *selbstständige Stiftung* in diesem Sinne als eine juristische Person, hat demnach (vergleichbar mit einer natürlichen Person) keine Anteilseigner, Gesellschafter oder Mitglieder hat. Es handelt sich um eine verselbstständigte Vermögensmasse. Mit den laufenden Erträgen des Stiftungsvermögens ist ein bestimmter Zweck[2] zu erfüllen, den der Stifter in der Satzung festlegt. Den §§ 80 bis 89 BGB liegt das Konzept der gemeinwohlkonformen Allzweckstiftung zugrunde.[3]

---

[1] Vgl. hierzu ausführlich unter 1.1.5.

[2] § 81 Abs. 1 S. 3 Nr. 3 BGB.

[3] Ellenberger in Grüneberg, BGB, 82. Auflage, 2021, § 81, Rz. 7.

© Unternehmer Kompositionen 2022
T. Klinkner und D. Wagener, *Die Familienstiftung*,
https://doi.org/10.1007/978-3-658-37646-8_1

Ist laut Satzung keine zeitliche Begrenzung vorgesehen, kann die Stiftung so lange bestehen, wie ihr Zweck erfüllbar ist. Im Fall der Familienstiftung handelt es sich bei dem Zweck der Stiftung um die Förderung und Unterstützung der laut Satzung begünstigten Familienmitglieder. Anschließend wird die Stiftung entweder aufgelöst oder es tritt ein durch den Stifter festgelegter Anschlusszweck in Kraft. Bei einem solchen Anschlusszweck kann es sich typischerweise um einen gemeinnützigen Zweck handeln, der im Fall des Versterbens des letzten begünstigten Familienmitglieds in Kraft tritt.

Die typische Stiftung ist eine sog. Ewigkeitsstiftung, bei der das Grundstockvermögen ungeschmälert zu erhalten ist.[4] § 83b BGB n.F. unterscheidet nunmehr klar zwischen dem (unantastbaren) Grundstockvermögen und dem sonstigen Vermögen einer Stiftung. Zum Grundstockvermögen gehören typischerweise das bei Errichtung der Stiftung gewidmete Vermögen und spätere Zustiftungen von Vermögen. Der Stiftungszweck ist mit den Nutzungen des Grundstockvermögens zu erfüllen. Neu geregelt ist die Klarstellung, dass Zuwächse aus der (per se zulässigen) Umschichtung des Grundstockvermögens auch für die Erfüllung des Stiftungszwecks verwendet werden können.[5]

Typischer Anwendungsfall der Vermögensumschichtung ist die Bargründung einer Stiftung, die mit ihrem Barvermögen anschließend Immobilien oder Unternehmensbeteiligungen erwirbt. Umgekehrt können auch Teile des Grundstockvermögens gewinnbringend veräußert werden. Das Gesetz macht keine Vorgaben, ob ein realer oder nominaler Werterhalt geboten ist.[6]

Beraterhinweis

Anders als bei anderen Rechtsformen, wie der GmbH, AG oder Personengesellschaften können die anlässlich der Gründung eingezahlten Barmittel des Grundstockvermögens einer Stiftung nur zur Vermögensumschichtung, nicht aber für laufende Aufwendungen genutzt werden. Gerade im Hinblick auf die Anfangszeit einer Stiftung ist sorgfältig zu planen, dass mit dem Stiftungsvermögen ausreichend laufende Erträge erzielt werden, um laufende Aufwendungen, wie Personalkosten, Miete oder Kontoführungsgebühren zu finanzieren.

Da der Zweck der Stiftung aus den laufenden Erträgen heraus finanziert wird, gibt es keinen „Schwellenwert" des Vermögens, ab dem sich die Errichtung einer Stiftung lohnt.[7] Maßgebend ist,

---

[4] Nunmehr gesetzlich normiert in § 83c Absatz 1 Satz 1 BGB n.F.

[5] § 83c Absatz 1 Satz 3 BGB n.F.

[6] BT-Drs. 19/28.173, 57.

[7] In Literatur und Verwaltungspraxis wird zum Teil vertreten, dass eine Stiftung erst ab einer Mindestvermögensausstattung von ca. EUR 50.000 anerkennungsfähig sei. Vgl. Fischer in Feick (2015), Stiftung als Nachfolgeinstrument, § 8 Rn. 4; Schlüter/Stolte (2022), Stiftungsrecht, Kap. 2 Rn. 96; Ellenberger in Grübeberg, BGB, 82. Auflage, 2021 § 81, Rz. 7. Die Zusage eines Mindestvermögens ablehnend vgl. Burgard, NZG 2002, 699; Hof: § 6 Rn. 179; Götz/Pach-Hassenheimb (2020), Handbuch der Stiftung, Rn. 133.

ob die Höhe der laufenden Erträge des Stiftungsvermögens dazu ausreicht, den Zweck der Stiftung zu erfüllen und laufende Aufwendungen zu finanzieren.

Alternativ kann der Bestand der Stiftung auf einen bestimmten Zeitraum von mindestens zehn Jahren begrenzt werden. Es handelt sich dann um eine *Verbrauchsstiftung*.[8] Ihrem Namen entsprechend darf die Verbrauchsstiftung neben den laufenden Erträgen auch ihre Vermögenssubstanz verbrauchen, um den Stiftungszweck zu erfüllen. Typischer Anwendungsfall von Verbrauchsstiftungen sind Stiftungen, die anstelle von Unternehmensbeteiligungen, Immobilien oder anderen Ertragsquellen mit hohen Barvermögen ausgestattet sind. Aus der Substanz des Barvermögens heraus können die Familienmitglieder über einen längeren Zeitraum hinweg in dosierter Form unterstützt werden. Eigentümer des Vermögens ist die Verbrauchsstiftung als juristische Person. Anders als im Fall der Dauertestamentsvollstreckung[9] ist das Vermögen damit nicht an das persönliche Schicksal eines oder mehrerer Testamentsvollstrecker gebunden.

Anders als die selbstständige Stiftung nach §§ 80 bis 89 BGB ist die *nicht-rechtsfähige Stiftung*, die synonym auch als „Treuhandstiftung", „unselbstständige Stiftung" oder „fiduziarische Stiftung" bezeichnet wird, keine Rechtsform im eigentlichen Sinne, sondern ein Treuhandvermögen. Daher setzt die Handlungsfähigkeit jeder nicht-rechtsfähigen Stiftung einen Stiftungsträger (=Treuhänder) voraus.

Beraterhinweis
Soll ein zeitlich unbegrenzter Bestand des Treuhandvermögens erreicht werden, empfiehlt sich eine bereits bestehende selbstständige Stiftung als Treuhänderin. Auf diese Weise bietet auch die nicht-rechtsfähige Stiftung die Möglichkeit, die rechtsformbedingten Vorteile einer selbstständigen Stiftung zum Beispiel gegenüber einer Dauertestamentsvollstreckung[10] zu nutzen, ohne dabei selbst eine selbstständige Stiftung errichten zu müssen.

Folgen der fehlenden Rechtsfähigkeit sind, dass die Regelungen des BGB und der Landesstiftungsgesetze keine Anwendung finden, kein behördliches Anerkennungsverfahren durchlaufen wird und der Stiftungsträger nicht der Aufsicht durch die Stiftungsbehörde unterliegt.

Der Stiftungszweck[11] kann entweder vorsehen, dass die Erträge des Stiftungsvermögens einem bestimmten Personenkreis oder der Allgemeinheit zu Gute kommen. Bei einem abgeschlossenen Personenkreis handelt es sich um eine *privatnützige Stiftung*, bei einer Begünstigung der Allgemeinheit um eine Stiftung zur Erfüllung *gemeinnütziger, mildtätiger* oder *kirchlicher Zwecke*.

Eine gängige Form der privatnützigen Stiftung ist die *Familienstiftung*. Merke: Die Familienstiftung ist damit weder gemeinnützig, noch fällt sie in den Anwendungsbereich der steuerbegünstigten Zwecke i.S.d. §§ 51 bis 68 AO. Die Unterscheidung von Stiftungen anhand der verschiedenen Zwecke ist in der Abb. 1.1 zusammengefasst:

---

[8] § 80 Abs. 2 S. 2 BGB.
[9] §§ 2209, 2210 BGB.
[10] §§ 2209, 2210 BGB.
[11] § 81 Abs. 1 S. 3 Nr. 3 BGB.

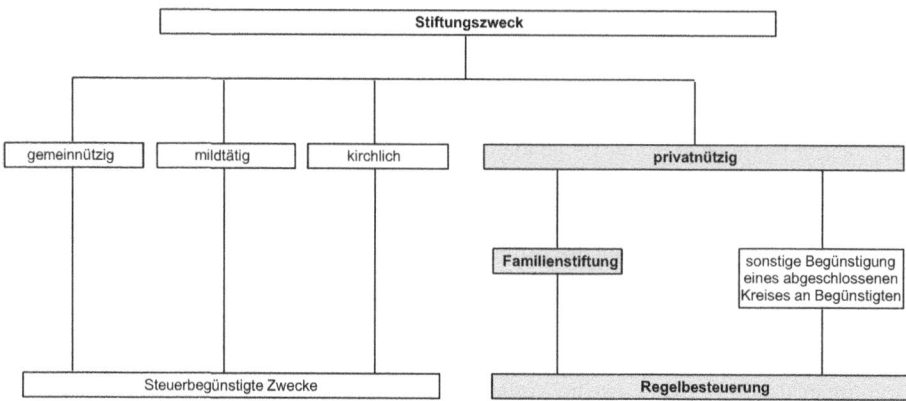

Abb. 1.1 Kategorisierung von Stiftungszwecken

Bislang gibt es keine einheitliche gesetzliche Definition der „Familienstiftung". Laut den jeweiligen Landesstiftungsgesetzen muss eine Familienstiftung

- ausschließlich oder überwiegend dem Wohle der Mitglieder einer oder mehrerer bestimmter Familien dienen.[12]
- ausschließlich dem Wohle der Mitglieder einer oder mehrerer bestimmter Familien dienen.[13]
- überwiegend dem Wohle der Mitglieder einer oder mehrerer bestimmter Familien dienen.[14]

Das Steuerrecht enthält lediglich im Außensteuergesetz in § 15 Abs. 2 AStG die Definition, dass es sich bei Familienstiftungen um Stiftungen handelt, bei denen der Stifter, seine Angehörigen und deren Abkömmlinge zu mehr als der Hälfte bezugsberechtigt[15] oder anfallsberechtigt[16] sind.

Das Erbschaft- und Schenkungsteuergesetz enthält in §§ 1 Abs. 1 Nr. 4 und 15 Abs. 2 S. 1 ErbStG zwar Regelungen für Familienstiftungen, jedoch wird der Begriff der Familienstiftung nicht explizit verwendet oder definiert. Stattdessen spricht das ErbStG lediglich von einer Stiftung, die wesentlich im Interesse einer Familie oder bestimmter Familien errichtet ist.

---

[12]§ 10 Abs. 1 S. 1 Berliner Stiftungsgesetz; § 2 Abs. 2 Stiftungsgesetz für das Land Brandenburg; § 21 Abs. 1 Hessisches Stiftungsgesetz; § 19 S. 1 Landesstiftungsgesetz Schleswig–Holstein.

[13]§ 13 Abs. 2 Stiftungsgesetz für Baden-Württemberg.

[14]§ 17 S. 1 Bremisches Stiftungsgesetz.

[15]*Bezugsberechtigt* ist jedes laut Stiftungsgeschäft begünstigte Mitglied der Stifterfamilie, das aus den laufenden Erträgen des Stiftungsvermögens finanziell unterstützt werden kann.

[16]*Anfallsberechtigt* sind gemäß § 88 BGB die Personen, die das Vermögen im Fall der Auflösung der Stiftung erhalten. Exemplarisch kann es sich hierbei um eine gemeinnützige Stiftung handeln, der das Vermögen einer Familienstiftung anfallen soll, wenn das letzte begünstigte Mitglied der Stifterfamilie verstorben ist.

1.1.2 Ablauf des behördlichen Anerkennungsverfahrens

Die Errichtung einer rechtsfähigen Stiftung setzt ein Stiftungsgeschäft und die Anerkennung durch die zuständige Stiftungsbehörde[17] voraus.[18]

In dem *Stiftungsgeschäft* verpflichtet sich der Stifter dazu, der Stiftung bestimmte Teile seines Vermögens (Grundstockvermögen) zur Erfüllung eines von ihm vorgegebenen Zwecks zu widmen. Nach § 81 Abs. 1 S. 3 BGB muss die Stiftung eine *Satzung* mit den folgenden Mindestinhalten erhalten:

- Name der Stiftung,
- Sitz der Stiftung,
- Zweck der Stiftung,
- Vermögen der Stiftung und die
- Bildung des Stiftungsvorstands (mit zumindest einem Mitglied).

Hinsichtlich der Form des Stiftungsgeschäfts ist ausschließlich die Schriftform[19] vorgeschrieben.[20]

Bei GmbH-Anteilen vollzieht sich eine Anteilsübertragung auf die Stiftung aufgrund der Verpflichtung im Stiftungsgeschäft und wegen der gesetzlichen Fiktionswirkung in § 82 Satz 2 BGB im Zeitpunkt der Anerkennung der Stiftung. Zivilrechtlich erfolgt dies, soweit nicht der ausdrückliche Stifterwille dem ausnahmsweise entgegensteht, ohne, dass es eines gesonderten Übertragungsaktes bedürfen würde.[21] Dem steht im Hinblick auf die Spezialität des Regelungsbereichs des § 82 BGB auch nicht ein besonderes Formerfordernis einer Forderungsabtretung von GmbH-Anteilen gemäß § 15 Absatz 3 GmbHG entgegen[22]. Vielmehr ist es in diesem Zusammenhang anerkannt, dass die Abtretung von GmbH-Anteilen nicht der notariellen Beurkundung[23] bedürfen.

---

[17] Die örtliche Zuständigkeit der Stiftungsbehörde richtet sich nach dem Sitz laut Stiftungsgeschäft i.S.d. § 81 Abs. 1 S. 3 Nr. 3 BGB.

[18] § 80 Abs. 1 BGB.

[19] § 126 BGB.

[20] § 81 Abs. 1 S. 1 BGB.

[21] Godron in Richter, Stiftungsrecht, 2019, § 7, Rz. 15.

[22] Hüttemann/Rawert führen im Staudinger BGB, 2017, § 82 Rn. 3 aus, dass § 81 I 1 BGB dem Formerfordernis des § 15 III GmbHG vorgehe, eine Einschränkung durch § 15 GmbHG erfolge nicht. So auch Flume AT I/2 140, BeckOGK/Tolksdorf (1.3.2017), Rn. 8; Münchner Handbuch für Gesellschaftsrecht, Bd. V, § 79 Rn 147. Die Veräußerung eines Geschäftsanteils ist die Veräußerung eines Rechts, damit richtet sich die Abtretung nach §§ 413, 398 BGB (MünchKommBGB/Roth § 413 Rn 10). So auch Roth/Altmeppen in ihrem Kommentar zum GmbHG unter § 15 Rn 19.

[23] Staudinger/Hüttemann/Rawert, BGB, 2017, § 82 Rn. 3; Weitemeyer, Münchener Kommentar zum BGB, 8. Auflage 2018, § 82 Rn. 2.

Nach unserer Praxiserfahrung vertritt die Finanzverwaltung allerdings teilweise die Rechtsauffassung, dass diese Zivilrechtslage[24] für das Steuerrecht nicht bindend sei und nimmt eine Übertragung von Vermögensgegenständen der Stiftung erst nach Anerkennung der Stiftung im Zeitpunkt des Abschlusses eines gesonderten Übertragungsaktes an. Aus diesem Grund sollte vorsorglich der Vollzug des Stiftungsgeschäfts durch notariell beurkundeten Anteilsübertragungsvertrag sowie durch Registeranmeldung der Änderung der Gesellschafterliste im Handelsregister dokumentiert werden. Einer solchen notariellen Beurkundung kommt in diesem Zusammenhang nur deklaratorischen Wirkung zu, weil die formfreie Übertragung der GmbH-Anteile bereits kraft Gesetzes mit Blick auf § 82 Satz 2 BGB erfolgt ist.[25] Gleiches gilt für die erforderliche Änderung der Gesellschafterliste im Handelsregister (§ 16 Absatz 1 Satz 1 GmbHG), weil diese Registeranmeldung keine materielle Wirksamkeitsvoraussetzung für die Abtretung bzw. Verfügung über die GmbH-Anteile selbst ist.[26] Auch bei Grundstücken ist umstritten, ob es für die Übertragung von Grundstücken der Beachtung der notariellen Form bedarf. Mit Blick auf die besondere Prüf- und Belehrungspflicht des Notars beim Grundstückskauf würde dies für Grundstücksübertragungen im Zuge des Stiftungsgeschäftes bedeuten, dass die Beurkundung des Stiftungsgeschäftes – anders als bei Übertragung von Rechten – konstitutive Wirkung hätte.[27]

Das (formale) Stiftungsgeschäft ist der Stiftungssatzung vorangestellt.

Beraterhinweis

Die Stiftungssatzung kann und sollte mit einer Präambel beginnen. Hierin schreibt der Stifter in seinen eigenen Worten seine Motivation und Ziele der Stiftungserrichtung nieder. Hier kann er auch Grundwerte und -prinzipien formulieren, die von den späteren Stiftungsorganen zu beachten sind.

Auf die Präambel folgen dann die Satzungsvorschriften, in denen beispielsweise Regelungen getroffen werden über die Vermögensverwaltung, die Beschlussfassung des Stiftungsvorstands und gegebenenfalls weiterer Organe sowie zur Organbesetzung. Möchte der Stifter auch künftig die Möglichkeit haben, bestimmte Satzungsreglungen abzuändern, sind hierfür entsprechende

---

[24] Unter Berufung auf BFH v. 28.06.2007, II R 21/05, BStBl. II 2007, 669; Die Entscheidungen des BFH stellen auf eine tatsächliche und freie Verfügung über das übertragene Wirtschaftsgut ab und knüpfen hierbei ausschließlich an die Zivilrechtslage an (aaO, Punkt II. 1 a).

[25] Vgl. zur formfreien Übertragung kraft Gesetzes MüKoGmbHG/Reichert/Weller, 3. Aufl. 2018, GmbHG.
  § 15 Rn. 34.

[26] Vgl. Baumbach/Hueck/Servatius, 22. Aufl. 2019, GmbHG § 16 Rn. 2.

[27] Für eine Grundstücksübertragung ohne Beurkundungserfordernis plädieren mit Verweis auf die Entstehungsgeschichte des § 82 Satz 2 BGB: OLG Schleswig vom 01.08.1995–9 W50/95, SchlHA 1995, 303–304 und FG Schleswig–Holstein vom 08.03.2012–3 K 118/11, EFG 2012, 1184. Die Revision beim BFH gegen das Urteil des FG Schleswig–Holstein vom 08.03.2012 konnte diese Frage bislang dahinstehen lassen, vgl. BFH vom 27.11.2013, II R 11/12, BFH/NV 2014, 579–580. Die Literatur spricht sich für Grundstücksübertragungen teils für die Beurkundungspflicht aus, weil dem Notar die Prüf- und Belehrungspflicht bei Grundstücksgeschäften zukommt, vgl. Ellenberger in Palandt, § 81 BGB Rn.1 m.w.N.

Änderungsvorbehalte in die Satzung aufzunehmen. Im Gegensatz zu Gesellschaftsverträgen bzw. zur Satzung einer AG, die unter der Voraussetzung der notwendigen Stimmrechtsmehrheit stets abänderbar sind, können die Regelungen des Stiftungsgeschäfts und der Satzung einer Stiftung nach deren Anerkennung grundsätzlich nicht mehr geändert werden. Dies bedeutet zum einen, dass für künftige Generationen keine Möglichkeit besteht, Stiftungsgeschäft oder Satzung gegen den Willen des Stifters zu ändern. Für den Stifter ergibt sich jedoch auch die Notwendigkeit, sich vor Anerkennung der Stiftung darüber im Klaren zu sein, welche Regelungen er „für die Ewigkeit" vorsieht und welche Anpassungsmöglichkeiten er sich durch entsprechende Änderungsvorbehalte offenhalten möchte.

Stiftungsgeschäft und Satzung bilden zusammen die *Stiftungsverfassung*. Zu Beginn des *Anerkennungsverfahrens* ist der Entwurf der Stiftungsverfassung mit der örtlich zuständigen Stiftungsbehörde in einem formlosen Vorprüfungsverfahren abzustimmen. Gegenstand des *Vorprüfungsverfahrens* sind insbesondere folgende Punkte:

- Die laufenden Erträge der vorgesehenen Vermögensausstattung müssen ausreichen, um den Stiftungszweck dauerhaft und nachhaltig zu erfüllen.
- Die Struktur und Mechanismen der Mitgliederbestellung der Stiftungsorgane müssen die stetige Handlungsfähigkeit gewährleisten.

Ist das Vorprüfungsverfahren erfolgreich abgeschlossen, bestätigt die Stiftungsbehörde die Anerkennungsfähigkeit der Familienstiftung. Nun wird der Antrag auf Anerkennung gestellt und die Familienstiftung kann von der Stiftungsbehörde anerkannt werden. Ab dem Tag ihrer behördlichen Anerkennung existiert die rechtsfähige Stiftung als juristische Person. Anders als bei einer Kapitalgesellschaft in Form einer Vorratsgesellschaft scheidet die Möglichkeit einer käuflichen „Vorratsstiftung" rechtsformbedingt aus, da die Stiftung keine Anteilseigner haben kann. Das Anerkennungsverfahren kann also nicht verkürzt werden. Ein weiterer Unterschied zwischen Kapitalgesellschaft und Stiftung besteht darin, dass es weder zivil- noch steuerrechtlich eine mit der Vor-Gesellschaft einer Kapitalgesellschaft vergleichbare „Vor-Stiftung" geben kann.[28]

In den einzelnen Phasen des Anerkennungsverfahrens bestehen folgende Möglichkeiten zum *Widerruf* eines Stiftungsgeschäfts unter Lebenden:

- Bevor der Antrag auf Anerkennung bei der zuständigen Behörde gestellt wurde, ist ein Widerruf des Stiftungsgeschäfts formlos möglich.
- Nachdem der Antrag auf Anerkennung bei der zuständigen Behörde gestellt und bevor dem Stifter die Anerkennungsurkunde wirksam bekannt gegeben wurde, ist ein Widerruf noch durch eine amtsempfangsbedürftige Willenserklärung gegenüber der Behörde möglich.
- Mit der wirksamen Bekanntgabe der Anerkennungsurkunde erlischt das Recht zum Widerruf.[29]

Als Alternative zum Stiftungsgeschäft unter Lebenden bietet das BGB die Möglichkeit einer Stiftungserrichtung von Todes wegen.[30] Geregelt werden kann das Stiftungsgeschäft von Todes wegen innerhalb des Testaments[31] oder in einem separaten Erbvertrag.[32]

---

[28] BFH-Urteil vom 11.02.2015 – X R 36/11, BStBl. II 2015, 545.

[29] § 81 Abs. 2 S. 1 BGB.

[30] § 83 BGB.

[31] § 1937 BGB.

[32] § 1941 BGB.

Die Kosten der Anerkennung durch die zuständige Landesbehörde richten sich nach der Gebührenordnung des jeweiligen Bundeslands. Beispielsweise sieht die Allgemeine Gebührenordnung des Bundeslands Niedersachsen eine Gebühr zwischen EUR 300 bis 1000 für die Anerkennung einer Stiftung als rechtsfähig vor.[33]

1.1.3 Motive für die Errichtung einer Familienstiftung

Die Motive des Stifters zur Errichtung der Stiftung stimmen nicht immer zwingend mit dem Zweck der Stiftung überein.

Typische mögliche Motive zur Errichtung einer Familienstiftung sind u. a.

- Erfolge- und Nachlassplanung,
- Absicherung der Familie,
- Erhalt und Vermehrung von Familien- und Unternehmensvermögen,
- Schutz des Familien- und Unternehmensvermögen vor Zersplitterung,
- Steuerliche Optimierung.

1.1.4 Vermögensübertragung

Allgemein kann der Stifter sein Vermögen *unentgeltlich, entgeltlich* oder *teilentgeltlich* an die Stiftung übertragen.

Verpflichtet sich der Stifter in einem Stiftungsgeschäft unter Lebenden[34] oder einer Verfügung von Todes wegen[35] dazu, sein Vermögen unentgeltlich zu übertragen, handelt es sich bei dem Vermögen in der Regel um *Grundstockvermögen* der Stiftung, falls das Vermögen nicht im Stiftungsgeschäft teilweise dem freien Vermögen zugeordnet wird. Wird Vermögen ohne Verpflichtung in dem Stiftungsgeschäft an eine bestehende Stiftung vererbt[36] oder verschenkt,[37] handelt es sich um sogenannte *Zustiftungen*. Das zugestiftete

---

[33] Gebührenordnung des Bundeslands Niedersachsen vom 05.06.1997 (Randnummer 83.1.1), letzte berücksichtigte Änderung: Anlage geändert durch Verordnung vom 19.06.2017, Nds. GVBl. S. 195.

[34] § 81 Abs. 1 S. 1 BGB.

[35] § 83 S. 1 BGB.

[36] § 1922 BGB. Der Erwerb durch Erbanfall kann entweder in einem Testament (§ 1937 BGB) oder einem Erbvertrag (§ 1941 Abs. 1 BGB) geregelt werden.

[37] § 516 Abs. 1 BGB.

Vermögen kann wahlweise dem wertmäßig zu erhaltenden Grundstockvermögen zugeordnet oder der Stiftung zum freien Verbrauch in Erfüllung des Stiftungszwecks zur Verfügung gestellt werden.

Entgeltliche Übertragungen liegen typischerweise bei einem Verkauf[38] von Vermögen an bzw. durch die Stiftung vor, wenn der Veräußerer des Vermögens entweder Geld als Gegenleistung erhält oder an den Erwerber eine bestehende Darlehensschuld abtritt.[39] Ein Tausch[40] scheidet meist aus, weil die Stiftung noch nicht über eigenes Vermögen verfügt. Soll eine voll entgeltliche Übertragung durchgeführt werden, ist die Höhe des Kaufpreises, den der Veräußerer erhält, in Höhe des Verkehrswerts des veräußerten Vermögens festzulegen.

Da eine Stiftung als verselbstständigte Vermögensmasse keine Gesellschafter, Anteilseigner oder Mitglieder hat, können dem Stifter im Gegenzug für Vermögensübertragungen keine Gesellschaftsrechte gewährt werden. Rechtsformbedingt sind damit keine nach dem Umwandlungssteuergesetz (UmwStG) begünstigten *Einbringungen* von Betrieben, Teilbetrieben oder Mitunternehmeranteilen gegen Gewährung neuer Anteile in eine Stiftung möglich. Ebenso ausgeschlossen sind offene[41] oder verdeckte[42] *Einlagen* in das Stiftungsvermögen.

1.1.5 Die Reform des Stiftungsrechts

Am 22.07.2021 wurde das Gesetz zur Vereinheitlichung des Stiftungsrechts verkündet.[43] Die neuen Vorschriften treten aber erst zum 1. Juli 2023 in Kraft.[44]

Aus gesetzestechnischer Sicht ist ein wesentlicher Punkt die Zusammenführung des bislang in 16 Landesstiftungsgesetzen enthaltenen Stiftungszivilrechts im BGB und die damit eintretende Rechtssicherheit. Wesentliche weitere Punkte der Reform sind:

---

[38] § 433 BGB.

[39] §§ 414, 415 BGB.

[40] § 480 BGB.

[41] §§ 4 Abs. 1 S. 8 EStG, 6 Abs. 1 Nummern 5 und 6 EStG.

[42] Der Anwendungsbereich verdeckter Einlagen i.S.d. § 8 Abs. 3 S. 3 KStG ist auf juristische Personen beschränkt, die ihren Anteilseignern oder Mitgliedern kapitalmäßige oder mitgliedschaftsähnliche Rechte gewähren. BFH-Urteil vom 21.09.1989 – IV R 115/88, BStBl. II 1990, S. 86.

[43] Bundesgesetzblatt I 2021, 46.

[44] Zur Diskussion der Vorwirkung: Schauhoff/Mehren, NJW 2021, 2993 (2995).

- Maßgeblichkeit des Stifterwillens[45]
- Kapitalerhalt und Verbrauch[46]
- Vermögensanlage und Organverantwortlichkeit[47]
- Satzungs- und Strukturänderungen[48]

Eine weitere wesentliche Neuerung betrifft das sog. Stiftungsregister. Stiftungen sind bislang die einzigen juristischen Personen privaten Rechts, die ohne Register mit öffentlicher Publizität auskommen müssen. Nunmehr soll mit Wirkung ab 1. Januar 2026 ein Stiftungsregister mit negativer Publizitätswirkung beim Bundesamt für Justiz eingerichtet werden. Die Pflicht zur Anmeldung in dieses Register gilt sowohl für Neu- als auch für Altstiftungen. Die Einzelheiten sind im neuen Stiftungsregistergesetz (StiftRG) geregelt. Einzutragen sind u. a. Name und Sitz der Stiftung und die Stammdaten der Vertretungsberechtigten Vorstände.[49]

1.2   Besteuerung

1.2.1   Erbschaft- und Schenkungsteuer

1.2.1.1 Steuerpflicht

Nach dem Erbschaft- und Schenkungsteuergesetz (ErbStG) sind unentgeltliche Vermögensübertragungen an eine Familienstiftung steuerpflichtig.[50] Bei den Vermögensübertragungen aufgrund des Stiftungsgeschäfts handelt es sich entweder um Stiftungserrichtungen von Todes[51] wegen oder Stiftungserrichtungen durch ein Stiftungsgeschäft unter Lebenden.[52] Unentgeltliche Vermögensübertragungen, zu denen sich der Stifter nicht in dem Stiftungsgeschäft verpflichtet hat, sind als freigebige Zuwendungen unter Lebenden steuerpflichtig.[53]

---

[45] § 83 Absatz 2 BGB n.F.

[46] § 83b, c BGB n.F.

[47] §§ 84 ff. BGB n.F.

[48] §§ 85 ff. BGB n.F.

[49] § 2 StiftRG.

[50] Im Regelfall liegt eine *unbeschränkte* Steuerpflicht vor, weil sowohl der Stifter (Wohnsitz und/ oder gewöhnlicher Aufenthalt in Deutschland) als auch die Familienstiftung (Geschäftsleitung und/ oder Sitz in Deutschland) „Inländer" im Sinne des § 2 Abs. 1 Nr. 1 Buchstaben a) und d) ErbStG sind.

[51] §§ 1 Abs. 1 Nr. 1, 3 Abs. 2 Nr. 1 S. 1 ErbStG.

[52] §§ 1 Abs. 1 Nr. 2, 7 Abs. 1 S. 1 Nr. 8 ErbStG.

[53] §§ 1 Abs. 1 Nr. 2, 7 Abs. 1 S. 1 Nr. 1 ErbStG.

Entscheidend für die anzuwendende Fassung des ErbStG,[54] die steuerliche Wertermittlung,[55] die Prüfung der Anwendungsvoraussetzungen der steuerlichen Verschonungsabschläge[56] und die anzuwendende Steuerklasse[57] ist jeweils der Tag der Entstehung der Steuer:

- Stichtag der Entstehung der *Erbschaftsteuer* ist nicht bereits der Tag des Erbfalls des Stifters, sondern erst der Tag der behördlichen Anerkennung der Stiftung.[58]
- Stichtag der Entstehung der *Schenkungsteuer* ist der Tag der Ausführung der Zuwendung.[59] GmbH-Anteile gemäß § 82 Satz 2 BGB kraft Gesetzes automatisch auf die Stiftung über (das Stiftungsgeschäft bedarf keiner notariellen Beurkundung). Der Stichtag einer Grundstücksübertragung ist im Regelfall der Tag, an dem die Auflassung (§ 925 BGB) und die Eintragungsbewilligung (§ 19 GBO) vorliegen.[60] Soll der Übergang von Besitz, Nutzen und Lasten erst zu einem späteren Zeitpunkt erfolgen, ist stattdessen dieser Tag maßgebend.[61]

Es gilt daher die Faustformel: Stichtag der Entstehung der Steuer ist der Tag, an dem der Stifter alles in seiner Macht Stehende getan hat, um sein Vermögen an die Stiftung zu übertragen.

1.2.1.2 Wertermittlung

Das angehende Stiftungsvermögen ist bezogen auf den Übertragungsstichtag nach den Regelungen des Bewertungsgesetzes (BewG) zu bewerten.[62] Für Anteile an Kapital- oder gewerblichen Personengesellschaften ist bspw. der nach § 11 Absatz 2 BewG zu ermittelnde gemeine Wert zu berücksichtigen. Für nicht börsennotierte Unternehmen ist der gemeine Wert vorrangig aus Verkäufen unter fremden Dritten innerhalb eines Jahres abzuleiten. Fehlen zeitnahe Verkäufe, so ist der gemeine Wert unter Berücksichtigung

---

[54] Zur Anwendung der §§ 10, 13a bis 13d, 19a, 28 und 28a ErbStG in der Fassung des Artikels 1 des Gesetzes vom 4. November 2016 (BStBl. I 2016, 2464) für Erwerbe nach dem 30. Juni 2016 siehe § 37 Abs. 12 ErbStG.

[55] §§ 11 und 12 ErbStG.

[56] §§ 13a bis 13d ErbStG.

[57] § 15 ErbStG.

[58] § 9 Abs. 1 Nr. 1 Buchstabe c) ErbStG. Ausführlich hierzu H E 9.3 „Bewertungsstichtag bei Errichtung einer Stiftung" ErbStH.

[59] § 9 Abs. 1 Nr. 2 ErbStG. Zum Stichtag bei einer Schenkung nimmt die Finanzverwaltung in H E 9.3 „Bewertungsstichtag bei Errichtung einer Stiftung" S. 5 ErbStH Stellung.

[60] R E 9.1 „Zeitpunkt der Ausführung einer Grundstücksschenkung" (1) S. 2 ErbStR.

[61] R E 9.1 „Zeitpunkt der Ausführung einer Grundstücksschenkung" (1) S. 7 ErbStR.

[62] §§ 11 und 12 ErbStG.

der Ertragsaussichten oder einer anderen anerkannten Methode zu ermitteln. Den Mindestwert bildet der Substanzwert des Unternehmens.[63]

Beraterhinweis

Das vereinfachte Ertragswertverfahren bietet sich regelmäßig für übersichtliche Strukturen für den Fall an, dass der genaue Unternehmenswert aufgrund einer ewartbaren vollständigen Begünstigung gemäß §§ 13a, 13b ErbStG auch mit dem hohen Kapitalisierungsfaktor ermittelt werden kann. Nicht selten wird der Unternehmenswert allerdings für die nachfolgende Prüfung der Begünstigungsvorschrift relevant sein, so dass die Einholung eines Unternehmenswertgutachtens erforderlich ist. In der Praxis hat sich dabei der IDW Standards für die Grundsätze zur Durchführung von Unternehmensbewertungen (IDW S 1 Gutachten) durchgesetzt.

Es bestehen oftmals Streitigkeiten mit der Finanzverwaltung über die Frage des anwendbaren Bewertungsverfahrens. Selbst bei Vorlage eines von einem Wirtschaftsprüfer nach den Regelungen IDW S 1 erstellten Gutachtens kommt es in Einzelfällen, dass diese von der Betriebsprüfung angezweifelt werden und die Finanzverwaltung eine eigene Bewertung vorlegt.

1.2.1.3 Begünstigung für Betriebsvermögen §§ 13a, 13b ErbStG

Familienstiftungen kommen in den Genuss der allgemeinen Steuerbefreiungen. So kann bspw. der Erwerb von Kulturgütern[64] vollständig und der Erwerb von zu Wohnzwecken vermieteten Immobilie zu 10 %[65] begünstigt werden. Wesentliche Relevanz entfalten allerdings die Begünstigungsvorschriften für Betriebsvermögen gemäß §§ 13a, 13b ErbStG.

Die §§ 13a, 13b ErbStG gewähren für sog. begünstigungsfähiges Vermögen einen Abschlag von der Bewertung für erbschafts- und schenkungssteuerliche Zwecke in Höhe von 85 % (Regelverschonung) oder 100 % (Optionsverschonung).

1.2.1.3.1 Ermittlung des begünstigungsfähigen Vermögens

Der § 13b Abs. 1 Nr. 1 bis 3 ErbStG definiert zunächst, welches Vermögen generell als *begünstigungsfähiges* Vermögen für eine spätere Verschonung nach §§ 13a bis 13c ErbStG oder eine Verschonungsbedarfsprüfung nach § 28a ErbStG infrage kommt:

- § 13b Abs. 1 Nr. 1 ErbStG:
  Land- und forstwirtschaftliches Vermögen, das im Inland belegen ist oder einer EU/ EWR-Betriebsstätte dient.
- § 13b Abs. 1 Nr. 2 ErbStG:
  Inländisches *Betriebsvermögen* (§§ 95 bis 97 BewG) beim Erwerb eines ganzen Gewerbebetriebs, Teilbetriebs oder Mitunternehmeranteils an einer gewerblichen Mitunternehmerschaft (§ 15 Abs. 1 S. 1 Nr. 2 und Abs. 3 EStG), eines Anteils eines persönlich haftenden Gesellschafters einer KGaA oder eines Anteils daran und ent-

---

[63] Summe der gemeinen Werte des Wirtschaftsgüter abzgl. der Schulden.

[64] § 13 Absatz 1 Nr. 2 ErbStG.

[65] § 13d ErbStG.

sprechendes Betriebsvermögen, das einer Betriebsstätte in einem Mitgliedstaat der EU/des EWR dient.

Wird im Vorfeld der Übertragung eines Mitunternehmeranteils ein Widerrufsvorbehalt in das Stiftungsgeschäft aufgenommen, ist darauf zu achten, dass es sich NICHT um einen freien Widerrufsvorbehalt handelt. Ein freier Widerrufsvorbehalt ermöglicht es dem Stifter jederzeit und ohne Angabe von Gründen, die Vermögensübertragung an die Stiftung zu widerrufen. Wird eine Beteiligung an einer Personengesellschaft unter freiem Widerrufsvorbehalt übertragen, wird die Stiftung nach den Grundsätzen des Ertragsteuerrechts nicht Mitunternehmerin der Personengesellschaft.[66] Sie entfaltet keine Mitunternehmerinitiative und ist stattdessen weisungsgebunden. In diesem Fall erwirbt die Stiftung kein Betriebsvermögen und die §§ 13a, 13b und 28a ErbStG sind nicht anwendbar.[67] Dennoch ist schenkungsteuerrechtlich eine freigebige Zuwendung[68] als ausgeführt anzusehen.[69] Gegenstand ist in diesem Fall ein Geschäftsanteil einer vermögensverwaltenden Personengesellschaft[70] bzw. die anteiligen[71] Wirtschaftsgüter und Schulden.[72] Für diese Vermögenswerte sind die

§§ 13a, 13b ErbStG nicht anwendbar. Zur Vermeidung einer Schenkungsteuerbelastung wäre dann die Ausübung des Widerrufs vorzunehmen.[73]

Unschädlich ist hingegen ein Widerrufsvorbehalt in dem Stiftungsgeschäft, der an das Eintreten eines bestimmten Sachverhalts geknüpft ist.[74] Exemplarisch kann sich der Stifter einen Widerruf vorbehalten, wenn die Finanzverwaltung eine Schenkungsteuer oberhalb einer bestimmten Obergrenze festsetzt.[75]

- § 13b Abs. 1 Nr. 3 ErbStG:
  Anteile an einer Kapitalgesellschaft mit Sitz oder Geschäftsleitung im Inland oder in einem EU/EWR-Staat, wenn der Erblasser/Schenker unmittelbar (selbst unmittelbar oder über eine Poolvereinbarung) zu mehr als 25 % beteiligt war. Hierbei kann der Stifter die Beteiligung also in seinem Privatvermögen halten, da das Betriebsvermögen der Gesellschaft entscheidend ist.

---

[66] BFH-Urteil vom 16.05.1989 – VIII R 196/84, BStBl. II 1989, 877; H E 13b.5 „Schenkung von Betriebsvermögen unter freiem Widerrufsvorbehalt" ErbStR.

[67] H E 13b.5 „Schenkung von Betriebsvermögen unter freiem Widerrufsvorbehalt" ErbStR.

[68] §§ 1 Abs. 1 Nr. 2, 7 Abs. 1 S. 1 Nr. 1 (bei Zustiftung) oder Nr. 8 (bei Vermögensübertragung aufgrund des Stiftungsgeschäfts) ErbStG.

[69] BFH-Urteil vom 13.09.1989 – II R 67/86, BStBl. II 1989, 1034.

[70] § 10 Abs. 1 S. 4 ErbStG.

[71] § 39 Abs. 2 Nr. 2 AO.

[72] H E 13b.5 „Schenkung von Betriebsvermögen unter freiem Widerrufsvorbehalt" ErbStR.

[73] Mit der Wirkung nach § 29 ErbStG.

[74] [57] Theuffel-Werhahn, ZEV 2017, S. 20.

[75] [57] Theuffel-Werhahn, ZEV 2017, S. 20.

Privatvermögen, wie Bankguthaben, Wertpapiere, Anteile an Kapitalgesellschaften bei einer Beteiligungshöhe von nicht mehr als 25 %, Edelmetalle, Pkws oder Kunstgegenstände kommen nur bei Übertragungen an gemeinnützige Stiftungen[76] für eine vollständige Steuerverschonung infrage, wogegen Übertragungen an (rein privatnützige) Familienstiftungen der Regelbesteuerung unterliegen.

1.2.1.3.2 Berechnung des begünstigten Vermögens

Der Umfang der Begünstigung hängt insbesondere vom Umfang des begünstigungsschädlichen Verwaltungsvermögens ab.

Bevor das steuerpflichtige Verwaltungsvermögen von dem begünstigten Vermögen getrennt werden kann, müssen die Wirtschaftsgüter des Verwaltungsvermögen zunächst in qualitativer Hinsicht identifiziert und bewertet werden. Hierfür enthält § 13a Abs. 4 ErbStG einen nahezu unveränderten Verwaltungsvermögenskatalog:

- Nr. 1: Dritten zur Nutzung überlassene Grundstücke/Gebäude. Rückausnahmen(!): Keine schädliche Nutzungsüberlassung an Dritte liegt vor, wenn
  a) der Stifter das Grundstück oder Gebäude im Rahmen einer *Betriebsaufspaltung* an die Betriebsgesellschaft zwecks eigenbetrieblicher Nutzung vermietet/verpachtet und diese Rechtsposition auf die Familienstiftung übergeht. Alternativ liegt auch keine schädliche Nutzungsüberlassung vor, wenn es sich bei dem Grundstück oder Gebäude um *Sonderbetriebsvermögen* handelt, das einer gewerblichen oder selbstständige Arbeit verrichtenden Mitunternehmerschaft zur eigenbetrieblichen Nutzung überlassen wird.
  b) Die Nutzungsüberlassung im Rahmen der *Verpachtung eines ganzen Betriebs* erfolgt und
     aa) der Verpächter des Betriebs im Zusammenhang mit einer unbefristeten Verpachtung den Pächter durch eine letztwillige Verfügung oder eine rechtsgeschäftliche Verfügung als Erben eingesetzt hat, oder
     bb) die Verpachtung an einen Dritten erfolgt, weil der Beschenkte im Zeitpunkt der Entstehung der Steuer (§ 9 ErbStG) den Betrieb noch nicht führen kann, und die Verpachtung auf höchstens zehn Jahre befristet ist; hat der Beschenkte das 18. Lebensjahr noch nicht vollendet, beginnt die Frist mit der Vollendung des 18. Lebensjahres.
     Anti-Missbrauchsklausel: Diese Rückausnahme der Betriebsverpachtung im Ganzen gilt nicht für verpachtete Betrieb, soweit sie vor ihrer Verpachtung die Voraussetzungen als begünstigtes Vermögen nicht erfüllt haben und für verpachtete Betriebe, deren Hauptzweck in der Überlassung von Grundstücken, Grundstücksteilen, grundstücksgleichen Rechten und Bauten an Dritte zur Nutzung besteht, die nicht unter Buchstabe d) dieser Vorschrift fallen.

---

[76] § 13 Abs. 1 Nr. 16 Buchstabe b) ErbStG.

c) der überlassende und der nutzende Betrieb zu einem *Konzern* im Sinne des § 4h EStG gehören und innerhalb des Konzerns eine eigenbetriebliche Nutzung vorliegt.

d) die überlassenen Grundstücke/Gebäude zum Betriebsvermögen einer Personen- oder Kapitalgesellschaft gehören, deren Hauptzweck in der Vermietung von Wohnungen im Sinne des § 181 Abs. 9 BewG besteht und deren Betätigung einen wirtschaftlichen Geschäftsbetrieb nach § 14 AO darstellt (*„Wohnungsunternehmen"*). Als Indizien sprechen der Umfang der Geschäfte, das Unterhalten von Büros, die Buchführung zur steuerlichen Gewinnermittlung, Werbemaßnahmen und das Anbieten der Dienstleistung einer breiten Öffentlichkeit gegenüber für einen wirtschaftlichen Geschäftsbetrieb.[77] Nach Ansicht der Finanzverwaltung spricht ein Richtwert von 300 eigenen Wohnungen für einen wirtschaftlichen Geschäftsbetrieb.[78] Der BFH dagegen fordert unabhängig von der Anzahl der Wohnungen, dass neben der Vermietung gewerbliche Zusatzleistungen erbracht werden.[79]

Beraterhinweis

Je nach Fallkonstellation sind hier die Anforderungen des BFH sogar höher als die der Finanzverwaltung, zumal gewerbliche Zusatzleistung bei reinen Vermietungsunternehmen gewerbesteuerschädlich und damit regelmäßig ungewöhnlich sind. Bei einer Wohnungsanzahl von 300 sollte nach derzeitiger Lage versucht werden, den Fall mit einer verbindlichen Auskunft abzusichern. Dadurch kann vermieden werden, dass der Fall vor dem Finanzgericht verhandelt wird.

e) die überlassenen Grundstücke/Gebäude vorrangig überlassen werden, um im Rahmen von Lieferungsverträgen dem *Abs. von eigenen Erzeugnissen und Produkten* zu dienen.

f) die Grundstücke/Gebäude zur land- *und forstwirtschaftlichen Nutzung* überlassen werden.

Zum Umfang des Verwaltungsvermögens sind die Re-Investitionsklausel[80] und die Sondervorschrift für Deckungsvermögen für Altersvorsorgeverpflichtungen[81] zu beachten. In einem weiteren Schritt sind die Finanzmittel[82], junges Verwaltungsvermögen[83], junge Finanzmittel[84] und Schulden zu identifizieren und zu bewerten. Bei Konzernstrukturen

---

[77] R E 13b.17 Absatz 3 ErbStR.

[78] R E 13b.17 Absatz 3 Satz 2 ErbStR.

[79] BFH, Urteil vom 24.10.2017 – II R 44/15, DStR 2018, 403. Das Urteil wurde von der Finanzverwaltung mit einem Nichtanwendungserlass belegt.

[80] § 13b Absatz 5 ErbStG.

[81] § 13b Absatz 3 ErbStG.

[82] § 13b Absatz 4 Nr. 5 ErbStG.

[83] § 13b Absatz 7 Satz 2 ErbStG.

[84] § 13b Absatz 4 Nr. 5 Satz 1 ErbStG.

sind die entsprechenden Beträge in einer sog. Verbundsvermögensaufstellung zusammen-zufassen.[85]

Eine Begünstigung wird vollständig nicht gewährt, wenn der Wert des Verwaltungs-vermögen zzgl. des festgestellten Werts der Finanzmittel des Unternehmens mehr als 90 % (sog. 90 % Test) des Werts der Gesellschaft beträgt.[86] Die Berechnung berück-sichtigt hier ausdrücklich nicht die Verbindlichkeiten des Unternehmens.[87]

$$\text{Beteiligungsquote} \times \frac{\text{Verwaltungsvermögen für den 90\% − Test}}{\text{Festgestellter Wert des Betriebsvermögens}} = \text{Verwaltungsvermögensquote}$$

Der 90 % − Test ist somit die erste und oftmals auch relevanteste Hürde für die Begünstigung. In der Literatur wird insbesondere dieser 90 % − Test als unverhältnismäßig kritisiert.[88] Hierzu hat das Finanzgericht Münster im Rahmen eines AdV-Verfahrens Zweifel an der Verfassungsmäßigkeit geäußert.[89]

Beraterhinweis
Die Regelung kann aufgrund der ungünstigen Berechnungsmodalitäten im Einzelfall zur Folge haben, dass auch ausschließlich produktive Unternehmen die Begünstigung vollständig versagt werden.

Bsp: Die A-GmbH hat einen Unternehmenswert von 100 (Ertragswert). In der Bilanz der Gesellschaft sind u. a. Forderungen aus Lieferungen und Leistungen in Höhe von 95 und Ver-bindlichkeiten in Höhe von 150 ausgewiesen. Der Wert des Verwaltungsvermögen zzgl. des fest-gestellten Werts der Finanzmittel beträgt 95 % des Unternehmenswerts. Damit kommt eine Begünstigung des Unternehmens nach Auffassung der Finanzverwaltung nicht in Betracht.

Im Rahmen dieses Tests ist hier erstmals die Unternehmensbewertung relevant. Bei einem höheren Bestand des zum Stichtag feststehenden Verwaltungsvermögens und Finanzmittel, kann ein hoher Unternehmenswert im Einzelfall vorteilhaft sein.

Danach erfolgt erstmalig die Verrechnung der Finanzmittel mit den Schulden des Unter-nehmens, nachdem diese allerdings um wirtschaftlich nicht belastende Schulden und solche, die den durchschnittlichen Schuldenstand der letzten drei Jahre übersteigen, bereinigt werden.[90] Im Rahmen eines Finanzmitteltest werden 15 % des Wert des Betriebsvermögens als unschädliches Finanzmittel behandelt.

Das Verwaltungsvermögen wird anschließend um einen 10 %igen „Schmutzzuschlag" vermindert (sog. unschädliches Verwaltungsvermögen).[91]

---

[85] R E 13b.29 ErbStR; Kirschstein ErbStB 2017, 206.

[86] § 13b Absatz 2 Satz 2ErbStG.

[87] R E 13b.7 ErbStR.

[88] Vgl. Wachter, DB 2019, 2266.

[89] FG Münster, Beschluss vom 3.6.2019–3 V 3697/18, rkr.

[90] § 13b Absatz 8 ErbStG.

[91] § 13b Absatz 7 ErbStG.

Das detaillierte Berechnungsschema ist der nachfolgenden Abb. 1.2 zu entnehmen:

Nachdem an dieser Stelle der Wert des begünstigten Vermögens feststeht, ist als nächstes danach zu unterscheiden, ob dieser Wert

I. **90 % Test** **§ 13b Abs. 2 Satz 2 ErbStG**

>   festgestellter Wert des Verwaltungsvermögens einschließlich junges Verwaltungsvermögen
> \+ festgestellter Wert der Finanzmittel einschließlich junge Finanzmittel
> = Verwaltungsvermögen für den 90 % Test
> / festgestellter Wert des (Anteils) am Betriebsvermögen
> = Verwaltungsvermögensquote >= 90 %, dann insgesamt kein begünstigtes Vermögen

II. **Berechnung des begünstigten Vermögens**

II. 1 **Finanzmitteltest § 13b Abs. 4 Nr. 5 ErbStG**

>   festgestellter Wert der Finanzmittel
> \- festgestellter Wert der jungen Finanzmittel § 13b Abs. 4 Nr. 5 Satz 2 ErbStG
> \- festgestellter Wert der Schulden
> \- Sockelbetrag 15 % des festgestellten Werts des Anteils am Betriebsvermögen
> = verbleibender Wert Finanzmittel (§ 13b Abs.4 Nr.5 Satz 1 ErbStG) mindestens 0 EUR

II. 2 **Berechnung der verbleibenden Schulden**

>   festgestellter Wert der Schulden
> \- Wert der Schulden, die im Rahmen des Finanzmitteltest verrechnet wurden
> = verbleibende Schulden

II. 3.1 **Saldo Verwaltungsvermögen**

>   festgestellter Wert des Verwaltungsvermögens
> \- festgestellter Wert des jungen Verwaltungsvermögens
> \+ verbleibender Wert der Finanzmittel II. 1
> = Saldo Verwaltungsvermögen

II. 3.2 **Berechnung der anteiligen verbleibenden Schulden**

>   verbleibende Schulden II. 2. x Saldo Verwaltungsvermögen II. 3.1
> / festgestellter Wert des (Anteils) Betriebsvermögen + verbleibende Schulden II. 2
> = anteilig verbleibende Schulden

II. 3.3 **Berechnung des Nettowerts des Verwaltungsvermögens**

>   Saldo Verwaltungsvermögen II. 3.1
> \- anteilig verbleibende Schulden II. 3.2
> = Nettowert des Verwaltungsvermögens

II. 4.1 **Berechnung der Bemessungsgrundlage des unschädlichen Verwaltungsvermögens**

>   festgestellter Wert des Anteils am Betriebsvermögen
> \- Nettowert des Verwaltungsvermögens II. 3.3
> \- festgestellter Wert des jungen Verwaltungsvermögens
> \- festgestellter Wert der jungen Finanzmittel
> = Bemessungsgrundlage für das unschädliche Verwaltungsvermögen

II. 4.2 **Gekürzter Nettowert des Verwaltungsvermögens**

>   Nettowert des Verwaltungsvermögens II. 3.3
> \- 10% x Bemessungsgrundlage für das unschädliche Verwaltungsvermögen II. 4.1
> = Gekürzter Nettowert des Verwaltungsvermögens

II. 4.3 **Berechnung des steuerpflichtigen Werts des Verwaltungsvermögens**

>   Gekürzter Nettowert des Verwaltungsvermögens II. 4.2
> \+ festgestellter Wert des jungen Verwaltungsvermögens
> \+ festgestellter Wert der jungen Finanzmittel
> = steuerpflichtiger Wert des Verwaltungsvermögens (nicht begünstigtes Vermögen)

II. 5 **Begünstigtes Vermögen (§ 13b Abs.2 Satz 1 ErbStG)**

>   festgestellter Wert des Anteils am Betriebsvermögen
> \- steuerpflichtiger Wert des Verwaltungsvermögens II. 4.3
> = begünstigtes Vermögen

Abb. 1.2 Ermittlung des begünstigten und des steuerpflichtigen Vermögens

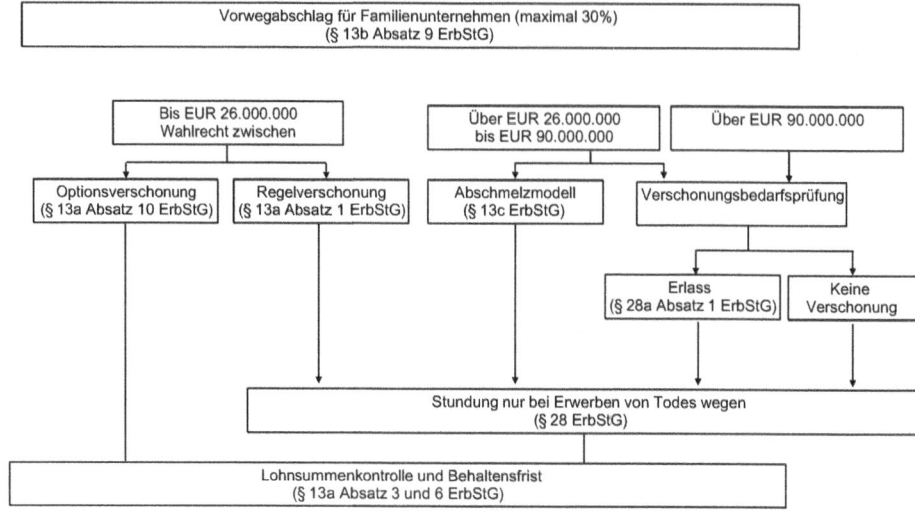

Abb. 1.3 Begünstigungsmöglichkeiten für Betriebsvermögen

- höchstens EUR 26.000.000 beträgt,
- über EUR 26.000.000 und unter EUR 90.000.000 liegt oder
- über EUR 90.000.000 beträgt.

Je nach Wert des begünstigten Vermögens kommen folgende in der Abb. 1.3 aufgeführten Begünstigungsmöglichkeiten infrage:

1.2.1.3.3 Vorwegabschlag bei Familienunternehmen

Der *Vorwegabschlag für Familienunternehmen*[92] nach § 13a Abs. 9 ErbStG, der aufgrund der restriktiven Entnahmebeschränkung eher unbrauchbar für die Gestaltungspraxis ausfällt, ist an die Erfüllung folgender Voraussetzungen geknüpft:

- *Entnahmebeschränkung:* Die Entnahme (Personengesellschaft) oder Ausschüttung (Kapitalgesellschaft) muss auf 37,5 % des um die auf den Gewinnanteil oder die Ausschüttungen aus der Gesellschaft entfallenden Steuern vom Einkommen gekürzten Betrags des steuerlichen Gewinns beschränkt sein. An dieser Stelle bietet es sich im Regelfall an, auf den Vorwegabschlag zu verzichten und sich stattdessen die Möglichkeit höherer Entnahmen offen zu halten.
- *Verfügungsbeschränkung:* Die Verfügung über die Beteiligung an der Personengesellschaft oder den Anteil an der Kapitalgesellschaft muss auf Mitgesellschafter, Angehörige im Sinne des § 15 AO oder auf eine Familienstiftung beschränkt sein.

---

[92] R E 13a.20 ErbStR; Wälzholz GmbH-StB 2017, 54.

- *Abfindungsklausel:* Für den Fall des Ausscheidens muss eine Abfindung vorgesehen sein, die unter dem gemeinen Wert des Anteils liegt.

Alle Voraussetzungen müssen mindestens zwei Jahre vor dem Zeitpunkt der Entstehung der Steuer vorliegen und sind damit nicht als „Notfallplan" geeignet.[93] Ist dies der Fall, wird der Vorabwegabschlag in Höhe der vorgesehenen Minderung der Abfindung gegenüber dem gemeinen Wert des Anteils gewährt, wobei 30 % nicht überschritten werden dürfen.[94]

Beraterhinweis
Der Vorwegabschlag ist in der bisherigen Praxis aufgrund der strengen Anforderungen nicht häufig anzutreffen.

1.2.1.3.4 Berechnung des steuerpflichtigen Vermögens

Grundsätzlich besteht nur die Möglichkeit, begünstigtes Vermögen bis zu einem Wert von EUR 26.000.000 von der Besteuerung freizustellen. An dieser Stelle besteht jedoch Gestaltungspotenzial, weil jeweils auf den Wert des Vermögens abgestellt wird, das der Stifter an die jeweilige Stiftung überträgt. Es ist zum Beispiel möglich, begünstigtes Vermögen im Wert von EUR 52.000.000 auf zwei Familienstiftungen aufzuteilen (jeweils EUR 26.000.000), um die EUR 26 Mio.-Grenze nicht zu überschreiten.

Bei einem Wert des begünstigten Vermögens von bis zu EUR 26.000.000 kann im nächsten Schritt zwischen der Freistellung von 85 % des steuerlichen Wertes *(Regelverschonung)* zuzüglich eines Abzugsbetrags von bis zu EUR 150.000[95] oder der vollständigen Freistellung *(Optionsverschonung)*[96] gewählt werden.

Für die Optionsverschonung ist ein zusätzlicher Verwaltungsvermögenstest durchzuführen: Das Verhältnis der Summe aller gemeinen Werte der Aktiva des Verwaltungsvermögens (hierbei wird nun der Abzug der zugehörigen Schulden, des Sockelbetrags von 15 % des Unternehmenswerts bei der Berechnung der Finanzmittel und des unschädlichen Verwaltungsvermögens durchgeführt) zum steuerlichen Unternehmenswert darf höchstens 20 % betragen.[97]

Beim Erwerb begünstigten Vermögens von über EUR 26.000.000 und bis zu EUR 90.000.000 besteht ein Wahlrecht zwischen einer individuellen Verschonungsbedarfsprüfung[98] und dem Abschmelzmodell.[99]

---

[93] § 13a Abs. 9 S. 4 ErbStG.

[94] § 13a Abs. 9 S. 3 ErbStG.

[95] § 13a Abs. 2 S. 1 ErbStG.

[96] § 13a Abs. 10 S. 1 Nr. 1 und Abs. 1 S. 1 ErbStG.

[97] § 13a Abs. 10 S. 2 ErbStG.

[98] § 28a ErbStG.

[99] § 13c Abs. 1 S. 1 ErbStG.

Beim *Verschonungsabschlagsmodell* verringert sich der Verschonungsabschlag um einen Prozentpunkt für jede EUR 750.000, die der Erwerb oberhalb der Prüfschwelle von EUR 26.000.000 liegt.[100]

Bei einer *Verschonungsbedarfsprüfung* hat der Erwerber nachzuweisen, dass er persönlich nicht in der Lage ist, die Steuer aus seinem verfügbaren Vermögen (50 % der Summe der gemeinen Werte des begünstigt übergegangenen Vermögens und des Vermögens des Erwerbers, das ihm zum Zeitpunkt der Entstehung der Steuer gehört und nicht begünstigt wäre) zu begleichen.[101]

Ab einem Wert des begünstigten Vermögens von über EUR 90.000.000 ist ausschließlich die Verschonungsbedarfsprüfung möglich.[102]

Schließlich sieht § 28 Abs. 1 S. 1 ErbStG – nach wie vor ausschließlich bei Erwerben von Todes wegen – auf Antrag eine bis zu siebenjährige Stundung vor. Bis ein Jahr nach Festsetzung der Steuer erfolgt die Stundung zinslos, danach wird sie mit einer Verzinsung von 0,5 % pro Monat gewährt. Die grundsätzliche Stundungsmöglichkeit des § 222 AO bleibt bestehen.

Beraterhinweis

Ein weiterer wesentlicher Vorteil der neu gegründeten Familienstiftung als Unternehmensnachfolgerin liegt darin, dass sie vor der Übertragung des Vermögens über kein (nennenswertes) Vermögen verfügt. Aus diesem Grund eignet sich die neu gegründete Familienstiftung ideal für den Erwerb von Großvermögen im Zusammenhang mit der Verschonungsbedarfsprüfung. Ein etwaiger Vorwurf des Missbrauchs von Gestaltungsmöglichkeiten wird in diesem Zusammenhang von der Literatur abgelehnt[103] und in der Praxiserfahrung von der Finanzverwaltung auch nicht erhoben.

1.2.1.3.5 Fallbeispiel zu §§ 13a und 13b ErbStG

Beispiel

Der Stifter Max Mustermann überträgt seine 100 %ige Beteiligung an der M-GmbH an die Mustermann Familienstiftung. Als gemeiner Wert der GmbH-Anteile (= begünstigungsfähiges Vermögen i.S.d. § 13b Abs. 1 Nr. 3 ErbStG) wurde ein zutreffender Wert von EUR 20.000.000 festgestellt.

Im Betriebsvermögen der M-GmbH befinden sich Aktien verschiedener Unternehmen (Beteiligungshöhe jeweils weit unter 25 %) mit einem Börsenkurs am Besteuerungsstichtag in Höhe von insgesamt EUR 6.300.000. Ein Teil dieser Aktien

---

[100] § 13c Abs. 1 S. 1 ErbStG.

[101] § 28a Abs. 1 und 2 ErbStG.

[102] §§ 13b Abs. 1 S. 2, 28a Abs. 1 S. 1 ErbStG.

[103] Vgl. insofern Theuffel-Werhahn, ZEV 2017, 17 (20); Stalleiken in von Oertzen/Loose, ErbStG, 2. Aufl. 2020, § 28a Rn. 29; Jülicher in Troll/Gebel/Jülicher/Gottschalk, ErbStG, Mai 2020, § 28a Rn. 16.

(Kurswert EUR 3.850.000) dient der Absicherung der Pensionszusagen der Arbeit-nehmer. Im Fall der Insolvenz der M-GmbH besteht ein Aussonderungsrecht.[104] Der Teilwert der Pensionszusagen beträgt laut Steuerbilanz EUR 2.065.000, der gemeine Wert beläuft sich auf EUR 4.865.000. Einen Teil der Aktien (Kurswert EUR 262.500) hatte Max Mustermann erst vor einem Jahr aus seinem Privatvermögen in das Betriebsvermögen der GmbH eingelegt.

Die Aktiva der Finanzmittel betragen EUR 4.725.000 (Forderungen aus Lieferungen und Leistungen, Kassenbestand und Bankkonten). Hierunter befindet sich auch ein Festgeldkonto (EUR 490.000), das ebenfalls der Absicherung der Pensionszusagen dient.

Außer den Pensionsrückstellungen hat die M-GmbH einen Bestand an Rück-stellungen und sonstigen Verbindlichkeiten i.H.v. EUR 1.452.500.

Schritt 1: Aussonderung des Altersversorgungsvermögens (siehe Tab. 1.1): ◄

1.2.1.3.6 Lohnsummenregelung

Das Einhalten der *Lohnsummenregelung* ist Voraussetzung für die ungeschmälerte Nutz-barkeit der Regelverschonung (85 %), der Optionsverschonung (100 %) (entsprechend auch beim Abschmelzmodell nach § 13c ErbStG), einer Stundung oder des Erlasses der Steuer.

Sie sieht vor, dass für den übertragenen Betrieb zunächst die durchschnittliche Summe der Löhne und Gehälter zu berechnen ist, die sich für die letzten fünf vor dem Übertragungsstichtag endenden Wirtschaftsjahre ergibt (Ausgangslohnsumme).[105]

Etwaige nachgelagerte Beteiligungsebenen (Personengesellschaften unabhängig von der Höhe der Beteiligung, Kapitalgesellschaften bei einer Beteiligungshöhe von über 25 %) sind anteilig in die Prüfung einzubeziehen.[106]

Spätestens fünf Jahre (Regelverschonung) bzw. sieben Jahre (Optionsverschonung) nach dem Stichtag der Steuerentstehung muss die kumulierte Summe der Löhne und Gehälter auf 400 % (Regelverschonung) bzw. 700 % (Optionsverschonung) angestiegen sein (Mindestlohnsumme).[107] Andernfalls entfällt die Begünstigung rückwirkend[108] in dem prozentualen Umfang, indem die Mindestlohnsumme unterschritten wurde.[109] In diesem Fall hat der Stiftungsvorstand dem Finanzamt das Unterschreiten der Mindestlohnsumme binnen einer Frist von sechs Monaten nach Ablauf der Lohnsummenfrist anzuzeigen.[110]

---

[104] § 47 InsO.

[105] § 13a Abs. 3 S. 2 ErbStG.

[106] § 13a Abs. 3 S. 11 und 12 ErbStG.

[107] § 13a Abs. 3 S. 1 und 4, Abs. 10 Nummern 2 und 3 ErbStG.

[108] § 175 Abs. 1 S. 1 Nr. 2 AO.

[109] § 13a Abs. 3 S. 5 ErbStG.

[110] § 13a Abs. 7 S. 1 ErbStG.

Tab. 1.1 Fallbeispiel zu §§ 13a und 13b ErbStG

Schritt 1: Aussonderung des Altersversorgungsvermögens:	
Altersversorgungsverpflichtungen in Höhe des gemeinen Werts (und NICHT in Höhe des Teilwerts laut Steuerbilanz) (§ 13b Abs. 2 S. 2 und Abs. 3 ErbStG) (Im Beispiel beträgt der gemeine Wert der Pensionsverpflichtungen EUR 4.865.000)	EUR 4.865.000
% Junges Verwaltungsvermögen, das den Altersversorgungsverpflichtungen dient (§ 13b Abs. 7 S. 2 ErbStG), höchstens der gemeine Wert der Altersversorgungsverpflichtungen (Im Beispiel handelt es sich um die Aktien mit einem Kurswert i. H. v. EUR 262.500, die Max Mustermann ein Jahr zuvor eingelegt hatte)	EUR 262.500
= Saldo 1	EUR 4.602.500
% Sonstiges Verwaltungsvermögen, das den Altersversorgungsverpflichtungen dient (§ 13b Abs. 4 Nr. 1 bis 4 ErbStG), höchstens Saldo 1 (Im Beispiel: Kurswert der Aktien zur Absicherung der Pensionszusagen i. H. v. EUR 3.850.000 – Kurswert der Aktien des jungen Verwaltungsvermögens, das den Altersversorgungsverpflichtungen dient i. H. v. EUR 262.500 = EUR 3.587.500)	EUR 3.587.500
= Saldo 2	EUR 1.015.000
% Finanzmittel, die den Altersversorgungsverpflichtungen dienen (§ 13b Abs. 4 Nr. 5 ErbStG), höchstens Saldo 2 (Im Beispiel handelt es sich um das Festgeldkonto im Nennwert von EUR 490.000)	EUR 490.000
= Saldo 3 (Im Beispiel liegt also eine Unterdotierung vor. Es verbleiben Schulden aus Altersversorgungsvermögen i. H. v. EUR 525.000. Diese werden in den folgenden Schritten berücksichtigt)	EUR 525.000
Nachdem im Vorfeld die Aktiva des Verwaltungsvermögens, die als Altersversorgungsvermögen dienen, mit den dazugehörigen Schulden verrechnet wurden, sind im 2. *Schritt* die folgenden fünf Werte gesondert festzustellen:	
Finanzmittel (§ 13b Abs. 4 Nr. 5 S. 1 ErbStG). (Im Beispiel die Summe der Forderungen aus Lieferungen und Leistungen, des Kassenbestands und der Bankkonten i. H. v. EUR 4.725.000 – den Bestand des Festgeldkontos, das zum Altersversorgungsvermögen gehört i. H. v. EUR 490.000 = EUR 4.235.000.)	EUR 4.235.000

(Fortsetzung)

Tab. 1.1 (Fortsetzung)

Junge Finanzmittel (§ 13b Abs. 4 Nr. 5 S. 2 ErbStG.)	EUR 0
Verwaltungsvermögen (§ 13b Abs. 4 Nr. 1 bis 4 ErbStG.) (Im Beispiel Kurswert aller Aktien EUR 6.300.000 – Kurswert der Aktien, die zum Altersversorgungsvermögen gehören i. H. v. EUR 3.850.000 = EUR 2.450.000)	EUR 2.450.000
Junges Verwaltungsvermögen (§ 13b Abs. 7 S. 2 ErbStG.)	EUR 0
Schulden (Im Beispiel verbleibende Schulden aus Altersversorgungsverpflichtungen i. H. v. EUR 525.000 + Bestand an weiteren Rückstellungen und sonstigen Verbindlichkeiten i. H. v. EUR 1.452.500 = EUR 1.977.500)	EUR 1.977.500

3. Schritt: Anhand der festgestellten Werte ist nun der „Vorab-Test" nach § 13b Abs. 2 S. 2 ErbStG durchzuführen:

	Festgestellter Wert des Verwaltungsvermögens (einschließlich des jungen Verwaltungsvermögens) (§ 13b Abs. 4 Nr. 1 bis 4 ErbStG)	EUR 2.450.000
+	Festgestellter Wert der Finanzmittel (einschließlich junger Finanzmittel) (§ 13b Abs. 4 Nr. 5 ErbStG)	EUR 4.235.000
=	Verwaltungsvermögen für den 90 %-Test	EUR 6.685.000
:	Festgestellter Wert des Betriebsvermögens	EUR 20.000.000
=	Ergebnis des 90 %-Tests	33 %

Allgemeine Berechnung:

$$\text{Beteiligungsquote} \times \frac{\text{Verwaltungsvermögen für den } 90\,\% - \text{Test}}{\text{Festgestellter Wert des Betriebsvermögens}} = \text{Verwaltungsvermögensquote}$$

Im Beispiel:

$$100\,\% \times \frac{\text{EUR } 6.685.000}{\text{EUR } 20.000.000} = 33\,\%$$

Eine begünstigte Übertragung der M-GmbH ist im Beispiel also weiterhin möglich, da die Verwaltungsvermögensquote unter der 90 %-Grenze liegt

4. Schritt: Ausgangspunkt der *Berechnung des begünstigten Vermögens* ist der Finanzmitteltest nach § 13b Abs. 4 Nr. 5 ErbStG:

(Fortsetzung)

Tab. 1.1 (Fortsetzung)

	Festgestellter Wer der Finanzmittel	EUR 4.235.000
%	Festgestellter Wert der jungen Finanzmittel (§ 13b Abs. 4 Nr. 5 S. 2 ErbStG), höchstens der festgestellte Wert der Finanzmittel	EUR 0
%	Festgestellter Wert der jungen Finanzmittel (§ 13b Abs. 4 Nr. 5 S. 2 ErbStG), höchstens der festgestellte Wert der Finanzmittel	EUR 0
=	Saldo	EUR 4.235.000
%	Festgestellter Wert der Schulden	EUR 1.977.500
=	Saldo	EUR 2.257.500
%	Sockelbetrag 15 % des festgestellten Werts des Betriebsvermögens (Im Beispiel EUR 20.000.000 gemeiner Wert der Geschäftsanteile der M-GmbH × 15 % = EUR 3.000.000)	EUR 3.000.000
=	Verbleibender Wert der Finanzmittel, mindestens EUR 0 (§ 13b Abs. 4 Nr. 5 S. 1 ErbStG)	EUR 0

Die Finanzmittel (§ 13b Abs. 4 Nr. 5 ErbStG) und das übrige Verwaltungsvermögen (§ 13b Abs. 4 Nummern 1 bis 4 ErbStG) werden nach Abzug der jungen Finanzmittel (§ 13b Abs. 4 Nr. 5 S. 2 ErbStG) und des jungen Verwaltungsvermögens (§ 13b Abs. 7 S. 2 ErbStG) zum *Saldo des Verwaltungsvermögens* zusammengerechnet:

	Festgestellter Wert des Verwaltungsvermögens (§ 13b Abs. 4 Nr. 1 bis 4 ErbStG)	EUR 2.450.000
%	Festgestellter Wert des jungen Verwaltungsvermögens	EUR 0
+	Verbleibender Wert der jungen Finanzmittel (§ 13b Abs. 4 Nr. 5 S. 1 ErbStG)	EUR 0
=	Saldo des Verwaltungsvermögens	EUR 2.450.000

Bevor der Nettowert des Verwaltungsvermögens berechnet werden kann, müssen zunächst die nach der Verrechnung mit dem Altersversorgungsvermögen (§ 13b Abs. 3 ErbStG) und der Durchführung des Finanzmitteltests (§ 13b Abs. 4 Nr. 5 ErbStG) noch *verbleibenden Schulden* ermittelt werden:

	Festgestellter Wert der Schulden	EUR 1.977.500
%	Wert der Schulden, die im Rahmen des Finanzmitteltests verrechnet wurden	EUR 1.977.500

(Fortsetzung)

Tab. 1.1 (Fortsetzung)

= Verbleibende Schulden	EUR 0
Der *Nettowert des Verwaltungsvermögens* beträgt damit:	
Saldo des Verwaltungsvermögens	EUR 2.450.000
% Anteilig verbleibende Schulden	EUR 0
= Nettowert des Verwaltungsvermögens	EUR 2.450.000
Der Nettowert des Verwaltungsvermögens wird um einen Sockelbetrag gekürzt (unschädliches Verwaltungsvermögen). Die Bemessungsgrundlage dieses unschädlichen Verwaltungsvermögens berechnet sich wie folgt:	
Festgestellter Wert des Betriebsvermögens	EUR 20.000.000
% Nettowert des Verwaltungsvermögens	EUR 2.450.000
% Festgestellter Wert des jungen Verwaltungsvermögens	EUR 0
% Festgestellter Wert der jungen Finanzmittel	EUR 0
= Bemessungsgrundlage für das unschädliche Verwaltungsvermögen	EUR 17.550.000
Da der Gesetzgeber davon ausgeht, dass jedes Unternehmen über einen bestimmten Anteil an Verwaltungsvermögen verfügt (insbesondere Bankguthaben und Forderungen aus Lieferungen und Leistungen) können nun 10 % der Bemessungsgrundlage für das unschädliche Verwaltungsvermögen als Sockelbetrag von dem Nettowert des Verwaltungsvermögens abgezogen werden:	
Nettowert des Verwaltungsvermögens	EUR 2.450.000
% 10 % × Bemessungsgrundlage für das unschädliche Verwaltungsvermögen	EUR 1.755.000
= Gekürzter Nettowert des Verwaltungsvermögens	EUR 695.000
Der Wert des *steuerpflichtigen Verwaltungsvermögens* beläuft sich auf:	
Gekürzter Nettowert des Verwaltungsvermögens	EUR 695.000
+ Festgestellter Wert des jungen Verwaltungsvermögens	EUR 0
+ Festgestellter Wert der jungen Finanzmittel	EUR 0
= Steuerpflichtiger Wert des Verwaltungsvermögens (nicht begünstigtes Vermögen)	EUR 695.000
Der Wert des *begünstigten Vermögens* ist wie folgt zu berechnen:	

(Fortsetzung)

Tab. 1.1 (Fortsetzung)

	Festgestellter Wert des Betriebsvermögens	EUR 20.000.000
%	Steuerpflichtiger Wert des Verwaltungsvermögens	EUR 695.000
=	Begünstigtes Vermögen	EUR 19.305.000

Damit das begünstigte Vermögen zu 100 % von der Besteuerung freigestellt werden kann (Optionsverschonung) muss die Verwaltungsvermögensquote unter Einbezug der betrieblichen Schulden unter einer Grenze von 20 % liegen:

	Festgestellter Wert des Verwaltungsvermögens	EUR 2.450.000
+	Verbleibender Wert der Finanzmittel	EUR 0
+	Junge Finanzmittel	EUR 0
=	Maßgebendes Verwaltungsvermögen	EUR 2.450.000
:	Festgestellter Wert des Betriebsvermögens	EUR 20.000.000
=	Verwaltungsvermögensquote	12,25 %

Da die Grenze von 20 % unterschritten wird, ist im Beispiel ein Antrag auf die Optionsverschonung möglich. Der Wert des steuerpflichtigen Vermögens beläuft sich auf

	Begünstigtes Vermögen	EUR 20.000.000
%	Verschonungsabschlag	EUR 20.000.000
=	Steuerpflichtiges begünstigtes Vermögen	EUR 0
+	Steuerpflichtiger Wert des Verwaltungsvermögens (nicht begünstigtes Vermögen)	EUR 695.000
=	Steuerpflichtiges Vermögen	EUR 695.000

Tab. 1.2 Lohnsummenregelung

Anzahl der Beschäftigten	Regelverschonung (85 %)	Optionsverschonung (100 %)
Nicht mehr als 5	Keine Lohnsummenprüfung	Keine Lohnsummenprüfung
Mehr als 5 und bis zu 10	Lohnsumme mindestens 250 %	Lohnsumme mindestens 500 %
Mehr als 10 und bis zu 15	Lohnsumme mindestens 300 %	Lohnsumme mindestens 565 %
Mehr als 15	Lohnsumme mindestens 400 %	Lohnsumme mindestens 700 %

Folgende (Tab. 1.2) fast die für die Regel- bzw. Optionsverschonung maßgebenden Werte zusammen:

Auch eine gewährte Steuerstundung endet, sobald die Lohnsummenfrist nicht eingehalten wird.[111] Der Erlass der Steuer entfällt anteilig in dem Umfang, in dem nach Ablauf von sieben Jahren die für die Optionsverschonung geltende Mindestlohnsumme unterschritten wird.[112]

Die Lohnsummenregelung kann im Anschluss an die Vermögensübertragung vor allem dann zum Fallstrick werden, wenn innerhalb mehrstufiger Beteiligungsstrukturen ein Verkauf von Gesellschaften an Dritte erfolgt, bei denen ein großer Teil der Arbeitnehmer der Unternehmensgruppe beschäftigt ist. Es empfiehlt sich daher ein Planungsgespräch im Vorfeld der Vermögensübertragung an die Stiftung über die genaue strategische Ausgestaltung der Rechtsstruktur „unterhalb der Stiftung".

1.2.1.3.7 Behaltensregelung

Die Behaltensregelung besagt, dass die Familienstiftung innerhalb einer Frist von *fünf Jahren (Regelverschonung)* bzw. *sieben Jahren (Optionsverschonung)* den erworbenen Betrieb nicht aufgeben darf, keine wesentlichen Betriebsgrundlagen veräußern darf und bei Personengesellschaften keine Entnahmen (bei Kapitalgesellschaften keine Ausschüttungen) tätigt, die die Summe ihrer Einlagen und der ihr zuzurechnenden Gewinne oder Gewinnanteile seit dem Erwerb um mehr als EUR 150.000 übersteigen (*Überentnahmen bzw. -ausschüttungen*).[113] Bei Beteiligungen an Kapitalgesellschaften können die „zu hohen" Ausschüttungen vor allem dann eintreten, wenn das gesamte ausschüttungsfähige Eigenkapital ausgeschüttet wird und zusätzlich verdeckte Gewinnausschüttungen von der Finanzverwaltung festgestellt werden.

Ein etwaiger rückwirkender Wegfall einer Begünstigungsvorschrift beschränkt sich auf die Jahre der Behaltensfrist, die zum Zeitpunkt des schädlichen Ereignisses nicht vollständig abgelaufen waren.[114] Verstöße gegen die Behaltensregelung sind dem

---

[111] § 28 Abs. 1 S. 5 ErbStG.

[112] § 28a Abs. 4 S. 1 Nr. 1 S. 1 ErbStG.

[113] § 13a Abs. 6 ErbStG.

[114] § 13a Abs. 6 S. 2 ErbStG.

Finanzamt binnen einer Frist von einem Monat nach der Veräußerung anzuzeigen.[115] Bei einer schädlichen Veräußerung ist dabei nach Auffassung der Finanzverwaltung auf den Abschluss des obligatorischen Rechtsgeschäfts abzustellen und nicht auf dessen zivilrechtliche Wirksamkeit.[116]

Die Finanzverwaltung sieht von dieser Nachversteuerung ab, wenn der Erlös aus der Veräußerung binnen sechs Monaten nach Abschluss des obligatorischen Rechtsgeschäfts innerhalb derselben Vermögensart nach § 13b Abs. 1 Nr. 1, 2 oder 3 ErbStG reinvestiert wird.[117]

Gleichwohl bietet diese „Reinvestitionsklausel" wenig gestalterische Sicherheit, da die Finanzverwaltung auch in den aktuellen Erbschaftsteuerrichtlinien keine Stellung zu folgenden Grundlagenfragen bezogen hat:

- Die Frage, ob im Fall einer teilweisen Reinvestition des Veräußerungserlöses auch nur eine teilweise Nachversteuerung erfolgt, ist vonseiten der Finanzverwaltung und höchstrichterlichen Rechtsprechung nicht abschließend geklärt. Das Gesetz spricht davon, dass von einer Nachversteuerung abgesehen werden kann, „wenn" (und nicht „soweit") der Veräußerungserlös reinvestiert wurde.[118]
- Die Finanzverwaltung geht nicht näher auf die Frage ein, auf welche verschiedene Arten eine Reinvestition in begünstigte Anteile einer Kapitalgesellschaft zu erfolgen hat.[119] Vor diesem Hintergrund besteht nur im Fall einer Reinvestition des gesamten Veräußerungserlöses durch Kauf einer über 25 %igen Beteiligung an einer anderen Kapitalgesellschaft mit begünstigter Betriebsvermögensstruktur vollständige Planungssicherheit.

Wie die Lohnsummenregelung ist auch die Behaltensregelung bei einer etwaigen Steuerstundung[120] oder einem Erlass der Steuer (maßgebend ist wieder die sieben Jahre lange Frist)[121] einzuhalten.

Vor diesem Hintergrund sollte vor der Übertragung an die Stiftung genau abgewogen werden, ob das Vermögen von der Stiftung im Anschluss an die Übertragung gewinnbringend veräußert werden soll. In diesem Fall bietet es sich an, die ggf. anfallende Nachversteuerung in die Kalkulation des Verkaufspreises mit einzubeziehen. Zivilrechtlich ist

---

[115] § 13a Abs. 7 S. 2 ErbStG.

[116] R E 13a.13 Absatz 1 Satz 2, R E 13a.14 Absatz 1 Satz 2 ErbStR.

[117] § 13a Abs. 6 S. 3 und 4 ErbStG.

[118] Von Seiten der Literatur wird daher auf das Risiko hingewiesen, dass nur eine teilweise Reinvestition zu einer vollständigen Nachversteuerung führen kann. Vgl. Pfeifer/Hinkers, DStZ 2013, 729; Pohl, ErbStB 2014, 201.

[119] R E 13a. 24 ErbStR.

[120] § 28 Abs. 1 S. 5 ErbStG.

[121] § 28a Abs. 4 S. 1 Nr. 2 ErbStG.

der Verkauf von Grundstockvermögen möglich, solange es sich um eine Vermögensumschichtung handelt und der Wert des Grundstockvermögens nicht gemindert wird.

1.2.1.3.8 Handlungsoption bei Ausscheiden von Begünstigungsmöglichkeiten: Vereinbarung einer Auflage

Scheidet eine vollständige oder teilweise Freistellung des Übertragungsvorgangs aus, besteht der nächste Ansatz darin, die steuerliche Bemessungsgrundlage möglichst weitgehend zu reduzieren.

Hierfür kann die Vermögensübertragung als *Schenkung unter Auflage* (§ 525 BGB) ausgestaltet werden. Der steuerliche Wert dieser Auflage wird als Last von dem steuerpflichtigen Erwerb der Stiftung abgezogen.[122] Wird ein Anteil des übertragenen Vermögens von der Steuer freigestellt, kann auch der Wert der Auflage zu diesem Anteil nicht abgezogen werden.[123]

Typische Beispiele für eine Auflage sind ein Nießbrauch, eine fixe oder eine ertragsabhängige Rente zu Gunsten des Stifters.

Bei einem Nießbrauch werden die Nutzungen und die Substanz einer Sache (zum Beispiel einer Immobilie) oder eines Rechts (zum Beispiel bei Geschäftsanteilen einer GmbH) getrennt.[124] Überträgt der Stifter exemplarisch die Geschäftsanteile einer GmbH an die Familienstiftung, wobei er sich einen Nießbrauch an den Erträgen vorbehält, verfügt die Stiftung über die Substanz der Anteile, der Stifter zieht weiterhin die Nutzungen.

Folgende Ausgestaltungsmöglichkeiten stehen für die Nießbrauchsvereinbarung zur Verfügung:

- *Vollrechts- oder Ertragsnießbrauch:*
  Der *Vollrechtsnießbrauch* sieht zusätzlich umfassende Entscheidungs- und Mitverwaltungsrechte zu Gunsten des Nießbrauchers vor.[125] Bei Vereinbarung eines *Ertragsnießbrauchs* bezieht sich das Recht des Nießbrauchers ausschließlich auf die Erträge der belasteten Sache/des belasteten Rechts.
- *Totalnießbrauch oder Quotennießbrauch:*
  Der *Totalnießbrauch* erstreckt sich auf 100 % der Nutzungen der Sache oder des Rechts. Steuerlich besteht der Vorteil darin, dass ein möglichst hoher Wert des Nießbrauchs als schenkungsteuermindernde Last erreicht werden kann. Hinsichtlich der Finanzierung der Familienstiftung ergibt sich der Nachteil, dass sämtliche Erträge

---

[122] § 10 Abs. 5 und 6 ErbStG.

[123] § 10 Abs. 6 Sätze 3 bis 5 ErbStG.

[124] §§ 1030, 1068 BGB.

[125] Vgl. Carlé in Strahl (2016), Steuerplanung und Unternehmensumstrukturierung, Rn. 34.

dem Stifter zufließen. Bei Vereinbarung eines *Quotennießbrauchs* beschränkt sich das Recht des Nießbrauchers nur auf einen Anteil der Nutzungen, der Rest fließt der Familienstiftung zu.[126]

Für steuerliche Zwecke wird ein Nießbrauch oder eine Rente gemäß §§ 13 bis 16 BewG mit dem *Kapitalwert* bewertet, der sich nach folgender Formel berechnet:

$$\text{Kapitalwert} = \text{Jahreswert} \times \text{Vervielfältiger}$$

Sind für die Zukunft jährlich fixe Zahlungen vereinbart, ist der *Jahreswert* in dieser Höhe anzusetzen. Bei ungewissen oder schwankenden, jährlichen Zahlungen ist als Jahreswert der Betrag festzulegen, der in Zukunft im Durchschnitt der Jahre voraussichtlich erzielt werden wird.[127]

Bei der Ermittlung des Kapitalwerts der Nutzungen eines Wirtschaftsguts kann der Jahreswert maximal in der Höhe angesetzt werden, die sich ergibt, wenn der für das genutzte Wirtschaftsgut nach den Vorschriften des Bewertungsgesetzes anzusetzende Wert durch 18,6 geteilt wird.[128]

Nutzungen und Leistungen, die nicht in Geld bestehen, wie zum Beispiel ein Wohnrecht, das Recht zur Nutzung eines PKWs oder sonstige Sachbezüge, sind nach § 15 Abs. 2 BewG mit den üblichen Mittelpreisen des Verbrauchsorts anzusetzen.[129] Dabei kann zum Beispiel von den Sätzen ausgegangen werden, die zum Besteuerungszeitpunkt auch bei der Berechnung der Lohnsteuer eines Arbeitnehmers angewendet werden.[130]

Die Höhe des Vervielfältigers ist im Fall

- auf bestimmte Zeit beschränkter Nutzungen oder Leistungen aus der Anlage 9a des BewG zu entnehmen.
- auf die Lebenszeit einer oder mehrerer Personen beschränkter Nutzungen aus dem BMF-Schreiben vom 4.10.2021 (GZ IV C 7 – S. 3104/19/10.001; DOK 2021/0.863.034) zu entnehmen (für Übertragungen ab dem 1. Januar 2022).
- immerwährender Nutzungen oder Leistungen 18,6.[131]
- von Nutzungen und Leistungen von unbestimmter Dauer 9,3.[132]

---

[126] Vgl. Carlé in Strahl (2016), Steuerplanung und Unternehmensumstrukturierung, Rn. 35.

[127] § 15 Abs. 3 BewG.

[128] § 16 BewG.

[129] Gleichlautender Erlass der Obersten Finanzbehörden der Länder vom 10.10.2010, BStBl. I 2010, 810 Abschn. 1.1.2. „Jahreswert von Sachbezügen".

[130] Gleichlautender Erlass der Obersten Finanzbehörden der Länder vom 10.10.2010, BStBl. I 2010, 810 Abschn. 1.1.2. „Jahreswert von Sachbezügen".

[131] § 13 Abs. 2 Alt. 1 BewG.

[132] § 13 Abs. 2 Alt. 2 BewG.

Der *Vorteil* einer Beschränkung von Nutzungen oder Leistungen auf die Lebenszeit einer Person besteht darin, dass im Fall eines verhältnismäßig niedrigen Lebensalters ein hoher Vervielfältiger anzuwenden ist, was zu einem hohen Kapitalwert und im Endeffekt einer verhältnismäßig hohen Entlastung führt. Weiterhin führt der Tod des Nutzungs- oder Leistungsberechtigten zu keinem weiteren steuerbaren Vorgang.

Das *Risiko* besteht darin, dass die Finanzverwaltung im Fall eines plötzlichen Erb- falls die wirkliche Dauer der Nutzung/Leistung zu Grunde legt und nachträglich eine höhere Steuer festsetzt.[133] § 14 Abs. 2 S. 1 BewG enthält zu diesem Zweck bestimmte Mindestlebensdauern des Berechtigten, die z. B. für über 30 und bis zu 50 Jahre alte Personen mehr als 9 Jahre beträgt.

Beispiel

Max Mustermann überträgt seine 100 %ige Beteiligung an der M-GmbH im Jahr 2019 an die Mustermann Familienstiftung. Er behält sich einen Nießbrauch auf Lebenszeit vor. Der vorläufige Jahreswert beträgt EUR 100.000. Der gemeine Wert der Beteiligung beläuft sich auf EUR 17.000.000. Das Lebensalter des Stifters (männ- lich) beträgt 38 Jahre (Fall A); 75 Jahre (Fall B).

Zunächst ist zu berechnen, ob der Jahreswert in Höhe der vorläufigen EUR 100.000 oder EUR 17.000.000, geteilt durch 18,6, anzusetzen ist, wobei der niedrigere Wert maßgebend ist. Auf volle Euro gerundet beläuft sich die Höchst- grenze auf EUR 17.000.000: 18,6 = EUR 913.978. Als Jahreswert sind somit die (niedrigeren) EUR 100.000 heranzuziehen:

Kapitalwert (Fall A) = EUR 100.000 × 6,642 = EUR 1.664.200,
Kapitalwert (Fall B) = EUR 100.000 × 8,277 = EUR 827.700.

Bedingt durch das in Fall A verhältnismäßig niedrige Lebensalter des Stifters und den entsprechend hohen Vervielfältiger, fällt die Minderung der steuerlichen Bemessungs- grundlage in Fall A gegenüber Fall B um EUR 836.500 höher aus. ◄

1.2.1.4 Steuerberechnung

Der Wert des übertragenen Vermögens, der im Rahmen der Wertermittlung nicht von der Besteuerung freigestellt werden konnte, wird nun in die Berechnung der Steuer einbezogen.

Bei der Berechnung der Steuer ist zunächst die Steuerklasse[134] zu ermitteln, nach der sich die Höhe des persönlichen Freibetrags[135] und des anzuwendenden Steuersatzes[136] richtet.

---

[133] § 14 Abs. 2 S. 2 BewG.

[134] § 15 Abs. 1 ErbStG.

[135] § 16 ErbStG.

[136] § 19 ErbStG.

Grundsätzlich gilt: Ein enges persönliches Verhältnis zwischen Erwerber und Erblasser/Schenker führt zum Vorliegen der günstigsten Steuerklasse I. Je weiter der Verwandtschaftsgrad abnimmt, desto eher ist für die Besteuerung die ungünstigste Steuerklasse III (= geringe Entlastung durch den Freibetrag bei hoher Belastung durch den Steuersatz) maßgebend.

Zu juristischen Personen sind Verwandtschaftsbeziehungen nicht möglich, womit der unentgeltlichen Vermögensausstattung einer rechtsfähigen Stiftung grundsätzlich die ungünstigste Steuerklasse III zu Grunde zu legen ist.[137]

Vor diesem Hintergrund sieht das sog. *Steuerklassenprivileg* nach § 15 Abs. 2 S. 1 ErbStG bei der Errichtung einer Familienstiftung (sowohl bei Stiftungserrichtungen von Todes wegen, als auch bei Vermögensübertragungen aufgrund eines Stiftungsgeschäfts unter Lebenden) folgende Begünstigung vor:

Der Besteuerung ist das Verwandtschaftsverhältnis des nach der Stiftungsurkunde „entferntest Berechtigten" zu dem Erblasser/Schenker zugrunde zu legen. Ob es sich bei dem „entferntest Berechtigten" ausschließlich um die Bezugsberechtigten (Empfänger laufender Zuwendungen während des Bestehens der Stiftung) oder auch um Anfallsberechtigte[138] (Empfänger des Vermögens bei Auflösung der Stiftung) handelt, ist derzeit nicht abschließend geklärt.

Die Finanzverwaltung folgt der noch aus den 1930er-Jahren stammenden Rechtsprechung des Reichsfinanzhofes und versteht unter dem „entferntest Berechtigten" denjenigen, der nach der Satzung Vermögensvorteile aus der Stiftung erlangen kann.[139] Dabei kann es sich auch um ungeborene Angehörige handeln, die erst im Zuge der Generationenfolge eine Berechtigung erlangen.[140]

Umstritten ist, ob – wie von der Finanzverwaltung und zuletzt vom FG Münster[141] vertreten – noch ungeborene Angehörige in die Prüfung der anzuwenden Steuerklasse einzubeziehen sind, oder ob nicht stattdessen nur bereits lebende Angehörige Berücksichtigung finden dürfen. Die kürzlich erwartete höchstrichterliche Klärung in dem Revisionsverfahren durch den BFH blieb aus, da sich das Verfahren auf andere Weise erledigte[142] Aber auch das FG Niedersachsen ist der Rechtsauffassung der Finanzverwaltung kürzlich gefolgt und zählt zu den „entferntest Berechtigten" alle Personen, die nach der Satzung – auch nur theoretisch – in Zukunft aus der Generationennachfolge Vorteile aus der Familienstiftung erlangen können.[143]

---

[137] Schiffer in Schiffer (2016), Die Stiftung in der Beraterpraxis, § 8 Rn. 6; Götz/Pach-Hassenheimb (2020), Handbuch der Stiftung, Rn. 586.

[138] § 88 BGB.

[139] R E 15.2 „Maßgebliche Steuerklasse bei Familienstiftungen" (1) S. 3 ErbStR.

[140] R E 15.2 „Maßgebliche Steuerklasse bei Familienstiftungen" (1) S. 2 ErbStR.

[141] FG Münster, Urteil vom 18.05.2017–3 K 3247/15 Erb.

[142] BFH, Urteil vom 19.2.2020, II R 32/17, BStBl. II 2021, 25.

[143] FG Niedersachsen, Beschluss vom 19.7.2021, 3 K 5/21, ZEV 2021, 662.

Beraterhinweis
Hier ist insbesondere dann Vorsicht geboten, wenn nicht nur der Stifter und dessen Abkömmlinge Berechtigte werden können. Gründen bspw. Geschwister zusammen eine Stiftung, dann kommen auch „Überkreuzberechtigungen" im Verhältnis Stifter und Nichte/Neffe etc. zustande, die zu einer Steuerklasse II oder sogar III führen können.

Werden mehrere Familienstiftungen errichtet, wird der persönliche Freibetrag bei jeder Stiftung (pro Stifter) je einmal gewährt. Das Steuerklassenprivileg ist beispielsweise bei der Übertragung von Bankguthaben die einzige Möglichkeit, unter Ausnutzung des persönlichen Freibetrags eine Steuerentlastung zu erzielen.

Unentgeltliche Vermögensübertragungen, die nicht in dem Stiftungsgeschäft geregelt sind, fallen nicht unter das Steuerklassenprivileg und führen zur Anwendung der ungünstigsten Steuerklasse III.[144] Erfolgt die Errichtung nur allgemein zugunsten der Familie des Stifters und ihren Angehörigen, wendet die Finanzverwaltung für ihre Besteuerung die Steuerklasse III an.[145] Gerade bei „möglichst gefassten" Satzungen und Standardvordrucken ist diesbezüglich Vorsicht geboten. Der Freibetrag der Steuerklasse III beträgt EUR 20.000,[146] der Steuersatz beträgt entweder 30 % oder 50 %.[147]

Auch aus diesem Grund sollte also bereits im Vorfeld der Stiftungserrichtung geplant werden, welche Vermögenswerte der Stifter unentgeltlich übertragen möchte, um in die Satzung eine entsprechende Regelung aufzunehmen. Nach derzeitiger Rechtslage ist davon auszugehen, dass der Begriff des „entferntest Berechtigten" sehr weit ausgelegt werden kann, sodass bereits eine explizite Berechtigung der Stiftung zur Vergabe von Darlehen an entfernte Verwandte oder Gesellschaften zur Anwendung der ungünstigsten Steuerklasse III führen kann.

1.2.1.5 Steuerfestsetzung und Erhebung
Schuldnerin der Steuer ist bei einer Stiftungserrichtung von Todes wegen ausschließlich die Stiftung als Erwerberin.[148]

Auch bei einer Stiftungserrichtung aufgrund eines Stiftungsgeschäfts unter Lebenden ist die Familienstiftung als Erwerberin des Vermögens Steuerschuldnerin, wobei der Stifter für die Steuer gesamtschuldnerisch mithaftet.[149] Es ist daher im Vorfeld der Vermögensübertragung abzuwägen, wer die Steuer bezahlt (die Stiftung oder der Stifter).

---

[144] R E 15.2 „Maßgebliche Steuerklasse bei Familienstiftungen" (3) ErbStR.

[145] H E 15.2 „Freibetrag bei Errichtung einer Familienstiftung" ErbStH.

[146] § 16 ErbStG.

[147] § 19 ErbStG.

[148] § 20 Abs. 1 S. 1 ErbStG.

[149] §§ 20 Abs. 1 S. 1 ErbStG, 44 AO.

Im Idealfall zahlt die Stiftung selbst die Steuer, da eine Übernahme seitens des Stifters als zusätzliche Bereicherung der Familienstiftung zu versteuern ist.[150] Regelmäßig verfügt die Stiftung jedoch noch nicht über ausreichend hohe laufende Erträge ihres Vermögens, um eine sehr hohe Einmalzahlung leisten zu können.

Kann die Familienstiftung die Steuer nicht aus eigenen Mitteln finanzieren, kann ihr der Stifter zum Beispiel ein Darlehen einräumen und so eine steuerpflichtige Übernahme der Steuer abwenden. Dabei ist stets zu beachten, dass das Grundstockvermögen nicht gemindert werden darf. Zulässig ist lediglich eine Umschichtung, also beispielsweise die Verwendung eines Bankguthabens zur Anschaffung eines Grundstücks. Die Stiftung muss daher in der Lage sein, die Zins und Tilgungszahlungen an den Stifter aus späteren laufenden Erträgen bezahlen zu können.

1.2.2 Grunderwerbsteuer

Im Hinblick auf die Regelungen des Grunderwerbsteuergesetzes („GrEStG") sind stets zwei Fragen zu prüfen:

1. Liegt ein Vorgang vor, der den Regelungen des GrEStG unterliegt *(steuerbarer Vorgang)?*
2. Ist der steuerbare Vorgang auch *steuerpflichtig* oder liegt aufgrund einer Befreiungsvorschrift ein *steuerfreier Vorgang* vor?

Ein *steuerbarer Vorgang* liegt bei Erfüllung der folgenden drei Voraussetzungen vor:

- Es muss ein Erwerbsvorgang nach § 1 GrEStG vorliegen.
- Gegenstand dieses Erwerbs muss ein inländisches Grundstück i.S.d. § 2 GrEStG sein. Erbbaurechte und Gebäude auf fremdem Boden werden inländischen Grundstücken gleichgestellt.[151]
- Das Grundstück muss den Rechtsträger wechseln. Hierbei ist zu beachten, dass nach dem GrEStG auch Personengesellschaften (GbR, OHG, KG, PartG) eigenständige Rechtsträger sind.

Erwerbsvorgänge nach § 1 GrEStG können entweder in Form eines Asset Deals, bei dem zivilrechtlich gesehen die Übertragung eines Grundstücks vorliegt, oder in Form eines Share Deals vorliegen, bei dem zivilrechtlich gesehen kein Grundstück, sondern

---

[150] § 10 Abs. 2 ErbStG.

[151] § 2 Abs. 2 GrEStG.

die Anteile einer Personen- oder Kapitalgesellschaft mit inländischem Grundbesitz übertragen werden. Die Übertragung ideeller Anteile einer Bruchteilsgemeinschaft[152] wird wie eine (anteilige) Übertragung eines Grundstücks und damit wie ein Asset Deal besteuert.

Ein Erwerbsvorgang in Form eines *Asset Deals* ist der Grundtatbestand der Grunderwerbsteuer und liegt typischerweise in einer der folgenden Konstellationen vor:

- *§ 1 Abs. 1 Nr. 1 GrEStG:* Der Stifter verpflichtet sich in dem Stiftungsgeschäft dazu, der Stiftung ein inländisches Grundstück zu übertragen. Die Steuer entsteht an dem Tag der behördlichen Anerkennung,[153] da die Stiftung erst ab diesem Tag als juristische Person existiert und somit Empfängerin des übertragenen Grundstücks sein kann.[154]
- *§ 1 Abs. 1 Nr. 2 GrEStG:* Vereinzelt wird vertreten, dass ein Stiftungsgeschäft unter Lebenden kein Rechtsgeschäft im Sinne des § 1 Abs. 1 Nr. 1 GrEStG sein kann und somit erst die spätere Auflassung zu einem steuerbaren Vorgang führt. Nach dieser Sichtweise würde die Steuer erst am Tag der notariellen Beurkundung der Auflassung entstehen (§ 38 AO).[155]
- *§ 1 Abs. 1 Nr. 3 GrEStG:* Das Eigentum an einem inländischen Grundstück geht kraft Gesetzes und damit ohne Rechtsgeschäft und ohne Auflassung über. Zu den wichtigsten Fällen gehören die Anwachsung[156] und der Erbanfall.[157]

Ergänzt wird der Grundtatbestand des § 1 Abs. 1 Nr. 1 GrEStG durch die Ersatztatbestände der § 1 Abs. 2, 2a, 2b, 3 und 3a GrEStG, nach denen folgende *Share Deals* steuerbar sind (die folgende Darstellung konzentriert sich auf die relevantesten Regelungen bei Errichtung der Stiftung):

---

[152] §§ 741 bis 758 BGB.

[153] §§ 1 Abs. 1 Nr. 1, 14 Nr. 2 GrEStG.

[154] FG Schleswig–Holstein-Urteil vom 08.03.2012–3 K 118/11, DStRE 2012, S. 945 (aus anderen Gründen aufgehoben); im Revisionsverfahren ließ der BFH die Frage offen, ob ein Stiftungsgeschäft, in dem sich der Stifter zu der Übertragung des Eigentums an einem Grundstück an die Stiftung verpflichtet, einen steuerbaren Vorgang nach § 1 Abs. 1 Nr. 1 GrEStG auslöst. Stattdessen entschied der II. Senat nur bezogen auf den Einzelfall, dass das Stiftungsgeschäft keinen Vorgang nach § 1 Abs. 1 Nr. 1 GrEStG auslösen kann, wenn sich der Stifter nicht in dem Stiftungsgeschäft zur Grundstücksübertragung verpflichtet, sondern diese im Zuge einer späteren Zustiftung vollzieht. Ob im Umkehrschluss ein steuerbarer Vorgang nach § 1 Abs. 1 Nr. 1 GrEStG vorliegt, wenn sich der Stifter in dem Stiftungsgeschäft zur Übertragung des Grundstücks verpflichtet, geht aus dem Urteil nicht hervor. Vgl. BFH-Urteil vom 27.11.2013 – II R 11/12, BFH/NV 2014, S. 579.

[155] Wachter, DStR 2012, 1900.

[156] §§ 738 BGB, 105 Abs. 3 HGB und 161 Abs. 2 HGB.

[157] § 1922 BGB.

- *§ 1 Abs. 2a GrEStG:* Der Stifter verpflichtet sich in dem Stiftungsgeschäft dazu, Anteile einer Personengesellschaft mit inländischem Grundbesitz an die Stiftung zu übertragen.[158] Die Übertragung muss dazu führen, dass innerhalb von fünf Jahren mindestens 90 % der Anteile auf die Stiftung als neue Gesellschafterin übergehen. Bei mittelbaren Änderungen im Gesellschafterbestand wird die Beteiligungshöhe nach der Multiplikationsmethode berechnet.[159] Mit „Anteil" ist die vermögensmäßige Beteiligung am Gesamthandsvermögen der Personengesellschaft gemeint und nicht die Gesellschafterstellung als dingliche Mitberechtigung. Diese Differenzierung ist typischerweise bei einer GmbH & Co. KG relevant, bei der die Komplementär-GmbH nicht an dem Vermögen der KG beteiligt ist.
- *§ 1 Abs. 3 Nr. 1 GrEStG:* Eine steuerbare Anteilsvereinigung auf Ebene der Stiftung setzt voraus, dass sich mehrere Gesellschafter einer Personen- oder Kapitalgesellschaft in dem Stiftungsgeschäft zu einer Anteilsübertragung verpflichten, aus der eine Vereinigung von mindestens 90 % der Anteile resultiert, die zuvor nicht vereint waren. Die betroffene Gesellschaft muss nach der Anteilsübertragung fortbestehen. Werden 100 % der Anteile einer GbR auf Ebene der Stiftung vereint, sodass es nach § 738 BGB zur Anwachsung kommt, ist § 1 Abs. 1 Nr. 3 GrEStG anzuwenden.
- *§ 1 Abs. 3 Nr. 3 GrEStG:* Der Stifter verpflichtet sich in dem Stiftungsgeschäft zur Übertragung von mindestens 90 % der Geschäftsanteile einer Kapitalgesellschaft,[160] zu deren Vermögen ein inländisches Grundstück gehört.[161]
- *§ 1 Absatz 2b GrEStG[162]:* Die maßgeblichste Neuerung der sog. Share-Deal-Reform war die Einführung eines neues Ersatztabestands. Nach dieser Vorschrift führt nunmehr auch der Gesellschafterwechsel bei Kapitalgesellschaften analog zum Gesellschafterwechsel bei einer Personengesellschaft zu einem Erwerbstatbestand. Damit sind Strukturen mit klassischen RETT-Blockern durch Übertragung von 100 % der Anteil auf zwei neue Gesellschafter (89/11) nicht mehr möglich.
- *§ 1 Abs. 3a GrEStG:* Schließlich ist auch die Übertragung einer wirtschaftlichen Beteiligung an einer Personen- oder Kapitalgesellschaft von mindestens 90 % steuerbar. Die Regelung hat folgenden Hintergrund: Eine mittelbare Übertragung nach § 1 Abs. 3 Nr. 3 GrEStG setzt nach BFH-Rechtsprechung[163] voraus, dass die Beteiligungsquote von 90 % auf jeder Beteiligungsstufe erreicht wird. Eine

---

[158] § 1 Abs. 2a S. 1 GrEStG.

[159] § 1 Abs. 2a S. 2 GrEStG.

[160] Bei Vorliegen einer Personengesellschaft würde sich die Steuerbarkeit bereits nach § 1 Abs. 2a GrEStG ergeben.

[161] § 1 Abs. 3 Nr. 3 GrEStG.

[162] Eingeführt mit Wirkung zum 1.7.2021 durch das Gesetz vom 12.5.2021, BGBl. I 2021, 986.

[163] BFH-Urteil vom 25.08.2010 – II R 65/08, BStBl. II 2011, S. 225.

Multiplikation der Beteiligungshöhe der auf den jeweiligen Beteiligungsstufen bestehenden Beteiligungsquoten kommt damit nicht in Betracht. Um diese Lücke zu schließen wird eine wirtschaftliche Beteiligung berechnet, indem die Summe aller unmittelbaren und mittelbaren Beteiligungen gebildet wird. Für die Ermittlung der mittelbaren Beteiligungen sind die Beteiligungsquoten auf den jeweiligen Stufen zu multiplizieren.

Bei den Ersatztatbeständen entsteht die Steuer jeweils am Tag der behördlichen Anerkennung der Stiftung, da sie an dem Tag der Unterzeichnung des Stiftungs- geschäfts durch den Stifter noch nicht als juristische Person existiert und zur Steuerent- stehung zunächst eine Genehmigung nach § 14 Nr. 2 GrEStG (=Anerkennung durch die Stiftungsbehörde) erforderlich ist.

Im nächsten Schritt ist zu prüfen, ob der steuerbare Vorgang *steuerfrei* oder (im Umkehrschluss) steuerpflichtig ist[164] (an dieser Stelle wird nur eine Auswahl der bei der Stiftungserrichtung relevanten Befreiungstatbestände widergegeben):

- *Unentgeltliche Grundstücksübertragung:*
- Grunderwerbsteuerfrei sind Übertragungsvorgänge die bereits den Regelungen des Erbschaftsteuer-/Schenkungsteuergesetzes unterliegen.[165] Ausschlaggebend ist nicht, ob die Übertragung eine Erbschaftsteuer-/Schenkungsteuerbelastung auslöst oder nach §§ 13a bis 13d ErbStG steuerverschont erfolgt.

Handelt es sich allerdings um eine Schenkung unter Auflage, wie zum Beispiel einem Nießbrauch oder einer Rente zu Gunsten des Stifters, unterliegt der Wert dieser Auflage, der bereits im Rahmen der Schenkungsteuer abziehbar ist, der Grunderwerbsteuer.[166]

Im Hinblick auf die Grunderwerbsteuer ist eine unentgeltliche Vermögensübertragung gegenüber einer Veräußerung an die Familienstiftung regelmäßig vorteilhaft. Im Fall eines Asset Deals und mittlerweile auch eines Share Deals bietet die Schenkung die ein- zige Möglichkeit, eine Besteuerung abzuwenden.

- *Personengesellschaften (Gesellschafter überträgt an Gesellschaft):*
- Überträgt der Stifter im Vorfeld der Stiftungserrichtung eines oder mehrere inländische Grundstücke an eine Personengesellschaft, wird die Steuer in Höhe seiner Beteiligungsquote an der Gesellschaft nicht erhoben.[167] Die Steuerfreiheit setzt voraus, dass im Anschluss an die Übertragung eine fünf Jahre lange Sperrfrist eingehalten

---

[164] Wie im UStG sind auch im GrEStG lediglich die Fälle geregelt, in denen ein steuerbarer Vor- gang von der Besteuerung befreit wird. Ist kein Befreiungtatbestand einschlägig, liegt im Umkehrschluss ein steuerpflichtiger Vorgang vor.

[165] § 3 Nr. 2 S. 1 GrEStG.

[166] § 3 Nr. 2 S. 2 GrEStG.

[167] § 5 Abs. 2 GrEStG.

wird.[168] Überträgt der Gesellschafter seine Anteile innerhalb der Sperrfrist, wird die Steuer für jedes nicht voll abgelaufene Jahr nacherhoben. Neben einer Veräußerung ist auch der Formwechsel der Personengesellschaft in eine Kapitalgesellschaft („heterogener Formwechsel") schädlich.[169]

Kommt für eine Grundstücksübertragung keiner der Befreiungstatbestände infrage, sollte geprüft werden, ob nicht bereits das Auslösen eines steuerbaren Vorgangs vermieden werden kann. Im Falle eines Share Deals, dessen Steuerbarkeit an eine Beteiligungsquote von mindestens 90 % der Anteile anknüpft, empfiehlt sich die bewusste Unterschreitung dieser Quote (typischerweise 89,9 % oder 89 %). Hierin besteht kein Missbrauch rechtlicher Gestaltungsmöglichkeiten im Sinne des § 42 der Abgabenordnung.[170]

Grundsätzlich bemisst sich die Steuer nach dem Wert der Gegenleistung.[171] Als Gegenleistung gilt jede Leistung, welche die Stiftung als Erwerberin des Grundstücks aufwendet. Dies setzt eine kausale Verknüpfung des Grundstückserwerbs und der Gegenleistung für den Erwerb voraus.[172] Bei einem Kauf in Form eines Asset Deals gilt der Kaufpreis des Grundstücks einschließlich der vom Käufer übernommenen sonstigen Leistungen und der dem Verkäufer vorbehaltenen Nutzungen als Gegenleistung.[173]

Bei einem unentgeltlichen Asset Deal[174] und in den Fällen des § 1 Abs. 2a, 3 und 3a GrEStG bemisst sich die Steuer nach den steuerlichen Grundbesitzwerten im Sinne des Bewertungsgesetzes (BewG).[175] Beim Share Deal ist also nicht der ebenfalls im Sinne des Bewertungsgesetzes ermittelte steuerliche Wert der Gesellschaft maßgebend.

---

[168] § 5 Abs. 3 GrEStG.

[169] Gleichlautender Erlass der Obersten Finanzbehörden der Länder vom 09.12.2015, BStBl. I 2015, 1029 Rn. 7.3.1.2.

[170] In seinem Beschluss vom 29.05.2011 entschied der Bundesfinanzhof, dass die Vorschrift des § 42 AO in Fällen des § 1 Abs. 2a und 3 GrEStG nicht anzuwenden ist. BFH-Beschluss vom 29.05.2011 – II B 133/10 (NV), BFH/NV 2011, S. 1539 Abschn. 5b). Auch das FG Baden-Württemberg hatte entschieden, dass bei einer Übertragung von 94,4 % der Anteile kein Gestaltungsmissbrauch im Sinne des § 42 AO vorliegt. Vgl. FG Baden-Württemberg-Urteil vom 27.07.2011–2 K 364/08, EFG 2013, S. 395 Leitsatz 1. Mit seinem Urteil vom 09.07.2014 hat der BFH die Entscheidung des FG Baden-Württemberg jedoch im Revisionsverfahren auf und wies die Rechtssache für den zweiten Rechtsgang zurück. BFH-Urteil vom 09.07.2014 – II R 49/12, BStBl. II 2016, S. 57 Abschn. II Rn. 9. Allerdings ist zu beachten, dass der BFH inhaltlich nicht zu der Frage Stellung nahm, ob die bewusste Umgehung der 95 % Grenze durch Zurückbehalten eines Zwerganteils einen Gestaltungsmissbrauch nach § 42 AO darstellt oder nicht. Zum Ausschluss des § 42 AO vgl. auch Hofmann (2017), Kommentar GrEStG, § 1 GrEStG Rn. 96; Meßbacher-Hönsch in Viskorf (2021), Kommentar GrEStG, § 1 GrEStG Rn. 238.

[171] § 8 Abs. 1 GrEStG.

[172] BFH-Urteil vom 25.11.1992 – II R 67/89, BStBl. II 1993, S. 308.

[173] § 9 Abs. 1 Nr. 1 GrEStG.

[174] § 8 Abs. 2 S. 1 Nr. 1 GrEStG.

[175] § 8 Abs. 2 S. 1 Nr. 3 GrEStG.

Tab. 1.3 Grunderwerbsteuer-
sätze der Bundesländer

Steuersatz	Bundesland
5 %	Baden-Württemberg
3,5 %	Bayern
6 %	Berlin
6,5 %	Brandenburg
5 %	Bremen
4,5 %	Hamburg
6 %	Hessen
6 %	Mecklenburg-Vorpommern
5 %	Niedersachsen
6,5 %	Nordrhein-Westfalen
5 %	Rheinland-Pfalz
6,5 %	Saarland
3,5 %	Sachsen
5 %	Sachsen-Anhalt
6,5 %	Schleswig–Holstein
6,5 %	Thüringen

Zur Berechnung der Steuer wird die Bemessungsgrundlage mit einem Steuersatz multipliziert, der gemäß § 11 Abs. 1 GrEStG 3,5 % beträgt. Gleichwohl sind die Bundesländer nach Artikel 105 Abs. 2a S. 2 GG berechtigt, hiervon abweichende Steuersätze festzulegen. Maßgebend ist der Steuersatz des Bundeslandes, in dem das Grundstück belegen ist. Mit Ausnahme von Bayern und Sachsen haben sämtliche Bundesländer von der Möglichkeit Gebrauch gemacht, einen höheren Steuersatz als 3,5 % festzulegen (zur Übersicht siehe Tab. 1.3):

Bei einem rechtsgeschäftlichen Grundstückserwerb und bei einem Grundstückserwerb kraft Gesetzes sind Steuerschuldner jeweils beide am Erwerbsvorgang beteiligten Rechtsträger, d. h. der Stifter als Überträger und die Stiftung als Erwerberin.[176] Dies gilt ungeachtet abweichender vertraglicher Regelungen; Stifter und Stiftung schulden die Steuer als Gesamtschuldner nach § 44 AO.

Bei Änderung des Gesellschafterbestandes einer Personengesellschaft ist die Personengesellschaft Steuerschuldnerin.[177]

Die Steuer wird einen Monat nach der Bekanntgabe des Steuerbescheids fällig.[178]

---

[176] § 13 Nummern 1 und 2 GrEStG.

[177] § 13 Nr. 6 GrEStG.

[178] § 15 S. 1 GrEStG.

1.2.3   Umsatzsteuer

Als weiteres Regelwerk im Rahmen der Stiftungserrichtung ist das *Umsatzsteuergesetz* (UStG) zu beachten.

Ist der Stifter Unternehmer im Sinne § 2 Abs. 1 S. 1 UStG und veräußert er sein Unternehmen[179] an die Stiftung, die das Unternehmen fortführt, liegt eine nicht steuerbare *Geschäftsveräußerung im Ganzen* vor.[180] Dies ist typischerweise dann der Fall, wenn der Stifter ein an Dritte vermietetes Grundstück an die Stiftung bei unveränderter Fortsetzung der Mietverhältnisse überträgt.

Die Übertragung von Anteilen an einer Kapitalgesellschaft ist keine Geschäftsveräußerung im Ganzen, wenn die Beteiligung nicht Teil eines Unternehmens ist und die Familienstiftung die selbstständige wirtschaftliche Betätigung fortführen kann.[181]

Ist der Stifter Unternehmer im Sinne des § 2 Abs. 1 S. 1 UStG und entnimmt er aus seinem Unternehmen einzelne Wirtschaftsgüter, um sie dann auf die Stiftung zu übertragen, liegen die Zwecke hierfür außerhalb seines Unternehmens. Gemäß § 3 Abs. 1b S. 1 Nr. 1 UStG wird dieser Vorgang wie eine steuerbare Lieferung an die Stiftung gegen Entgelt besteuert („unentgeltliche Wertabgabe"). Weitere Voraussetzung ist, dass der betreffende Gegenstand den Stifter zum vollen Vorsteuerabzug nach § 15 UStG berechtigt hat.[182]

Werden Grundstücke durch einen Unternehmer auf die Stiftung übertragen, wobei die Voraussetzungen einer Geschäftsveräußerung im Ganzen nicht erfüllt sind, handelt es sich um Vorgänge, die bereits nach den Regelungen des GrEStG steuerbar sind. Gemäß § 4 Nr. 9a UStG handelt es sich daher im Rahmen der Umsatzsteuer um steuerfreie Umsätze.

Es besteht nach § 9 Abs. 1 UStG jedoch die Option, auf die Steuerfreiheit zu verzichten. In diesem Fall geht die Steuerschuldnerschaft hinsichtlich des Kaufpreises auf die Stiftung über.[183] Dies ist dann zu empfehlen, wenn der Stifter zum Vorsteuerabzug berechtigt war und die Stiftung selbst Unternehmerin ist und die Immobilie im Rahmen ihres Unternehmens ausschließlich dazu nutzt, steuerbare und steuerpflichtige Umsätze zu erbringen.

---

[179] § 2 Abs. 1 S. 2 UStG.

[180] § 1 Abs. 1a UStG. Vgl. Schmitt-Homann in Otto (2015), Handbuch der Stiftungspraxis, S. 242; von Löwe in Feick (2015), Stiftung als Nachfolgeinstrument, § 24 Rn. 41; Götz/Pach-Hassenheimb (2020), Handbuch der Stiftung, Rn. 542–545.

[181] EuGH-Urteil vom 23.05.2013, C-651/11, HFR 2013, 754.

[182] § 3 Abs. 1b S. 2 UStG. Vgl. Schmitt-Homann in Otto (2015), Handbuch der Stiftungspraxis, S. 242; von Löwe in Feick (2015), Stiftung als Nachfolgeinstrument, § 24 Rn. 40; Götz/Pach-Hassenheimb (2020), Handbuch der Stiftung, Rn. 539–540.

[183] § 13b Abs. 2 Nr. 3 UStG.

Beraterhinweis

Der Verzicht auf die Umsatzsteuerbefreiung der Lieferung eines Grundstücks kann nur in dem dieser Lieferung zu Grunde liegenden notariell zu beurkundenden Vertrag erklärt werden.[184] Ein späterer Verzicht auf die Umsatzsteuerbefreiung ist unwirksam, auch wenn er notariell beurkundet wird.[185]

1.2.4 Einkommensteuer

1.2.4.1 Übertragung von Betriebsvermögen

Die *unentgeltliche Übertragung* eines Betriebs, Teilbetriebs oder Mitunternehmeranteils erfolgt jeweils einkommensteuerfrei, wenn der Stifter eine Übertragung im Ganzen durchführt.[186] Eine nur anteilige Übertragung unter Fortführung der Buchwerte ist nur an natürliche Personen möglich und würde demnach bei Übertragung auf eine Familienstiftung zur Aufdeckung stiller Reserven führen.[187] Die Übertragung im Ganzen setzt voraus, dass sämtliche funktional wesentliche Betriebsgrundlagen übertragen werden. Hierzu zählen bei einem Mitunternehmeranteil auch die funktional wesentlichen Betriebsgrundlagen des Sonderbetriebsvermögens.

Rechtlich geklärt sind nunmehr zentrale Rechtsfragen zur sog. Gesamtplanrechtsprechung im Rahmen des § 6 Absatz 3 EStG. Hier folgt die Finanzverwaltung der Rechtsprechung des BFH, dass es für die Beurteilung des Vorliegens von funktional wesentlichen Betriebsgrundlagen allein auf den Zeitpunkt der Übertragung ankommt und daher der Raum für unschädliche vorherige Überführungen nach § 6 Absatz 5 EStG eröffnet ist.[188] Im speziellen Fall der Übertragung von Kommanditanteilen einer GmbH & Co. KG, bei der die Anteile der Komplementär nicht von der KG im Gesamthandsvermögen gehalten werden („Einheitsgesellschaft") ist zu prüfen, ob auch die von einem Kommanditisten gehaltenen Anteile der Komplementär GmbH als funktional wesentliche Betriebsgrundlage des Sonderbetriebsvermögens II einzustufen und dementsprechend zur Anwendung des § 6 Abs. 3 EStG mitübertragen werden müssen:

- *Komplementär-GmbH mit eigenem Geschäftsbetrieb:*
- Fungiert die Komplementär-GmbH nicht ausschließlich als Komplementär der KG und erfüllt sie mit ihrem eigenen Geschäftsbetrieb eine wesentliche wirtschaft-

---

[184] Abschn. 9.2 Abs. 9 S. 1 UStAE.

[185] Abschn. 9.2 Abs. 9 S. 2 UStAE.

[186] § 6 Abs. 3 EStG.

[187] § 6 Abs. 3 S. 1 Halbsatz 2 EStG.

[188] BMF, Schreiben vom 20.11.2019, BStBl. I 2019, 1291; Schreiben vom 5.5.2021, ZEV 2021, 407. Die Gesamtplanrechtsprechung soll demnach nur noch im Bereich von § 16 Absatz 4 und § 34 EStG gelten.

liche Funktion für die KG, ist regelmäßig davon auszugehen, dass ihre Anteile als funktional wesentlich einzustufen sind. Im Fall der Betriebsaufspaltung stellen die Anteile an der Betriebskapitalgesellschaft stets eine funktional wesentliche Betriebsgrundlage dar.[189]

- *Komplementär-GmbH ohne eigenen Geschäftsbetrieb:*
- Die neuere BFH-Rechtsprechung[190] und Verwaltungsmeinung[191] sieht folgende Systematisierung für die Anteile einer GmbH vor, die neben ihrer Funktion als Komplementär keinen eigenen Geschäftsbetrieb aufweist (vgl. Tab. 1.4):

Das neue BMF-Schreiben zu § 6 Absatz 3 EStG enthält erstmalig Ausführungen zu Stiftungen als aufnehmender Rechtsträger.[192]

Wie bei der Erbschaft- und Schenkungsteuer ist auch ertragsteuerrechtlich bei der unentgeltlichen Übertragung eines Mitunternehmeranteils sicherzustellen, dass in das Stiftungsgeschäft kein freier Widerrufsvorbehalt aufgenommen wird.[193] Da der freie Widerrufsvorbehalt dazu führt, dass die Stiftung nicht die Voraussetzungen der Mitunternehmereigenschaft erfüllt, scheidet die Anwendung des § 6 Abs. 3 EStG aus.[194] Unschädlich ist zum Beispiel ein Widerrufsvorbehalt, der an den konkreten Sachverhalt geknüpft wird, dass die Finanzverwaltung die Anwendung der Buchwertfortführung nach § 6 Abs. 3 EStG verwehrt und stattdessen eine positive Einkommensteuer festsetzt.[195]

Ob eine Mitunternehmerschaft nur aufgrund einer *gewerblichen Prägung*[196] Einkünfte aus Gewerbebetrieb erzielt, ist im Hinblick auf die unentgeltliche Übertragung von Mitunternehmeranteilen an eine Familienstiftung nicht von Bedeutung:

---

[189] BFH-Urteil vom 04.07.2007 – X R 49/06, BStBl. II 2007, 772.

[190] BFH-Urteil vom 25.11.2009 – I R 72/08, BStBl. II 2010, 471; BFH-Urteil vom 16.12. 2009 – I R 97/08, BStBl. II 2010, 808; BFH-Urteil vom 16.04.2015 – IV R 1/12, BStBl. II 2015, 705.

[191] Grundlagenschreiben: OFD Rheinland, Verfügung vom 06.11.2008, aktualisiert am 23.03.2011, DB 2011, 1302; vgl. zusätzlich OFD NRW, Verfügung vom 21.06.2016, DB 2016, 1907; H 4.2 (2) „Anteile an Kapitalgesellschaften" EStH.

[192] BMF, Schreiben vom 20.11.2019, BStBl. I 2019, 1291, Rn 1.

[193] BFH-Beschluss vom 18.07.1974 – IV B 34/74, BStBl. II 1974, 740; BFH-Urteil vom 16.05.1989 – VIII R 196/84, BStBl. II 1989, 877; BFH-Beschluss vom 30.05.2006 – IV B 168/04, BFH/NV 2006, 1828.

[194] BFH-Beschluss vom 18.07.1974 – IV B 34/74, BStBl. II 1974, 740; BFH-Urteil vom 16.05.1989 – VIII R 196/84, BStBl. II 1989, 877; BFH-Beschluss vom 30.05.2006 – IV B 168/04, BFH/NV 2006, 1828.

[195] Theuffel-Werhahn, ZEV 2017, 20.

[196] § 15 Abs. 3 Nr. 2 EStG.

Tab. 1.4 Einordnung der Beteiligung an einer Komplementär-GmbH

Beteiligung an der KG	Beteiligung an der Komplementär-GmbH	Einordnung der Beteiligung an der Komplementär-GmbH
0 % bis 50 %	mindestens 10 % bis zu 50 %	Sonderbetriebsvermögen II, aber keine funktional wesentliche Betriebsgrundlage. Es ist keine maßgebende Einflussnahme auf die Komplementär-GmbH möglich
	über 50 %	Funktional wesentliche Betriebsgrundlage des Sonderbetriebsvermögens II, da erst durch die Beteiligung an der GmbH eine unmittelbare Einflussnahme auf die Geschäftsführung der KG ermöglicht wird
über 50 % unter 100 %	über 50 % unter 100 %	Sonderbetriebsvermögen II, aber keine funktional wesentliche Betriebsgrundlage. Der Kommanditist ist bereits aufgrund der mehrheitlichen Beteiligung an der KG in der Lage, dort seinen geschäftlichen Willen durchzusetzen
100 %	0 % bis 100 %	Bei der sogenannten „Ein-Mann-KG" ist die Beteiligung an der GmbH stets eine funktional wesentliche Betriebsgrundlage des Sonderbetriebs-vermögens II. Hintergrund: Ohne die GmbH als zweite Gesellschafterin könnte keine Personen-gesellschaft existieren

- BFH[197] und Finanzverwaltung[198] versagen die Anwendbarkeit des § 6 Abs. 3 S. 1 EStG nur bei der unentgeltlichen Übertragung von Mitunternehmeranteilen einer gewerblich geprägten Mitunternehmerschaft an eine gemeinnützige Stiftung. Hintergrund: Anteile einer gewerblich geprägten Mitunternehmerschaft sind nicht dem steuerpflichtigen wirtschaftlichen Geschäftsbetrieb einer gemeinnützigen Stiftung zuzuordnen, sondern dem steuerbegünstigten Bereich der Vermögensverwaltung. Ohne die Besteuerung anlässlich der Übertragung würden die stillen Reserven der Besteuerung entzogen. Auf Familienstiftungen sind diese Einschränkungen nicht anwendbar, da sie keinen steuerbegünstigten Zwecken nach §§ 51 bis 68 AO nachgehen und somit der Regelbesteuerung unterliegen.
- Der § 50i Abs. 2 EStG in der Fassung des Artikels 2 des Gesetzes zur Anpassung des nationalen Steuerrechts an den Beitritt Kroatiens zur EU und zur Änderung weiterer steuerlicher Vorschriften vom 25. Juli 2014 (BGBl. I, S. 1266) wurde rückwirkend

---

[197] BFH-Urteil vom 25.05.2011 – I R 60/10, BStBl. II 2011, 858.

[198] OFD Frankfurt am Main – Verfügung vom 27.07.2016, DB 2016, 1966. BMF, Schreiben vom 20.11.2019, BStBl. I 2019, 1291, Rn 1.

geändert. Durch die Neufassung ist nun geklärt, dass die Regelung bei reinen Inlands-sachverhalten zu keiner Besteuerung stiller Reserven führt.[199]

Eine unentgeltliche Übertragung eines Betriebs, Teilbetriebs oder Mitunternehmeranteils ist in der Regel günstiger als ein *Verkauf* nach § 16 EStG. Grund hierfür ist, dass der Freibetrag nach § 16 Abs. 4 EStG (maximal EUR 45.000) bereits ab einem Gewinn von EUR 181.000 ins Leere läuft.

Beraterhinweis
Sofern für den Mitunternehmeranteil allerdings kein Begünstigung nach §§ 13a, 13b ErbStG erreicht werden kann (z. B. aufgrund zu hohen Verwaltungsvermögens) dann kann eine Veräußerung des Mitunternehmeranteils an die Familienstiftung sinnvoll sein, sofern der Veräußerer die Vergünstigungen nach §§ 16, 34 EStG (sog. halber Steuersatz) in Anspruch nehmen kann.

Anstelle einer Einmalzahlung unter sofortiger Besteuerung im Jahr der Veräußerung besteht die Möglichkeit, dass der Stifter im Gegenzug für das übertragene Vermögen eine Rente, dauernde Last oder Kaufpreisraten erhält. Bei einer Rente erhält der Stifter jährlich gleichbleibende Beträge. Bei einer dauernden Last variieren die Beträge, weil zum Beispiel eine vom Gewinn oder Umsatz abhängige Bezahlung vereinbart wird.

1.2.4.2 Übertragung von Privatvermögen

1.2.4.2.1 Anteile an Kapitalgesellschaften (Beteiligung mindestens 1 %)
Auch der Verkauf einer Beteiligung an einer Kapitalgesellschaft, an welcher der Stifter innerhalb der letzten fünf Jahre zu einem beliebigen Zeitpunkt zu mindestens 1 % beteiligt war, fällt gegenüber einer unentgeltlichen und damit erbschaft- oder schenkung-steuerpflichtigen Übertragung in der Regel ungünstiger aus. Der Veräußerungsgewinn unterliegt dem Teileinkünfteverfahren[200] und wird nur durch einen niedrigen Freibetrag (maximal EUR 9060) gemindert.

Ein Verkauf ist einer unentgeltlichen Übertragung in der Regel vorzuziehen, wenn keine Verschonung von der Schenkungsteuer möglich ist. Als Gestaltungsbaustein kann – wie bei der Veräußerung eines Betriebs, Teilbetriebs oder Mitunternehmer-anteils – eine Veräußerung in Form einer Leibrente, einer dauernden Last oder ein unver-zinslicher Ratenverkauf (jeweils) mit Sofort- oder Zuflussbesteuerung genutzt werden.[201]

---

[199] Vgl. das BMF-Schreiben vom 05.01.2017 (BStBl. I 2017, 32), mit dem das BMF-Schreiben vom 21.12.2015 (BStBl. I 2016, 7) aufgehoben wurde.

[200] §§ 17, 3 Nr. 40 Buchstabe c), 3c Abs. 2 EStG.

[201] R 17 (7) „Veräußerungsgewinn" S. 2 EStR; R 16 (11) „Betriebsveräußerung gegen wieder-kehrende Bezüge" EStR; H 16 (11) „Ratenzahlungen" EStH.

1.2.4.2.2 Wertpapiere (Beteiligung unter 1 %)

Bei Wertpapieren (Beteiligung unter 1 %) ist das Anschaffungsdatum von entscheidender Bedeutung, weil § 20 Abs. 2 Nr. 1 EStG erst auf nach dem 31. Dezember 2008 angeschaffte Wertpapiere anwendbar ist.[202] Wurden die Wertpapiere vor diesem Tag angeschafft, gilt noch die Regelung des § 23 Abs. 1 Nr. 2 EStG a.F., der nach Ablauf einer Haltedauer von einem Jahr KEINE Besteuerung des Veräußerungsgewinns vorsieht.

Wurden die Wertpapiere ab dem 1. Januar 2009 angeschafft, fallen auf den Veräußerungsgewinn 25 % Kapitalertragsteuer an.[203] Bei einem niedrigeren persönlichen Einkommensteuersatz kann die Günstigerprüfung beantragt werden.[204]

Aufgrund des günstigen Steuersatzes für Kapitalerträge von maximal 25 % (auf den Gewinn, nicht den ungeminderten gemeinen Wert) sollte stets geprüft werden, ob der Verkauf zum Beispiel eines Wertpapiers gegenüber einer Erbschaft oder Schenkung günstiger ausfällt.

1.2.4.2.3 Grundstücke

Bei Grundstücken im Privatvermögen des Stifters ist ein Verkauf regelmäßig günstiger als eine alternativ mögliche Erbschaft oder Schenkung. Grund hierfür ist, dass nach einer Haltedauer von mindestens zehn Jahren zwischen Anschaffung und Verkauf keine Einkommensteuer anfällt.[205]

Vorteilhaft ist außerdem, dass der Stifter bei Vereinbarung einer Stundung des Kaufpreises über mehrere Jahre hinweg die Tilgungszahlungen steuerfrei bezieht, während alternativ mögliche Zuwendungen aus den laufenden Erträgen der Stiftung heraus zumindest eine 25 %ige Kapitalertragsteuerbelastung[206] verursachen würden. Nur die Zinszahlungen unterliegen der Kapitalertragsteuer.[207] Wird keine Verzinsung vereinbart, kann die Finanzverwaltung entweder von einer schenkungsteuerpflichtigen Zuwendung[208] in Form einer verbilligten Überlassung von Kapital ausgehen oder alternativ nach § 12 Abs. 3 BewG auf Basis eines Zinssatzes von 5,5 % eine Aufteilung des Kaufpreises in einen Zins- und einen Tilgungsanteil vornehmen und den Zinsanteil der Einkommensteuer unterwerfen. In der Regel empfiehlt sich daher die Vereinbarung einer Verzinsung von derzeit ca. 1–2 % bzw. eines variablen Zinssatzes orientiert an marktgängigen Bezugsquellen wie bspw. der 3-Monats-Euribor oder Basiszinssatz gemäß § 247 BGB. Um zusätzliche Sicherheit zu gewinnen, hat es sich bewährt, bei ca. zwei

---

[202] § 52 Abs. 28 S. 11 EStG.

[203] §§ 20 Abs. 2 Nr. 1, 43 Abs. 1 S. 1 Nr. 9, 43a Abs. 1 S. 1 Nr. 1 EStG.

[204] § 32d Abs. 6 EStG.

[205] §§ 22 Nr. 2, 23 Abs. 1 S. 1 Nr. 1 EStG.

[206] §§ 20 Abs. 1 Nr. 9, 43 Abs. 1 S. 1 Nr. 7a), 43a Abs. 1 S. 1 Nr. 1 EStG.

[207] §§ 20 Abs. 1 Nr. 7, 43 Abs. 1 S. 1 Nr. 7, 43a Abs. 1 S. 1 Nr. 1 EStG.

[208] §§ 1 Abs. 1 Nr. 2, 7 Abs. 1 S. 1 Nr. 1 ErbStG.

bis drei Banken Vergleichsangebote einzuholen, um die Fremdüblichkeit der Verzinsung auch gegenüber der Finanzverwaltung dokumentieren zu können.

Verkauft der Stifter ausschließlich Objekte, bei denen die Haltedauer von zehn Jahren abgelaufen ist, besteht auch keine Gefahr eines gewerblichen Grundstückshandels, da es sich dann nicht mehr um Zählobjekte handelt.[209]

Der Verkauf von Anteilen einer vermögensverwaltenden Personengesellschaft ist wie ein Verkauf der anteiligen Grundstücke zu behandeln.[210] Werden die Voraussetzungen eines gewerblichen Grundstückshandels auf Ebene einer vermögensverwaltenden Personengesellschaft erfüllt, deren Anteile bzw. anteiligen Grundstücke der Stifter an die Familienstiftung verkauft, sind die veräußerten Objekte ebenfalls in die Prüfung eines etwaigen weiteren gewerblichen Grundstückshandels auf Ebene des Stifters (bzw. Gesellschafters) einzubeziehen.[211] Dies setzt voraus, dass der Stifter zu mindestens 10 % an der Gesellschaft beteiligt ist oder sein Anteil einen Verkehrswert von mehr als EUR 250.000 hat.[212]

1.2.4.2.4 Sonstiges Privatvermögen

Regelmäßig möchte der Stifter nicht nur „das Familienunternehmen" in die sichere Struktur der Stiftung überführen, sondern auch über Jahre oder Jahrzehnte hinweg zusammengetragene private Vermögenswerte, wie Kunstgegenstände, Musikinstrumente, Oldtimer, Edelmetalle oder Briefmarkensammlungen.

In diesem Fall ist zunächst zu prüfen, ob es sich möglicherweise um einen sogenannten Gegenstand des täglichen Gebrauchs handelt. Hierzu rechnen solche Gegenstände, bei denen typischerweise die Anschaffungskosten über dem später erzielbaren Verkaufspreis liegen (typischer Fall: der private Pkw). Deren Verkauf ist stets einkommensteuerfrei.[213]

Liegt kein Gegenstand des täglichen Gebrauchs vor, ist zwischen Anschaffung und Verkauf eine ein Jahr lange Spekulationsfrist einzuhalten.[214] Anschließend ist ein steuerfreier Verkauf möglich. Wurden mit dem jeweiligen Vermögenswert, wie typischerweise Kunstgegenständen, die an ein Museum verliehen wurden, Einkünfte erzielt, verlängert sich die Spekulationsfrist zwischen Anschaffung und Verkauf von einem Jahr auf zehn Jahre.[215]

---

[209] BMF-Schreiben vom 26.03.2004, BStBl. I 2004, 434 Rn. 2.

[210] § 23 Abs. 1 S. 4 EStG. Dies ergibt sich bereits aus § 39 Abs. 2 Nr. 2 AO.

[211] BFH-Beschluss vom 03.07.1995 – GrS 1/93, BStBl. II 1995, 617; BFH-Urteil vom 28.11.2002 – III R 1/01, BStBl. II 2003, 250.

[212] BMF-Schreiben vom 26.03.2004, BStBl. I 2004, 434 Rn. 14.

[213] § 23 Abs. 1 S. 1 Nr. 2 S. 2 EStG.

[214] § 23 Abs. 1 S. 1 Nr. 2 S. 1 EStG.

[215] § 23 Abs. 1 S. 1 Nr. 2 S. 4 EStG.

Wie bei Grundstücken kann auch in dieser Vermögensklasse ein einkommensteuer-freier Verkauf gegenüber einer alternativen meist steuerpflichtigen Schenkung oder Erbschaft günstiger ausfallen.

1.2.5 Körperschaftsteuer

1.2.5.1 Verlustvorträge

Überträgt der Stifter Anteile einer Kapitalgesellschaft an eine Familienstiftung, stellt sich zunächst die Frage nach den Auswirkungen auf die bisher noch nicht verrechneten Verlustvorträge der Gesellschaft.

Übersteigen die steuerlich abzugsfähigen Betriebsausgaben einer Kapitalgesellschaft die Betriebseinnahmen innerhalb eines Jahres entsteht ein steuerlicher Verlust (= negativer Gesamtbetrag der Einkünfte). Dieser Verlust wird entweder ein Jahr zurückgetragen (Verlustrücktrag)[216] oder in die folgenden Jahre vorgetragen und mit einem positiven zu versteuernden Einkommen der Gesellschaft verrechnet (Verlustvortrag).[217]

Da die Besteuerung von Kapitalgesellschaften grundsätzlich unabhängig davon erfolgt, wer Gesellschafter ist oder was Geschäftsgegenstand der Gesellschaft ist, bestand der Gestaltungsansatz des sog. *Mantelkaufs* darin, inaktive, aber nicht aufgelöste Kapitalgesellschaften aufzukaufen und deren steuerliche Verlustvorträge zu nutzen. Um dem vorzubeugen hat der Gesetzgeber seit 1988 verschiedene Regelungen zur Prävention von Gestaltungsmissbräuchen eingeführt.[218]

Einschränkungen des Verlustabzugs ergeben sich vornehmlich aus § 8c KStG, dessen sachlicher Anwendungsbereich außerdem alle bisher nicht ausgeglichenen und nicht abgezogenen negativen Einkünfte gemäß der §§ 2a EStG, 15 Abs. 4 EStG, 15a EStG, 15b EStG sowie den Zinsvortrag nach § 4h Abs. 1 S. 5 EStG einschließt.[219]

Im Zuge des *Gesetzes zur Vermeidung von Umsatzsteuerausfällen beim Handel mit Waren im Internet und zur Änderung weiterer steuerlicher Vorschriften* hat der Gesetzgeber die Regelung des § 8c Abs. 1 S. 1 KStG („schädlicher Beteiligungserwerb") rückwirkend zum 01.01.2008 (§ 34 Abs. 6 KStG n.F.) abgeändert.[220]

In der Fassung des *Gesetzes zur Modernisierung der Rahmenbedingungen für Kapitalbeteiligungen* vom 12.08.2008 (BGBl. I 2008, S. 1672) und den nachfolgenden Fassungen bis zum Zeitpunkt des Inkrafttretens des *Gesetzes zur Weiterentwicklung der*

---

[216] §§ 8 Abs. 1 S. 1 KStG, 10d Abs. 1 S. 1 EStG.

[217] §§ 8 Abs. 1 S. 1 KStG, 10d Abs. 2 S. 1 EStG.

[218] Heute ist sind die Einschränkungen des Verlustabzugs bei Körperschaften in § 8c KStG geregelt, die Vorgängerregelung war § 8 Abs. 4 KStG a. F.

[219] BMF-Schreiben vom 28.11.2017, BStBl. I 2017, 1645 Rn. 2.

[220] Bundestags-Drucksache 559/18 vom 09.11.2018, S. 9–10.

steuerlichen Verlustverrechnung bei Körperschaften vom 20.12.2016 (BGBl. I 2016, S. 2998) hatte der § 8c Abs. 1 S. 1 KStG folgende Regelung vorgesehen:

Die Übertragung von *mehr als 25 % und bis zu 50 %* der Anteile einer Kapitalgesellschaft an einen Erwerber sollte zu einem anteiligen Untergang der Verlustvorträge in Höhe der übertragenen Quote führen.

Diese Fassung wurde von dem Bundesverfassungsgericht (Beschluss vom 29.03.2017, Az.: 2 BvL 6/11) für unvereinbar mit dem Gleichheitsgrundsatz nach Artikel 3 Abs. 1 GG erklärt. Um die Vorgaben des Verfassungsgerichts umzusetzen, wird der bisherige.

§ 8c Abs. 1 S. 1 KStG rückwirkend zum 01.01.2008 gestrichen.

Dagegen hält der Gesetzgeber an der nun rückwirkend ab dem 01.01.2008 in § 8c Abs. 1 S. 1 KStG enthaltenen Regelung fest, nach der eine Übertragung von *mehr als 50 %* der kapitalmäßigen Beteiligung oder der Stimmrechte zu einem vollständigen Verlustuntergang auf Ebene der Kapitalgesellschaft führt. Doch auch diese Regelung befindet sich in unruhigen Fahrwassern. Das FG Hamburg (Beschluss vom 29.08.2017, Az.: 2 K 245/17) hat dem Bundesverfassungsgericht die Frage vorgelegt, ob nicht auch diese Fassung einen Verstoß gegen den Gleichheitsgrundsatz nach Artikel 3 Abs. 1 GG darstellt. Das Bundesverfassungsgericht hat hierauf noch nicht reagiert.[221]

§ 8c Abs. 1 S. 1 KStG gilt gleichermaßen für unentgeltliche und entgeltliche Übertragungen.[222]

In die Prüfung sind sämtliche Anteilsübertragungen der letzten fünf Jahre einzubeziehen. Da die Regelung für unmittelbare und mittelbare Übertragungen gilt, ist die Prüfung in mehrstufigen Rechtsstrukturen auf jeder Beteiligungsebene durchzuführen.

Damit die Verlustvorträge nicht durch die Anteilsübertragung an die Stiftung verloren gehen, bietet sich insbesondere die Nutzung der *„Stille-Reserven-Klausel"*[223] oder des *„fortführungsgebundenen Verlustvortrags"*[224] an. Die Voraussetzungen der „Konzernklausel"[225] oder der „Sanierungsklausel"[226] bieten bei der Stiftungserrichtung hingegen kaum Gestaltungspotenzial. Daneben bestehen noch die „klassischen" Verlustnutzungsgestaltung wie z. B. die bewusste Hebung stiller Reserven im Rahmen eines sale-and-lease-back.[227]

Die *Stille-Reserven-Klausel* stellt sicher, dass die Verlustvorträge insoweit nicht untergehen wie auf Ebene der Verlustgesellschaft am Übertragungsstichtag stille Reserven

---

[221] Anhängiges Verfahren unter 2 BvL 19/17.

[222] § 8c KStG ist gleichermaßen auf entgeltliche und unentgeltliche Übertragungen anwendbar. BMF-Schreiben vom 28.11.2017, BStBl. I 2017, 1645 Rn. 4.

[223] § 8c Abs. 1 S. 6 KStG.

[224] § 8d KStG.

[225] § 8c Abs. 1 S. 5 KStG.

[226] § 8c Abs. 1a KStG.

[227] Vgl. Brinkmann in Lüdicke/Sistermann, Unternehmenssteuerrecht. 2018, § 17, Rn 68 ff.

vorhanden sind.[228] Bei den stillen Reserven handelt es sich um die Differenz zwischen dem Eigenkapital laut Steuerbilanz und dem gemeinen Wert[229] der Anteile.[230] Stille Reserven aus Beteiligungen an anderen Kapitalgesellschaften, die von der Verlustgesellschaft gehalten werden, bleiben grundsätzlich unberücksichtigt.[231] Typischerweise kommt die Stille-Reserven-Klausel zum Tragen, wenn die Verlustvorträge aus Anlaufverlusten im Anschluss an die Gründung der Gesellschaft resultieren, wobei in den Folgejahren Gewinne erzielt wurden.

Alternativ sieht der zum 01.01.2016[232] in Kraft getretene § 8d KStG die Möglichkeit vor, in der Steuererklärung[233] der Verlustgesellschaft für das Jahr der Übertragung einen Antrag auf Fortführung der Verlustvorträge zu stellen (*fortführungsgebundener Verlustvortrag*). Zu § 8d KStG hat die Finanzverwaltung 2021 ein umfangreiches BMF-Schreiben erlassen.[234]

Die Anwendbarkeit des fortführungsgebundenen Verlustvortrags setzt voraus, dass die Verlustgesellschaft entweder seit ihrer Gründung oder zumindest während der kompletten drei Jahre vor dem Übertragungsjahr denselben Geschäftsbetrieb unterhält.[235] Mangels höchstrichterlicher Rechtsprechung und detaillierter Verwaltungsanweisungen wird die Frage, mit welchen genauen Maßnahmen gegen die Voraussetzung der Aufrechterhaltung desselben Geschäftsbetriebs verstoßen wird noch einige Zeit für Unsicherheit sorgen. Der Gesetzgeber zählt nur einige qualitative Merkmale eines Geschäftsbetriebs auf, wobei es sich ausdrücklich („insbesondere") um keine abschließende Aufzählung handelt. Hierzu gehören u. a. die angebotenen Produkte und Dienstleistungen, die bedienten Märkte und der Kunden- und Lieferantenkreis.[236]

Zusätzlich darf keines der folgenden schädlichen Ereignisse in dem Prüfungszeitraum eingetreten sein:

---

[228] § 8c Abs. 1 S. 6 KStG.

[229] Der gemeine Wert der Aktien einer börsennotierten AG oder KGaA entspricht dem niedrigsten Börsenkurs am Übertragungsstichtag, § 11 Abs. 1 S. 1 BewG. Handelt es sich um eine nichtbörsennotierte Kapitalgesellschaft, deren Anteile die Stiftung unentgeltlich erwirbt, ist der gemeine Wert anhand einer Unternehmensbewertung zu ermitteln. BMF-Schreiben vom 28.11.2017, BStBl. I 2017, S. 1645 Rn. 50. Gängige Verfahren sind das vereinfachte Ertragswertverfahren (§§ 199–203 BewG) oder eine Unternehmensbewertung nach dem IDW (2008),WPg Supplement 3/2008, S. 68–89.

[230] § 8b Abs. 1 S. 7 KStG.

[231] BMF-Schreiben vom 28.11.2017, BStBl. I 2017, 1645 Rn. 52.

[232] § 34 Abs. 6a KStG.

[233] § 8d Abs. 1 S. 5 KStG.

[234] BMF-Schreiben vom 18.03.2021, BStBl. I 2021, 363. Zu den weiteren offenen Fragen bei §§ 8c, 8d KStG: Kahsnitz, KÖSDI 2021, 22.286.

[235] § 8d Abs. 1 S. 1 KStG.

[236] § 8d Abs. 1 S. 4 KStG.

- Der Geschäftsbetrieb darf nicht eingestellt,[237] ruhend gestellt[238] oder einer anderen Zweckbestimmung[239] zugeführt worden sein.
- Die Verlustgesellschaft darf keinen zusätzlichen Geschäftsbetrieb aufgenommen,[240] sich an keiner Mitunternehmerschaft beteiligt[241] und nicht die Stellung eines Organträgers[242] eingenommen haben.[243]
- Auf die Verlustgesellschaft dürfen keine Wirtschaftsgüter unter dem gemeinen Wert übertragen worden sein.[244] Hiermit sind neben verdeckten Einlagen[245] insbesondere Umwandlungsfälle gemeint, bei denen Wirtschaftsgüter zum Buchwert oder Zwischenwert auf die Verlustgesellschaft übergegangen sind.

Wird der Geschäftsbetrieb nach Ablauf des Prüfungszeitraums eingestellt oder tritt eines der vorstehenden schädlichen Ereignisse ein, kommt es zu einem nachträglichen Untergang des zuletzt festgestellten fortführungsgebundenen Verlustvortrags.[246] In diesem Fall kommt allerdings die Stille-Reserven-Klausel zur Anwendung, sodass ggf. noch eine Rettung des zuletzt festgestellten Verlustvortrags möglich ist.[247]

1.2.5.2 Zinsvortrag und EBITDA-Vortrag bei Anwendung der Zinsschranke

Liegen aufgrund der Zinsschranke[248] Zinsvorträge und EBITDA-Vorträge auf Ebene der zu übertragenden Gesellschaften vor, sind folgende Punkte bei einer unterjährigen Übertragung zu beachten: Der unterjährige Eintritt eines nach § 8c KStG schädlichen Ereignisses führt dazu, dass der zum Ende des vorangegangenen Wirtschaftsjahres festgestellte Zinsvortrag und ein festgestellter EBITDA-Vortrag im laufenden Wirtschaftsjahr vollständig nicht mehr zur Verfügung stehen. Nicht hiervon betroffen sind die laufenden Zinsaufwendungen und das laufende verrechenbare EBITDA des Wirtschaftsjahres, in dem das schädliche Ereignis stattfindet. Sie bleiben vollständig erhalten und gehen ggf. in den Vortrag zum Ende dieses Wirtschaftsjahres ein.[249]

---

[237] § 8d Abs. 1 S. 1 und Abs. 2 S. 1 KStG.

[238] § 8d Abs. 1 S. 1 und Abs. 2 S. 2 Nr. 1 KStG.

[239] § 8d Abs. 1 S. 1 und Abs. 2 S. 2 Nr. 2 KStG.

[240] § 8d Abs. 1 S. 1 und Abs. 2 S. 2 Nr. 3 KStG.

[241] § 8d Abs. 1 S. 1 und Abs. 2 S. 2 Nr. 4 KStG.

[242] § 14 KStG.

[243] § 8d Abs. 1 S. 1 und Abs. 2 S. 2 Nr. 5 KStG.

[244] § 8d Abs. 1 S. 1 und Abs. 2 S. 2 Nr. 6 KStG.

[245] § 8 Abs. 3 S. 3 KStG.

[246] § 8d Abs. 2 S. 1 Halbsatz 1 KStG.

[247] §§ 8d Abs. 2 S. 1 Halbsatz 2, 8c Abs. 1 Sätze 6 bis 9 KStG.

[248] §§ 8a KStG, 4h EStG.

[249] FM Schleswig–Holstein, Erlass vom 27.06.2012, DB 2012, 1897.

1.2.6 Gewerbesteuer

Bei der Übertragung eines Betriebs kommt es zum Untergang noch nicht genutzter gewerbesteuerlicher Verlustvorträge.[250] Die Übertragung von Mitunternehmeranteilen führt zu einem quotalen Untergang der noch bestehenden gewerbesteuerlichen Verlustvorträge.[251] Werden Anteile einer Kapitalgesellschaft übertragen, gelten die §§ 8c und 8d KStG analog für die gewerbesteuerlichen Verlustvorträge der Gesellschaft.[252]

1.2.7 Umwandlungssteuer

Hat der Stifter im Vorfeld der Stiftungserrichtung einen qualifizierten Anteilstausch,[253] eine Einbringung eines ganzen Betriebs, Teilbetriebs oder Mitunternehmeranteils in eine Kapitalgesellschaft[254] oder einen Formwechsel[255] einer Personen- in eine Kapitalgesellschaft durchgeführt, sind die Anti-Missbrauchsvorschriften des § 22 UmwStG zu beachten.

Diese sehen unter anderem eine zwangsweise Aufdeckung der stillen Reserven im eingebrachten Vermögen vor, wenn die Anteile der aufnehmenden Kapitalgesellschaft unentgeltlich durch eine verdeckte Einlage an eine Kapitalgesellschaft oder Genossenschaft übertragen werden.[256] Eine unentgeltliche Übertragung an eine Familienstiftung ist hingegen keine schädliche Handlung im Sinne des § 22 UmwStG.[257] Stattdessen tritt die Stiftung in die Rechtsposition des Stifters ein[258] und hat ihrerseits während der sieben Jahre langen Sperrfrist dafür zu sorgen, dass im Hinblick auf die Buchwertfortführung keine schädlichen Handlungen vorgenommen werden.

---

[250] § 2 Abs. 5, 10a S. 8 GewStG.

[251] R 10a.3 „Mitunternehmerschaften" (3) GewStR 2009.

[252] § 10a S. 10 GewStG.

[253] § 20 UmwStG.

[254] § 21 UmwStG.

[255] § 25 UmwStG.

[256] § 22 Abs. 1 S. 6 Nr. 1 UmwStG.

[257] Patt in Dötsch/Pung/Möhlenbrock (2021), Kommentar UmwStG, § 22 UmwStG Rn. 40; Bilitewski in Haritz/Menner (2019), Kommentar UmwStG, § 22 UmwStG Rn. 148; Wulff-Dohmen in Haase/Hruschka (2021), Kommentar UmwStG, § 22 UmwStG Rn. 123. Die Finanzverwaltung spricht sich in Rn. 22.20 des UmwStAE auch nicht für eine erweiterte Auslegung des §§ 22 Abs. 1 S. 6 Nr. 1 UmwStG auf andere Rechtsformen als die dort genannten Kapitalgesellschaften und Genossenschaften aus.

[258] § 22 Abs. 6 UmwStG.

Auch bei einer unentgeltlichen Übertragung von einbringungsgeborenen Anteilen im Sinne des § 21 Abs. 1 UmwStG in der Fassung vom 21.05.2003[259] übernimmt die Stiftung ohne Aufdeckung stiller Reserven die Anschaffungskosten ihres Rechtsvorgängers. Einzig die entgeltliche Übertragung[260] oder die verdeckte Einlage der einbringungsgeborenen Anteile in eine Kapitalgesellschaft[261] führen dazu, dass ein steuerpflichtiger Veräußerungsgewinn entsteht.[262]

Literatur

Bilitewski, Andrea. § 22 UmwStG Besteuerung des Anteilseigners. In *Kommentar Umwandlungssteuergesetz*, 5. Aufl., 2019, Hrsg. Haritz, Detlef/Menner, Stefan, München: C.H.Beck.

Brinkmann, Jan in *Unternehmenssteuerrecht*. 2. Aufl., 2018, Hrsg. Lüdicke, Jochen/Sistermann, Christian, München: C.H.Beck.

Burgard, Ulrich. Das neue Stiftungsprivatrecht. *Neue Zeitschrift für Gesellschaftsrecht* 2002, S. 697–702.

Carlé, Thomas. A. Unternehmensumstrukturierung vor vorweggenommener Erbfolge – II. Nießbrauchslösungen. In *Steuerplanung und Unternehmensumstrukturierung*, 2016, Hrsg. Strahl, Martin, Bonn: Stollfuß.

Ellenberger, Jürgen. § 80 BGB Entstehung einer rechtsfähigen Stiftung. In *Kommentar Bürgerliches Gesetzbuch*, 81. Aufl., 2021 Hrsg. Grüneberg, Christian , München: C.H.Beck.

Dahlmanns, Tanja, *Rheinische Notar-Zeitschrift* (RNotZ) 2020, S. 417–446.

Fischer, Daniel. § 8 Stiftungsvermögen. In *Stiftung als Nachfolgeinstrument*, 2015, Hrsg. Feick, Martin, München: C.H.Beck.

Götz, Hellmut/Pach-Hassenheimb, Ferdinand. *Handbuch der Stiftung*, 4 Aufl., 2020, Herne: NWB.

Hofmann, Gerda. *Grunderwerbsteuergesetz Kommentar*, 11. Aufl. 20170, Herne: NWB

Hüttemann, Rainer/Rawert, Peter. § 81 BGB Stiftungsgeschäft. In *Kommentar zum Bürgerlichen Gesetzbuch, Band §§ 80–89 BGB Stiftungsrecht*, 15. Aufl., 2017, Hrsg. Von Staudinger, Julius, Berlin: Sellier – de Gruyter.

Jasper, Dieter. § 24 GmbHG Die Anteilsveräußerung. In *Münchener Handbuch des Gesellschaftsrechts*, Band 3, 5. Aufl., 2018, Hrsg. Priester, Hans-Joachim/Mayer, Dieter/Wicke, Hartmut, München: C.H.Beck.

Jülicher, Marc. § 13a ErbStG Steuerbefreiung für Betriebsvermögen, Betriebe der Land- und Forstwirtschaft und Anteile an Kapitalgesellschaften. In *Kommentar Erbschaftsteuer- und Schenkungsteuergesetz*, 62. Lfg., 2021, Hrsg. Troll, Max/Gebel, Dieter/Jülicher, Marc/Gottschalk, Paul Richard. München: C.H.Beck.

Kahsnitz, Martin, Neues zum steuerlichen Verlustabzug – im Lichte von §§ 8c, 8d KStG, *Kölner-Steuer-Dialog* 2021, 22286.

---

[259] Gemäß § 27 Abs. 3 Nr. 3 UmwStG ist der § 21 UmwStG in der am 21.05.2003 geltenden Fassung ist für einbringungsgeborene Anteile auch weiterhin anwendbar.

[260] § 21 Abs. 1 UmwStG a.F.

[261] § 21 Abs. 2 S. 1 Nr. 4 UmwStG a.F.

[262] Patt in Dötsch/Pung/Möhlenbrock (2021), Kommentar UmwStG, § 21 UmwStG Rn. 179.

Kirschstein, Friedemann, Die Berechnung des steuerpflichtigen begünstigten Vermögens bei der Verbundvermögensaufstellung, § 13b Abs. 9 ErbStG, Erbschaftsteuer-Berater 2017, S. 206–218.

Meßbacher-Hönsch, Christine. § 1 GrEStG Erwerbsvorgänge. In *Kommentar Grunderwerbsteuergesetz*, 19. Aufl., 2021, Hrsg. Viskorf, Herrmann-Ulrich, München: C.H.Beck.

Patt, Joachim. § 21 UmwStG Besteuerung des Anteilseigners. In *Kommentar Umwandlungssteuerrecht*, 5. Aufl., 2021, Hrsg. Dötsch, Ewald/Patt, Joachim/Pung, Alexandra/Jost, Stuttgart: Schäffer-Poeschel.

Pfeifer, André/Hinkers, Josef. Das Ende der Cash-GmbH – Risiken und Nebenwirkungen der Gesetzesänderung. *Deutsche Steuerzeitung* 2013, S. 729–738.

Philipp, Christoph. § 13a ErbStG Steuerbefreiung für Betriebsvermögen, Betriebe der Land- und Forstwirtschaft und Anteile an Kapitalgesellschaften. In *Kommentar Erbschaftsteuer- und Schenkungsteuergesetz, Bewertungsgesetz*, 6. Aufl., 2020, Hrsg. Viskorf, Hermann-Ulrich/Schuck, Stephan/Wälzholz, Eckhard, Herne: NWB.

Pohl, Haiko. Die Veräußerung von wesentlichen Betriebsgrundlagen und die Reinvestitionsklausel des § 13a Abs. 5 S. 3 ErbStG (§ 13 Abs. 5 S. 3 ErbStG). *Der Erbschaftsteuerberater* 2014, S. 197–201.

Reichert, Jochem/Weller, Marc-Philippe. § 15 GmbHG Übertragung von Geschäftsanteilen. In *Münchener Kommentar GmbHG*, Band 1, 4. Aufl., 2022, Hrsg. Fleischer, Holger/Goette, Wulf, München: C.H.Beck.

Schauhoff, Stephan/Mehren, Judith, Die Reform des Stiftungsrechts, *Neue Juristische Wochenschrift* (NJW) 2021, S. 2993–2999.

Schiffer, Jan. § 8 Zur Besteuerung der selbstständigen Stiftung. In *Die Stiftung in der Beraterpraxis*, Hrsg. Schiffer, Jan, Bonn, 2016, zerb verlag.

Schlüter, Andreas/Stolte, Stefan. *Stiftungsrecht*, 3. Aufl. 2016, München: C.H.Beck.

Schmitt-Homann, Fabian. Teil 2: Stiftungssteuerrecht. In *Handbuch der Stiftungspraxis*, 2. Aufl., 2015, Hrsg. Otto, Lieselotte, Köln: Carl Heymanns Verlag.

Schwalm, Julian/Thiele, Malte, *Zeitschrift für Erbrecht und Vermögensnachfolge* (ZEV) 2020, S. 523–529.

Stalleiken, Jörg in *Erbschaftsteuer- und Schenkungsteuergesetz*, 2. Aufl. 2020, Hrsg. von Oertzen, Christian/Loose, Matthias, Köln, Otto-Schmidt.

Theuffel-Werhahn, Berthold. Familienstiftungen als Königsinstrument für die Nachfolgeplanung aufgrund der Erbschaftsteuerreform. *Zeitschrift für Erbrecht und Vermögensnachfolge* 2017, S. 17–22.

Von Löwe, Christian. § 24 Steuern bei Errichtung einer nicht gemeinnützigen Stiftung, insbesondere der Familienstiftung, unter Berücksichtigung der Einbringung von Unternehmen. In *Stiftung als Nachfolgeinstrument*, 2015, Hrsg. Feick, Martin, München: C.H.Beck.

Wachter, Thomas, Stiftungsgründung und Grunderwerbsteuer. *Deutsches Steuerrecht* 2012, 1900–1903.

Wälzholz, Eckhard, Der Abschlag für Familienunternehmen nach § 13a Abs. 9 ErbStG, GmbH-StB 2017, S. 54–61.

Weitemeyer, Birgit. § 81 BGB Stiftungsgeschäft. In *Münchener Kommentar zum Bürgerlichen Gesetzbuch*, Band 1, 8. Aufl., 2018, München: C.H.Beck.

Wulff-Dohmen, Matthias. § 22 UmwStG Besteuerung des Anteilseigners. In *Praxiskommentar Umwandlungssteuergesetz*, 3. Aufl., 2021, Hrsg. Haase, Florian/Hruschka, Franz, Berlin: Erich Schmidt Verlag.

Laufende Besteuerung einer Familienstiftung

2

2.1 Steuerarten

2.1.1 Körperschaftsteuer

Die Familienstiftung unterliegt als rechtsfähige Stiftung (§§ 80–88 BGB) der Körperschaftsteuer und gilt als sonstige juristische Person. Als juristische Person, die ihre Geschäftsleitung[1] oder ihren Sitz[2] (laut Stiftungssatzung) im Inland hat, unterliegt sie in Deutschland mit ihrem Welteinkommen der unbeschränkten Körperschaftsteuerpflicht.[3] Demgegenüber sind ausländische Stiftungen, die weder ihre Geschäftsleitung, noch ihren Sitz in Deutschland haben, nur mit inländischen Einkünften beschränkt körpersteuerpflichtig.[4]

Bemessungsgrundlage der Körperschaftsteuer ist das zu versteuernde Einkommen, das nach den allgemeinen Regelungen des Einkommensteuergesetzes und vorrangigen Spezialregelungen des Körperschaftsteuergesetzes ermittelt wird.[5] Die Familienstiftung kann hierbei unterschiedliche Einkünfte erzielen, weil ihre Einkünfte nicht

---

[1] § 10 AO.

[2] § 11 AO.

[3] § 1 Abs. 1 Nr. 4 KStG; R 1.1 „Unbeschränkte Steuerpflicht" (2) KStR. Unter § 1 Abs. 1 Nr. 5 KStG fallen nicht rechtsfähige Stiftungen und ausländische Stiftungen.

[4] §§ 2 Nr.1, 8 Abs. 1 S. 1 KStG i.V.m. § 49 f. EStG; Die Regelungen der beschränkten Körperschaftsteuerpflicht werden bei Vorliegen der Voraussetzungen des § 15 AStG verdrängt, vgl. von Löwe in Feick, § 25 Rz. 3 sowie § 40, Rz. 46 m.w.N.

[5] § 8 Abs. 1 S. 1 KStG.

© Unternehmer Kompositionen 2022
T. Klinkner und D. Wagener, *Die Familienstiftung*,
https://doi.org/10.1007/978-3-658-37646-8_2

nach Maßgabe des § 8 Abs. 2 KStG in gewerbliche Einkünfte umqualifiziert werden.[6] Dies führt dazu, dass Familienstiftungen – abgesehen von Einkünften aus nicht-selbstständiger Tätigkeit – sämtliche Einkünfte des Einkünftekatalogs des EStG (§ 2 Abs. 1 S. 1 EStG) haben können. Folgerichtig kann eine Familienstiftung sogar unter bestimmten Voraussetzungen private Veräußerungsgewinne erzielen.[7]

Im Übrigen folgt die Ermittlung der Körperschaftsteuer den allgemeinen Grundsätzen. Die nach § 8 KStG ermittelte Bemessungsgrundlage wird um einen Freibetrag von EUR 5000 gemindert.[8] Die Steuer wird berechnet, indem das zu versteuernde Einkommen mit dem Körperschaftsteuersatz von 15 %[9] zuzüglich 5,5 % Solidaritätszuschlag[10] multipliziert wird.

Auf Familienstiftungen als Körperschaft ist § 8b KStG anwendbar[11]. Bei der Ermittlung des Einkommens bleiben nach § 8b Abs. 2 KStG Gewinne aus der Veräußerung eines Anteils an einer Körperschaft oder Personenvereinigung, deren Leistungen beim Empfänger zu bestimmten Kapitaleinkünften[12] führen oder im organschaftlichen Verbund[13] führen, außer Ansatz. In Fällen des § 8b KStG wird rechtstechnisch der komplette Veräußerungsgewinn steuerfrei gestellt und lediglich 5 % der Gewinne als fingierte nicht-abzugsfähige Betriebsausgaben hinzugerechnet.[14] Somit wird auf 5 % des Gewinns der Körperschaftsteuertarif von 15 % angewendet, sodass eine effektive Steuerbelastung des Veräußerungsgewinns von 0,75 % verbleibt.

Stiftungen, deren Haupttätigkeit in der Veräußerung und dem Halten von Beteiligungen besteht, können nach jüngster Rechtsprechung[15] unter bestimmten Umständen als

---

[6] Der sachliche Anwendungsbereich des § 8 Abs. 2 KStG sieht lediglich in Fällen der § 1 Abs. 1 Nr.1–3 KStG eine Umqualifikation vor, sodass Familienstiftungen gemäß § 1 Abs. 1 Nr.4 KStG hiervon nicht erfasst werden.

[7] §§ 22 Nr.2 i.V.m. 23 EStG, vgl. Abschn. 7.2.

[8] § 24 S. 1 KStG.

[9] § 23 Abs. 1 KStG.

[10] §§ 2 Nr. 3, 4 S. 1 SolzG.

[11] BMF-Schreiben vom 23.04.2003, IV A 2 – S 2750a -7/03 – BStBl. I 2003, 292.

[12] § 8b Abs. 2 S. 1 KStG i.V.m. § 20 Abs. 1 Nr.1,2,9,10a EStG.

[13] § 8b Abs. 2 S. 1 KStG i.V.m. § 14 oder 17 KStG.

[14] § 8b Abs. 3 S. 1 KStG.

[15] FG Sachsen, Urt. v. 21.10.2020, 5 K 117/18, EFG 2021, 1584–1590; Revision beim BFH anhängig unter I R 46/20. Das FG Sachsen sieht eine rechtsformunabhängige Begriffsbestimmung vor, wobei es keiner kaufmännischen Struktur oder eines nach kaufmännischer Art eingerichteten Gewerbebetriebs bedürfe. Finanzunternehmen kann hiernach auch eine Familienstiftung sein.

Finanzunternehmen zu qualifizieren sein, mit der Folge, dass eine Anwendbarkeit von § 8b Abs. 1–6 KStG und eine effektive Steuerlast von 0,75 % ausgeschlossen sein kann.[16]

Werden durch die Familienstiftung an ihre Destinatäre überhöhte Vergütungen aus Vertragsverhältnissen (Bsp: Gehalt, Zinsen) ausgezahlt, welche einem Dritten nicht zugebilligt werden, unterfallen diese Zahlungen dem Abzugsverbot für sog. „verdeckte Zuwendungen", was systematisch vergleichbar mit den Grundsätzen zur sog. verdeckten Gewinnausschüttung[17] ist. Auf der Ebene der Destinatäre führt dies zu Einkünften aus Kapitalvermögen nach § 20 Abs. 1 Nr.9 S. 2 EStG, wobei dort ausdrücklich auf die Grundsätze zur verdeckten Gewinnausschüttung verwiesen wird.

2.1.2 Gewerbesteuer

2.1.2.1 Steuerpflicht

Rechtsfähige Stiftungen sind nicht kraft Rechtsform gewerbesteuerpflichtig, sondern nur soweit sie einen inländischen Gewerbebetrieb[18] oder wirtschaftlichen Geschäftsbetrieb[19] unterhalten.[20] Hierin besteht ein rechtsformspezifischer Vorteil der Stiftung gegenüber Kapitalgesellschaften, deren sämtliche Einkünfte, die sie zum Beispiel aus der Vermietung von Immobilien oder in Form von Beteiligungserträgen von anderen Kapitalgesellschaften beziehen, als Einkünfte aus Gewerbebetrieb in die Ermittlung des zu versteuernden Einkommens im Rahmen der Körperschaftsteuer einbezogen werden.[21] Zusätzlich sind diese Einnahmen im Gewerbeertrag enthalten und werden grundsätzlich mit der Gewerbesteuer belastet,[22] sofern die Voraussetzungen für eine erweiterte

---

[16] Ein Auschluss nach § 8b Abs. 7 KStG ergibt sich für Finanzunternehmen i.S.d Kreditwesengesetzes (KWG).

[17] § 8 Abs. 3 S. 2 KStG.

[18] § 2 Abs. 1 GewStG; R 2.1 Abs. 1 GewStR greift für die Bestimmung des Gewerbebetriebs auf die Legaldefinition des § 15 Abs. 2 EStG zurück. Eine Tätigkeit der Stiftung im Bereich der Land- und Forstwirtschaft sowie der eigenen Vermögensverwaltung sind vom Gewerbesteuerbegriff ausgenommen (H 2.1 Abs. 1 GewStH).

[19] § 2 Abs. 3 GewStG – Ein wirtschaftlicher Geschäftsbetrieb ist nach § 14 AO eine selbstständige nachhaltige Tätigkeit, durch die Einnahmen oder andere wirtschaftliche Vorteile erzielt werden und die über den Rahmen einer Vermögensverwaltung hinausgeht. Die Absicht, Gewinn zu erzielen, ist nicht erforderlich. – vgl. auch Glanegger/Güroff/Güroff, 10. Aufl. 2021, GewStG § 2 Rn. 547.

[20] § 2 Abs. 2 S. 1 GewStG.

[21] §§ 1 Abs. 1 Nr. 1, 8 Abs. 2 KStG.

[22] §§ 2 Abs. 2 S. 1, 7 S. 1 GewStG.

Kürzung für vermietete Grundstücke[23] oder das Schachtelprivileg für Beteiligungs-erträge aus Kapitalgesellschaften[24] nicht erfüllt werden.

Betreibt die Stiftung als sog. Unternehmensträgerstiftung unmittelbar ein Einzelunter-nehmen, unterliegt sie mit diesen Erträgen der Gewerbesteuer, wohingegen ihre Erträge aus der eigenen Vermögensverwaltung von der Gewerbesteuer verschont bleiben.[25]

Ausgangsgröße zur Berechnung der Gewerbesteuer ist das nach den Regelungen des Körperschaftsteuergesetzes ermittelte zu versteuernde Einkommen, das um gewerbe-steuerrechtliche Hinzurechnungen[26] und Kürzungen[27] zum *Gewerbeertrag* modifiziert wird.[28] Zur Berechnung der Gewerbesteuer wird der Gewerbeertrag mit der Messzahl von 3,5 %[29] und dem Hebesatz der Gemeinde multipliziert.[30]

Stiftungen können eine Gewerbesteuerpflicht nur durch eine gewerbliche Tätigkeit im Sinne des Einkommensteuergesetzes[31] oder durch einen wirtschaftlichen Geschäfts-betriebs[32] begründen.

---

[23] Die *erweiterte Kürzung* für Grundstücke ermöglicht rechtsformunabhängig eine vollständige Entlastung des Gewerbeertrags, wenn ausschließlich eigener Grundbesitz verwaltet oder zusätz-lich eigenes Kapitalvermögen verwaltet wird, § 9 Nr. 1 S. 2 GewStG (R 9.2 Abs. 1 S. 1 GewStR). Voraussetzung ist, dass das jeweilige Grundstücke zu Beginn des Kalenderjahres zum Betriebs-vermögen gehört (R 9.2 (1) S. 3 GewStR). Andernfalls sehen die §§ 9 Nr. 1 S. 1 GewStG, 121a BewG lediglich eine Kürzung des Gewerbeertrags in folgender Höhe vor: 140 % × 1,2 % × Ein-heitswert.

[24] Bei einer zumindest 15 %igen Beteiligung an einer Kapitalgesellschaft sehen die §§ 9 Nr. 2a, 8 Nr. 5 GewStG für *Kapitalgesellschaften* keine Hinzurechnung oder Kürzung von bezogenen Beteiligungserträgen vor. Im Ergebnis werden 5 % der Einnahmen als nicht abzugsfähige Betriebs-ausgabe mit der Körperschaftsteuer und der Gewerbesteuer belastet. Bei *natürlichen Personen* sehen die §§ 9 Nr. 2a, 8 Nr. 5 GewStG eine Kürzung des Gewerbeertrags um 60 % der Einnahmen vor, die nach Anwendung des Teileinkünfteverfahrens (§§ 3 Nr. 40 Buchstabe d), 3c Abs. 2 EStG) der Einkommensteuer unterliegen. Voraussetzung ist jeweils, dass die Beteiligung zu Beginn des Kalenderjahres besteht (R 9.3 „Kürzung um Gewinne aus Anteilen an bestimmten Körperschaften" S. 2 GewStR).

[25] Vgl. H 2.1 Abs. 5 GewStH: „Beschränkung der Gewerbesteuerpflicht auf den wirtschaftlichen Geschäftsbetrieb" – Hiernach beschränkt sich die Gewerbesteuerpflicht nach § 2 Abs. 3 GewStG anders als bei Gewerbebetrieben kraft Rechtsform auf den wirtschaftlichen Geschäftsbetrieb. Dies gilt auch für Beteiligungen der Stiftung an Personengesellschaften oder Kapitalgesellschaften.

[26] § 8 GewStG.

[27] § 9 GewStG.

[28] § 7 S. 1 GewStG.

[29] § 11 Abs. 2 GewStG.

[30] § 16 GewStG.

[31] §§ 2 Abs. 1 S. 2 GewStG, 15 Abs. 2 S. 1 EStG.

[32] §§ 2 Abs. 3 GewStG, 14 AO.

Gewerbesteuerpflichtige Ertragsquellen können in der Form vorliegen, dass die Stiftung selbst Trägerin eines gewerblichen Unternehmens ist (Unternehmensträgerstiftung),[33] an einer gewerblichen Personengesellschaft als Mitunternehmerin beteiligt ist oder wesentliche Betriebsgrundlagen an ein operatives Betriebsunternehmen innerhalb einer Betriebsaufspaltung überlässt.

Eine gewerbliche Tätigkeit liegt nicht vor, solange die Grenze der reinen Vermögensverwaltung nicht überschritten wird.[34] Vermögensverwaltung liegt in der Regel vor, wenn Vermögen in der Form genutzt wird, dass Kapital verzinslich angelegt, Immobilien vermietet oder Anteile an Kapitalgesellschaften im Privatvermögen gehalten werden.[35]

Von welchen Aktivitäten eine Stiftung zur Vermeidung eines wirtschaftlichen Geschäftsbetriebs Abstand zu nehmen hat, wird im weiteren Verlauf dieses Leitfadens erläutert.

2.1.2.2 Gewerbliche Infizierung

Auch gegenüber Personengesellschaften weisen Stiftungen rechtsformspezifische Vorteile auf:

- *Personengesellschaft:* Erzielt eine Personengesellschaft (auch) Einkünfte aus Gewerbebetrieb, werden ihre sämtlichen anderen Einkünfte regelmäßig gewerblich infiziert[36] und unterliegen der Gewerbesteuer.[37] Wird beispielsweise die

---

[33] Zum Beispiel als Besitzunternehmen einer Betriebsaufspaltung oder durch das Einspeisen von Strom, der mit einer Photovoltaikanlage erzeugt wird, ins Netz.

[34] R 15.7 (1) S. 1 EStR.

[35] § 14 S. 3 AO.

[36] BFH-Urteil vom 06.06.2019, IV R 30/16, BStBl. II 2020,649: Die Rechtsprechung des IV. Senats des BFH geht für Beteiligungseinkünfte davon aus, dass § 15 Abs. 3 Nr. 1 Alt. 2 EStG in einkommensteuerrechtlicher Hinsicht auch ohne Berücksichtigung einer Geringfügigkeitsgrenze, bis zu deren Erreichen die gewerblichen Beteiligungseinkünfte nicht auf die übrigen Einkünfte abfärben, verfassungsgemäß sei. Allerdings sei § 2 Abs. 1 S. 2 GewStG rechtsformneutral und verfassungskonform dahin auszulegen, dass ein gewerbliches Unternehmen nach § 15 Abs. 3 Nr. 1 Alt. 2 EStG nicht als nach § 2 Abs. 1 S. 1 GewStG der Gewerbesteuer unterliegender Gewerbebetrieb zu qualifizieren sei. Dies wird damit begründet, dass bei Abfärbung gewerblicher Beteiligungseinkünfte es auf Ebene der Obergesellschaft nicht zu einer Gefährdung des Gewerbesteueraufkommens kommen kann, weil die gewerblichen Beteiligungseinkünfte infolge ihrer Kürzung nach § 9 Nr. 2 GewStG auf der Ebene der Obergesellschaft schon nicht der Gewerbesteuer unterliegen. Die Rechtsprechung des VIII. Senats des BFH ging zuvor von Obergrenzen (relative Obergrenze: 3 % der Gesamtnettoumsatzerlöse; absolute Obergrenze: Freigrenze 24.500 EUR) aus, welche für Bagatellfälle keine Umqualifikation rechtfertigen sollten, vgl. BFH-Urteil vom 27.08.2014 – VIII R 16/11, BStBl. II 2015, S. 996; BFH-Urteil vom 27.08.2014 – VIII R 6/12, BStBl. II 2015, S. 1002; BFH-Urteil vom 27.08.2014 – VIII R 41/11, BStBl. II 2015, S. 999; BFH-Urteil vom 03.11.2015 – VIII R 62/13, BStBl. II 2016, S. 381.

[37] §§ 2 Abs. 1 S. 2 GewStG, 15 Abs. 3 Nr. 1 EStG.

Drei-Objekt-Grenze des gewerblichen Grundstückshandels[38] überschritten, sind auch die Einkünfte aus der Vermietung von Immobilien als gewerbliche Einkünfte einkommensteuerrechtlich zu klassifizieren.

- *Stiftung:* Im Gegensatz hierzu sind Stiftungen als juristische Personen nicht von der Regelung über die gewerbliche Infizierung betroffen, da diese ausschließlich für Personengesellschaften gilt. Das Bestehen einer Gewerbesteuerpflicht ist bei Stiftungen für jede Ertragsquelle gesondert zu prüfen.

2.1.3 Umsatzsteuer

Stiftungen unterliegen ohne rechtsformspezifische Einschränkungen der Umsatzsteuer. Sofern die Stiftung umsatzsteuerlicher Unternehmer ist, erbringt sie mit ihren inländischen Lieferungen[39] und sonstige Leistungen[40] an Dritte, welche sie gegen Entgelt im Rahmen ihres Unternehmens als Unternehmer[41] ausführen, steuerbare Ausgangsumsätze.[42]

Die Unternehmereigenschaft knüpft nicht an das Vorliegen einer bestimmten Rechtsform an und kann damit durch Einzelunternehmer, Personengesellschaften und juristische Personen, also auch Stiftungen, erfüllt werden. Voraussetzung ist das selbstständige Ausüben einer gewerblichen oder beruflichen Tätigkeit.[43] Hierbei umfasst der umsatzsteuerrechtliche Begriff des Unternehmens sämtliche Betriebe oder berufliche Tätigkeiten desselben Unternehmers.[44] Greift eine Stiftung als Führungs- bzw. Funktionsholding im Sinne einer einheitlichen Leitung aktiv in das Tagesgeschäft ihrer Tochtergesellschaften ein, so ist sie unternehmerisch tätig.[45] Betreibt eine Stiftung hingegen ausschließlich die eigene Vermögensverwaltung (sog. Finanzholding), ist sie nicht unternehmerisch tätig, weil der reine Gewinn- oder Dividendenbezug im Zusammenhang mit eigenen Beteiligungen nicht als Leistungsaustausch gegen Entgelt zu qualifizieren ist.[46]

---

[38] Nähere Einzelheiten zu dem gewerblichen Grundstückshandel werden in Abschn. 7.2.1 erläutert.

[39] Lieferung von Gegenständen, § 3 Abs. 1 UStG; Art.14 Abs. 1 MwStSystRL.

[40] § 3 Abs. 9 UStG; Dienstleistung Art. 24 Abs. 1 MwStSystRL.

[41] § 2 Abs. 1 UStG.

[42] § 1 Abs. 1 Nr. 1 UStG.

[43] § 2 Abs. 1 S. 1 UStG; Gewerblich oder beruflich ist jede nachhaltige Tätigkeit zur Erzielung von Einnahmen, auch wenn die Absicht, Gewinn zu erzielen, fehlt oder eine Personenvereinigung nur gegenüber ihren Mitgliedern tätig wird, § 2 Abs. 1 S. 3 UStG.

[44] UStAE zu § 2 Tz. 2.7 Abs. 1 S. 1.

[45] UStAE zu § 2 Tz. 2.3 Abs. 3.

[46] UStAE zu § 2 Tz. 2.3 Abs. 2 S. 1.

Steuerbare Ausgangsumsätze können neben Leistungen auch sog. unentgeltliche Wertabgaben[47] oder unentgeltliche sonstige Leistungen[48] sein, welche etwa im Zusammenhang mit Entnahmen für unternehmensfremde Zwecke von praktischer Bedeutung sein können. *Steuerpflichtige Umsätze* liegen vor, wenn kein Tatbestand des § 4 UStG einschlägig ist, der eine Befreiung eines steuerbaren Umsatzes von der Besteuerung vorsieht. Hierzu zählen unter anderem die Veräußerung inländischer Grundstücke, da diese bereits dem Grunderwerbsteuergesetz unterliegen[49] und die Vermietung und Verpachtung von Grundstücken.[50] Die Stiftung hat jedoch die Möglichkeit, die vorstehenden steuerfreien Umsätze als steuerpflichtig zu behandeln, wenn sie den Umsatz an einen anderen Unternehmer für dessen Unternehmen ausführt.[51]

Liegen *steuerbare und nicht-steuerbefreite Umsätze* vor, sind diese im Regelfall mit einem Steuersatz von 19 % zu versteuern.[52] In einigen Ausnahmefällen ist nach § 12 Abs. 2 UStG ein ermäßigter Steuersatz von 7 % vorgesehen.[53]

Zum *Vorsteuerabzug* nach § 15 UStG ist eine Stiftung nur dann berechtigt, wenn sie die Unternehmereigenschaft erfüllt und für ihr Unternehmen Eingangsleistungen im Zusammenhang mit steuerbaren und steuerpflichtigen Ausgangsleistungen bezieht.

Die Ausübung des Vorsteuerabzugs setzt voraus, dass der Stiftung eine nach den formalen Vorgaben der §§ 14, 14a UStG ausgestellte Rechnung vorliegt und deren Zahlung tatsächlich erfolgt ist.[54] Durch einen Verzicht auf die Umsatzsteuerbefreiung von Ausgangsumsätzen im Zusammenhang mit der Vermietung und Verpachtung kann die Stiftung ihren Vorsteuerabzug insoweit erhalten.[55]

---

[47] § 3 Abs. 1b UStG unentgeltliche Lieferungen, d. h. Entnahmen (Nr. 1), Leistungen an Personal (Nr. 2) oder Geschenke für unternehmensexterne Zwecke (Nr. 3).

[48] § 3 Abs. 9a UStG – Sonstige Leistungen, welche für unternehmensexterne Zwecke verwandt werden.

[49] § 4 Nr. 9 lit. a) UStG.

[50] § 4 Nr. 12 lit. a) UStG.

[51] § 9 Abs. 1 UStG.

[52] § 12 Abs. 1 UStG.

[53] § 12 Abs. 2 UStG i.V.m. Anlage 2 zum UStG.

[54] § 15 Abs. 1 S. 1 Nr.1 S. 2 UStG; Der EuGH hat sich in der Rechtssache Wilo Salmson (EuGH vom 21.10.2021, C-80/20, ECLI:EU:C:2021:870) zuletzt für einen weiten Rechnungsbegriff ausgesprochen, ohne in diesem Zusammenhang Mindestpflichtangaben für eine Rechnung zu formulieren. Die Rechtsprechung des BFH (zuletzt BFH-Urteil vom 12.03.2020 – V R 48/17, BStBl. II 2020, 604) und des BMF (BMF-Schreiben vom 18.9.2020 – III C 2 – S. 7286-a/19/10.001:001, DStR 2020, 2131) sehen für eine ordnungsgemäße Rechnungstellung und eine nachträgliche Rechnungskorrektur (§ 31 Abs. 5 S. 2 UStDV und Abschn. 14.11. UStAE) hingegen formale Mindestpflichtangaben (*zum Rechnungsaussteller, zum Leistungsempfänger, zur Leistungsbeschreibung, zum Entgelt und zur gesondert ausgewiesenen Umsatzsteuer*) vor.

[55] § 15 Abs. 2 UStG i.V.m. § 4 Nr.12 UStG und § 9 Abs. 1 UStG.

Die Möglichkeit eines Vorsteuerabzugs ist für eine Stiftung auch im Zusammenhang mit einer Photovoltaikanlagen von entscheidenden Interesse, um die Amortisation einer Anlage zu verbessern. In diesem Zusammenhang kann die Stiftung durch den Betrieb einer Photovoltaikanlage als umsatzsteuerliche Unternehmerin gelten und dann zum Vorsteuerabzug berechtigt sein, wenn sie als Käuferin der Anlage den mit dieser Anlage produzierten Strom gegen Einspeisevergütung entgeltlich in die Netze einspeist und so umsatzsteuerbare Lieferungen erbringt.[56]

Will eine Stiftung als umsatzsteuerlicher Unternehmer im Zusammenhang mit dem sog. Mining von Kryptowährungen (vgl. zum Begriff 2.5.2.) den Vorsteuerabzug geltend machen, sollte sie die Option nach § 9 Absatz 1 UStG ausüben. In der Literatur wird davon ausgegangen, dass Leistungen der Miner nach § 4 Nr. 8 Buchstabe d) UStG[57] steuerfrei sind, weil sie vergleichbar sind mit den Validierungsumsätzen regulärer Kreditinstitute.[58]

2.2 Rechtsbeziehungen zwischen der Stiftung, dem Stifter und den Begünstigten

Über die anfängliche Vermögensausstattung einer Stiftung im Zuge ihrer Gründung hinaus, sind für die laufende Besteuerung der Stiftung spezifische zivil- und steuerrechtlichen Grundregeln bei der Gestaltung der Rechtsbeziehungen zwischen Stiftung und Stifter sowie den anderen Begünstigten zu berücksichtigen.

2.2.1 Zahlungen des Stifters an die Stiftung

Überweist der Stifter einen Geldbetrag auf ein Girokonto der Stiftung, zu der er sich nicht im Voraus im Stiftungsgeschäft nach Maßgabe von § 81 BGB oder in einem schriftlichen Vertrag verpflichtet hat, stellt sich dieser Vorgang als schenkungsteuerpflichtige Zustiftung dar.[59] Der Berechnung der Schenkungsteuer auf Zustiftungen ist – anders als der Berechnung im Fall einer Vermögensübertragung aufgrund des Stiftungsgeschäfts – stets die ungünstigste Steuerklasse III zugrunde zu legen,[60] was

---

[56] OFD Karlsruhe vom 19.02.2015, S. 7104 Karte 1; BMF IV D 2 – S. 7124/12/10.001–02, BStBl. I S. 1287. Hierbei gelten Photovoltaikanlagen unabhängig davon, ob sie wesentlicher Bestandteil eines Gebäude sind (§ 94 BGB) als eigenständiges Zuordnungsobjekt (UStAE 15.2c Abs. 10).

[57] Art. 135 Absatz 1 Buchstabe d) MwStSystRL.

[58] Farruggia-Weber/Dietsch in DStR 2022, 8 zu Tz.5.2.

[59] BFH Urteil vom 09.12.2009 – II R 22/08, BStBl.II 2010, 363 (Vorinstanz: Hessisches FG vom 27.03.2008–1 K 486/05) mit Verweis auf RFH v. 12.05.1931, IeA 164/30. RStBl. 1931, 539 und RFH v. 28. 07. 1920, II A 132/20, RFHE 3, 221.

[60] R E 15.2 „Maßgebliche Steuerklasse bei Familienstiftungen" (3) ErbStR.

aufgrund der Steuersätze von entweder 30 % oder 50 %[61] schnell zu einer unerwartet hohen Steuerschuld führen kann.

Zahlt die Stiftung anschließend – ohne schriftlichen, im Vorfeld abgeschlossenen Vertrag – aus Sicht des Stifters den „geliehenen Betrag" zurück, wird diese Zahlung von der Finanzverwaltung als kapitalertragsteuerpflichtige Zuwendung[62] einzustufen sein.

Aus diesem Grund sollte die Stiftung den über die laufenden Erträge des Stiftungsvermögens hinausgehenden Liquiditätsbedarf über die Gewährung von Darlehen decken. Für die Darlehnsvergabe oder Vermietung – insbesondere im Verhältnis zu den Stiftern oder Destinatären – sind die Anforderungen der Finanzverwaltung an Verträge zwischen nahen Angehörigen zu beachten.[63] Hiernach ist stets – insbesondere bei Darlehnsverträgen – ein schriftlicher und fremdüblich besicherter Darlehens- und/oder Kontokorrentvertrag zu fremdüblichen Konditionen zu vereinbaren. Erst wenn dieser vorliegt, kann eine Überweisung auf das Konto der Stiftung erfolgen.

Soll der Stiftung ein *unverzinsliches Darlehen* eingeräumt werden, ist das Risiko zu beachten, dass die zinslose Nutzungsüberlassung einer Geldsumme nach der Rechtsprechung des II.[64] und VIII.[65] Senats des BFH als Schenkung unter Lebenden der Schenkungsteuer unterliegen kann. In diesem Fall sind die Zahlungen auf Basis eine Verzinsung von 5,5 %[66] in einen Zins- und einen Tilgungsanteil aufzuteilen, wobei der Zinsanteil der Schenkungsteuer unterliegt. Nach Verwaltungsauffassung der OFD Münster soll zwischen den zuständigen Finanzämtern abgestimmt werden, welche Steuerart im Einzelfall vorzuziehen ist.[67]

Beraterhinweis
Da sich der Stifter in dem Stiftungsgeschäft nicht zur Zuwendung des für rein steuerliche Zwecke ermittelten Zinsanteils verpflichtet hat, würde es sich um eine Zustiftung[68] handeln. Der Schenkungsteuersatz nach Steuerklasse III liegt entweder bei 30 % oder 50 % und damit über

---

[61] § 19 ErbStG.

[62] § 20 Abs. 1 Nr. 9 EStG.

[63] BMF vom 23.12.10, BStBl. I 11, 37.

[64] BFH-Urteil vom 12.07.1979 – II R 26/78, BStBl. II 1979, S. 631; BFH-Urteil vom 30.03.1994 – II R 105/93, BFH/NV 1995, S. 70; BFH-Urteil vom 07.10.1998 – II R 64/96, BStBl. II 1999, S. 25; BFH-Urteil vom 04.12.2002 – II R 75/00, BStBl. II 2003, S. 273; BFH-Urteil vom 29.06.2005 – II R 52/03, BStBl. II 2005, S. 800; BFH-Urteil vom 31.03.2010 – II R 22/09, BStBl. II 2010, S. 806; BFH, Urteil vom 04.03.2015 – II R 19/13, BFH/NV 2015, 993–994.

[65] Der VIII. Senat des BFH ging im Fall der zinslosen Stundung einer Zugewinnausgleichsforderung unter Ehegatten von einem Konkurrenzverhältnis zwischen Schenkungsteuer und Einkommensteuer aus. In einem solchen Fall soll die Erbschaft- und Schenkungsteuer vorrangig angewendet werden. BFH-Beschluss vom 12.09.2011 – VIII B 70/09, BFH/NV 2012, S. 229–231.

[66] §§ 12 Abs. 3, 15 Abs. 1 BewG.

[67] OFD Münster, Kurzinformation Einkommensteuer Nr. 09/2012, DB 2012, S. 774.

[68] §§ 1 Abs. 1 Nr. 2, 7 Abs. 1 S. 1 Nr. 1 ErbStG.

dem Einkommensteuersatz für Kapitalerträge (25 %).[69] Im Regelfall fällt damit eine Besteuerung des fungierten jährlich zufließenden Zinsanteils mit der Einkommensteuer günstiger aus. Um das Risiko einer Zustiftung abzuwenden, empfiehlt sich die Vereinbarung einer fremdüblichen Verzinsung (derzeit ca. 2 %).

Offene oder verdeckte Einlagen von Vermögen des Stifters in das Stiftungsvermögen sind – anders als bei Einzelunternehmen, Personen- oder Kapitalgesellschaften – nicht möglich. An dieser Stelle gilt also stets: Jede Überweisung zwischen Stiftung und Stifter führt zu steuerlichen Konsequenzen. Unbenommen hiervon bleibt die Qualifikation von Zuwendungen auf der Ebene der leistenden Kapitalgesellschaft als verdeckte Gewinnausschüttung für Zuwendungen an die Stiftung möglich.[70]

2.2.2 Zahlungen der Stiftung an den Stifter

Auch im umgekehrten Fall von Zahlungen der Stiftung an den Stifter sollte stets im Vorfeld eine schriftliche Vereinbarung zu fremdüblichen Konditionen zwischen beiden Parteien abgeschlossen werden, die im Anschluss in der vereinbarten Form tatsächlich durchgeführt wird. Wie im Verhältnis der Kapitalgesellschaft zu ihren beherrschenden Gesellschafter-Geschäftsführern ist auch im Verhältnis der Stiftung zu ihren Stiftern davon auszugehen, dass die Finanzverwaltung die Rechtsbeziehungen andernfalls nicht anerkennt.

So wie Kapitalgesellschaften an ihre Anteilseigner offene[71] und verdeckte Gewinnausschüttungen[72] auszahlen können, besteht auch für Familienstiftungen die Möglichkeit, an ihre Begünstigten offene und verdeckte Zuwendungen auszuzahlen, die dann jeweils auf Ebene des Empfängers steuerpflichtig sind. Laut Verwaltungsmeinung sollen auf Ebene der Stiftung keine verdeckten Gewinnausschüttungen möglich sein, da zwischen Stiftung und Begünstigten kein mitgliedschaftsähnliches Verhältnis[73] bestehen kann.[74] U.E. ist in diesem Fall der nicht fremdübliche Teil der Zahlung als nicht

---

[69] § 32d Abs. 1 EStG. Von dem Zinsanteil wird gemäß § 43 Abs. 1 S. 1 Nr. 7 EStG (im Umkehrschluss) keine Kapitalertragsteuer einbehalten. Eine Quellenbesteuerung mit Abgeltungswirkung i.S.d. § 43 Abs. 5 S. 1 EStG liegt damit nicht vor. Stattdessen ist der Zinsanteil im Jahr des Zuflusses in der Einkommensteuererklärung zu deklarieren, § 32d Abs. 3 S. 1 EStG.

[70] Nach dem jüngsten Beschluss des BFH vom 13.07.2021 – I R 16/18, DStR 2021, 2779–2783 ist eine gemeinnützige Stiftung im Verhältnis zu einem Anteilseigner einer Kapitalgesellschaft eine nahestehende Person. Zuwendungen der Kapitalgesellschaft an die Stiftung kann eine vGA gemäß § 8 Abs. 3 Satz 2 KStG sein.

[71] § 20 Abs. 1 Nr. 1 S. 1 EStG.

[72] § 20 Abs. 1 Nr. 1 S. 2 EStG (Empfängerseite) bzw. § 8 Abs. 3 S. 2 KStG (leistende Gesellschaft).

[73] BFH-Urteil vom 22.09.1959 – I 5/59 U, BStBl. III 1960, S. 37; BFH-Urteil vom 12.10.2011 – I R 102/10, BStBl. II 2014, S. 484.

[74] H 8.5 I. Grundsätze, Stichwort „Stiftungen" KStH.

abzugsfähige Aufwendungen zur Erfüllung von Satzungszwecken einzuordnen,[75] sodass wie im Fall des § 8 Abs. 3 S. 2 KStG bei Kapitalgesellschaften keine Minderung des zu versteuernden Einkommens der Stiftung eintritt. Auf Ebene des Begünstigten wiederum sind die Regelungen zur verdeckten Gewinnausschüttung anwendbar:[76]

- Bei Mitgliedern des Stiftungsvorstands ist davon auszugehen, dass eine verdeckte Gewinnausschüttung bereits dann vorliegt, wenn Zahlungen ohne eine im Vorfeld zivilrechtlich wirksam getroffene schriftliche Vereinbarung geleistet werden.[77]
- Zahlungen an nicht im Vorstand tätige Begünstigte (oder nahe stehende Personen) führen in dieser Höhe zu einer verdeckten Gewinnausschüttung, soweit zu Lasten der Stiftung eine Vermögensminderung oder verhinderte Vermögensmehrung vorliegt. Typischerweise liegt diese Konstellation bei unverzinslich gewährten Darlehen vor.

Wie offene Zuwendungen unterliegen auch verdeckte Gewinnausschüttungen bzw. Zuwendungen zumindest dem Steuersatz für Kapitalerträge in Höhe von 25 %.[78]

2.2.3 Gehaltszahlungen an den Vorstand und Mitglieder eines Aufsichtsgremiums

Im Regelfall möchte der Stifter selbst die Position als Stiftungsvorstand und die Steuerung des Stiftungsvermögens übernehmen. Dabei stellt sich die Frage, ob für diese Tätigkeit eine Vergütung festgelegt werden sollte.

Je nach Ausgestaltung der Tätigkeit des Stiftungsvorstands im Einzelfall sind hierbei die sozialversicherungsrechtlichen und steuerrechtlichen Rahmenbedingungen zu beachten. Das Bundessozialgericht hat jüngst im Fall eines Vorstandsmitglieds einer Stiftung eine sozialversicherungspflichtige abhängige Beschäftigung angenommen, weil dieses Vorstandsmitglied die von ihm allein nicht beeinflussbaren Beschlüsse des Vorstands umzusetzen hatte, obgleich kein anderes weisungsberechtigtes Stiftungsorgan existierte.[79]

---

[75] § 10 Nr. 1 KStG.

[76] Nach § 20 Abs. 1 Nr. 9 S. 1 EStG ist die Regelung des § 20 Abs. 1 Nr. 1 S. 2 EStG zur Klassifizierung verdeckter Gewinnausschüttungen an die Anteilseigner einer Kapitalgesellschaft auf die Begünstigten einer Stiftung anzuwenden. Das Vorliegen steuerpflichtiger Kapitalerträge beim Empfänger nach § 20 EStG setzt nicht die Anwendung des § 8 Abs. 3 S. 2 KStG auf Ebene des Leistenden voraus. BFH-Urteil vom 29.04.1987 – I R 176/83, BStBl. II 1987, S. 733; BFH-Urteil vom 22.02.1989 – I R 44/85, BStBl. II 1989, S. 475; BFH-Urteil vom 14.03.1989 – I R 8/85, BStBl. II 1989, S. 633; BFH-Urteil vom 26.06.2013 – I R 39/12, BStBl. II 2014, S. 174; H 8.6 „Verdeckte Gewinnausschüttung und Kapitalertrag nach § 20 EStG" KStH.

[77] Analoge Anwendung der R 8.5 (2) KStR auf Stiftungen.

[78] §§ 20 Abs. 1 Nr. 9, 32d Abs. 1 EStG.

[79] BSG, Urteil vom 23. Februar 2021 – B 12 R 15/19 R –, SozR 4–2400 § 7 Nr 54.

Für die einzelfallgerechte Klärung der Sozialversicherungspflicht der Vorstandstätigkeit empfiehlt sich die Durchführung eines Statusfeststellungsverfahrens gemäß § 7a Abs. 1 S. 1 SGB IV. In diesem stellt die Deutsche Rentenversicherung verbindlich fest, ob die Sozialversicherungspflicht besteht.

Steuerrechtlich sollte dabei stets der Zusammenhang beachtet werden, dass die Gehaltszahlungen das zu versteuernde Einkommen der Stiftung mindern und korrespondierend das zu versteuernde Einkommen des Stifters erhöhen. Die Gehaltshöhe sollte so festgelegt werden, dass der persönliche Einkommensteuersatz des Stifters den Körperschaftsteuersatz der Stiftung nicht wesentlich übersteigt. Der weitere private Finanzbedarf kann dann über Zuwendungen durch die Stiftung finanziert werden, die der Stifter maximal mit einem Steuersatz von 25 %[80] versteuern muss. Hinsichtlich des Zuflusszeitpunkts von Gehaltszahlungen an den Stiftungsvorstand ist zu beachten, dass das Gehalt für Zwecke der Lohnsteuer bereits dann als zugeflossen gilt, sobald der Stifter einen vertraglichen Anspruch auf die Zahlung hat.[81] Nicht maßgebend ist, ob ihm das Gehalt auch tatsächlich ausgezahlt wird.

Soll auch die Tätigkeit des Aufsichtsgremiums vergütet werden, können von dem zu versteuernden Einkommen der Stiftung nur 50 % als Werbungskosten oder Betriebsausgaben abgezogen werden.[82]

2.2.4 Betriebsaufspaltung und umsatzsteuerliche Organschaft

Eine *Betriebsaufspaltung* liegt vor, wenn

- ein Einzelunternehmer, eine Personengesellschaft oder eine juristische Person wie eine Stiftung (als *Besitzunternehmen*)
- einer gewerblichen Personengesellschaft oder einer Kapitalgesellschaft (dem *Betriebsunternehmen*)
- zumindest eine funktional wesentliche Betriebsgrundlage überlässt *(sachliche Verflechtung)* und
- dieselbe Person oder Personengruppe in der Lage ist, im Besitz- und Betriebsunternehmen einen einheitlichen geschäftlichen Betätigungswillen durchzusetzen *(personelle Verflechtung).*[83]

---

[80] § 32d EStG.

[81] Für den Stifter gelten an dieser Stelle die Grundsätze, die auch für den beherrschenden Gesellschafter-Geschäftsführer einer Kapitalgesellschaft gelten. BMF-Schreiben vom 12.05.2014, BStBl. I 2014, S. 860.

[82] § 10 Nr. 4 KStG.

[83] H 15.7 (4) „Allgemeines" EStH.

Typischer Fall der Betriebsaufspaltung mit einer Stiftung als Besitzunternehmen ist die Vermietung eines Grundstücks durch die Stiftung an eine gewerbliche Personengesellschaft oder eine Kapitalgesellschaft, an der die Stiftung mehrheitlich beteiligt ist. Bei den „hinter beiden Unternehmen stehenden Personen" handelt es sich in diesem Fall um den Stiftungsvorstand.[84]

Bei der sachlichen Verflechtung ist zu beachten, dass die Überlassung der funktional wesentlichen Betriebsgrundlage auch unentgeltlich erfolgen kann und die Stiftung nicht selbst Eigentümerin sein muss.

Hauptnachteil einer Betriebsaufspaltung ist, dass im Regelfall auch eine *umsatzsteuerliche Organschaft*[85] vorliegt. Voraussetzungen einer umsatzsteuerlichen Organschaft sind eine

- *finanzielle,*[86]
- *organisatorische*[87] und
- *wirtschaftliche Eingliederung*[88]

einer *Organgesellschaft*[89] in das Unternehmen eines *Organträgers.*[90]

Fungiert der Stifter gleichzeitig als einziges Mitglied des Stiftungsvorstands und Geschäftsführer des Betriebsunternehmens, an dem die Stiftung mehrheitlich beteiligt

---

[84] BFH-Urteil vom 16.06.1982 – I R 118/80, BStBl. II 1982, S. 662–665.

[85] § 2 Abs. 2 Nr. 2 UStG.

[86] Abschn. 2.8 Abs. 5 bis 5b UStAE. Im Zusammenhang mit Abschn. 2.8 Abs. 5a UStAE und der Rechtsprechung des V. Senats des BFH entschied der EuGH im Wege des Vorabentscheidungsverfahrens (EuGH vom 15.04.2021 – C-868/19, ECLI:EU:C:2021: 285, auf Vorlage des FG Berlin-Brandenburg mit Beschluss vom 21.11.2019) zuletzt, dass das Unionsrecht einer nationalen Regelung entgegensteht, die die Möglichkeit für eine Personengesellschaft, zusammen mit dem Unternehmen des Organträgers eine als ein Mehrwertsteuerpflichtiger zu behandelnde Personengruppe zu bilden, davon abhängig macht, dass Gesellschafter der Personengesellschaft neben dem Organträger nur Personen sind, die in dieses Unternehmen finanziell eingegliedert sind.

[87] Abschn. 2.8 Abs. 6 bis 6c UStAE.

[88] Abschn. 2.8 Abs. 7 bis 11 UStAE.

[89] Abschn. 2.8 Abs. 2 UStAE.

[90] Abschn. 2.8 Abs. 2 UStAE; Die dargestellten Grundsätze zur umsatzsteuerlichen Organschaft stehen aktuell auf dem Prüfstand, weil die hiervon abweichenden unionsrechtlichen Vorgaben der MwStSystRL im Zusammenhang mit der sog. Mehrwertsteuergruppe und die EuGH Rechtsprechung in der Rs. Larentia & Minerva (EuGH vom 16.07.2015 – C-108/14 und C-109/14, ECLI:EU:C:2015: 496) zuletzt Anlass für den BFH waren dem EuGH im Wege des Vorabentscheidungsverfahrens klärungsbedürftige Fragen zum Verhältnis von Organträger und -gesellschaft vorzulegen (BFH, EuGH-Vorlage vom 11.12.2019 – XI R 16/18, BFHE 268, 240 und 07.05.2020 – V R 40/19, BFHE 270, 166). Eine Entscheidung im Verfahren C-141/20 steht aktuell noch aus. Daneben ist ein weiteres Verfahren unter dem Aktenzeichen C-269/20 beim EuGH anhängig.

ist, liegen bereits die Voraussetzungen der finanziellen und organisatorischen Eingliederung vor. Zur noch fehlenden wirtschaftlichen Eingliederung kommt es durch die Betriebsaufspaltung. Somit ist die Stiftung nun Organträgerin und hat die gesamte Umsatzsteuer für den Organkreis abzuführen.[91] Ist das Betriebsunternehmen von einem latenten Insolvenzrisiko betroffen, „wandert" dieses Risiko nun auch in die Stiftung hinein. Zugleich besteht nach den allgemeinen Haftungsgrundsätzen des § 73 AO das Risiko für die Organgesellschaften als Haftungsschuldner neben dem Organträger als Gesamtschuldner für die Umsatzsteuer der Organschaft in Anspruch genommen zu werden.[92]

Beraterhinweis
Um die steuerlichen Haftungsrisiken für eine Stiftung im Zusammenhang mit einer Organschaft mit Blick auf § 73 AO minimieren zu können, empfiehlt es sich den Organkreis durch eine Holdinggesellschaft unterhalb der Stiftung zu begrenzen.

Im Insolvenzfall des Betriebsunternehmens muss die Stiftung sämtliche noch ausstehende Umsatzsteuerschulden aus einer anderen Quelle finanzieren.

Weitere Nachteile der Betriebsaufspaltung bestehen darin, dass

- die zur Nutzung überlassenen Grundstücke nun zum gewerblichen Betriebsvermögen gehören. Ein steuerfreier Verkauf[93] ist damit nicht mehr möglich.
- die laufenden Mieteinnahmen nun der Körperschaftsteuer und der Gewerbesteuer unterliegen.

In Einzelfällen kann eine Betriebsaufspaltung auch bewusst als Gestaltungsmaßnahme eingesetzt werden:

- Besteht auf Ebene einer operativen Gesellschaft ein latentes Insolvenzrisiko, kann überlegt werden, die funktional wesentlichen Betriebsgrundlagen durch die Stiftung an dieses Unternehmen zu verpachten und auf diese Weise aus dem gefährdeten Unternehmensvermögen herauszuhalten.

---

[91] Vgl. Rz. 101; Im Zusammenhang mit den unionsrechtlichen Anforderungen an eine umsatzsteuerliche Organschaft bleiben die Entscheidungen des EuGH in den Verfahren C-141/20 und C-269/20 abzuwarten.

[92] AEAO zu § 73 AO unter 1.; Nach AEAO zu § 73 AO unter 3.1.2 ist es bei der umsatzsteuerlichen Organschaft ermessensgerecht, den Verursachungsbeitrag einer Organgesellschaft auf die auf den Außenumsätzen der Organgesellschaft beruhende Umsatzsteuer abzüglich der bei der Organgesellschaft anfallenden Vorsteuer zu bestimmen.

[93] §§ 8 Abs. 1 S. 1 KStG, 22 Nr. 2, 23 Abs. 1 S. 1 Nr. 1 EStG.

- An Dritte zur Nutzung überlassene Grundstücke unterliegen in der Regel im Zeitraum von 30 Jahren der Erbersatzsteuer.[94] Es besteht jedoch die Möglichkeit einer Freistellung von der Besteuerung, wenn die Grundstücke im Rahmen einer Betriebsaufspaltung überlassen und auf Ebene der Betriebsgesellschaft genutzt werden.[95]
- Ein körperschaftsteuerfreier Verkauf eines Grundstücks im Betriebsvermögen ist nicht möglich.[96] Bei einer Zugehörigkeit von mindestens sechs Jahren[97] zum Anlagevermögen besteht jedoch die Möglichkeit, die Wirkung einer zinsfreien Steuerstundung über die Bildung einer Rücklage nach § 6b EStG zu erzielen.

Soll eine Betriebsaufspaltung bewusst herbeigeführt werden, sind in jedem Fall auch die einhergehenden Risiken der umsatzsteuerlichen Organschaft zu beachten.

2.3 Besteuerung von Beteiligungen

2.3.1 Personengesellschaften

2.3.1.1 Körperschaftsteuer

Die Besteuerung von Beteiligungen an Personengesellschaften richtet sich danach, ob eine Gewinneinkunftsart[98] erzielende Personengesellschaft *(Mitunternehmerschaft)* oder aber eine Überschusseinkunftsart[99] erzielende Personengesellschaft *(vermögensverwaltende Personengesellschaft oder Überschuss-Personengesellschaft)* vorliegt. Dabei liegt das Transparenzprinzip zu Grunde, das heißt, der Besteuerung unterliegt nicht die Gesellschaft, sondern die einzelnen Gesellschafter.

Im Fall einer Beteiligung an einer Mitunternehmerschaft – also an einer Personengesellschaft, die entweder Einkünfte aus Land- und Forstwirtschaft,[100] Gewerbebetrieb[101] oder selbstständiger Arbeit[102] erzielt – ist eine Stiftung als

---

[94] § 13b Abs. 4 Nr. 1 S. 1 ErbStG.

[95] § 13b Abs. 4 Nr. 1 S. 2 Buchstabe a) ErbStG.

[96] §§ 8 Abs. 1 S. 1 KStG, 22 Nr. 2 EStG, 23 Abs. 1 S. 1 Nr. 1 EStG im Umkehrschluss. Tatbestandsvoraussetzung ist Privatvermögen.

[97] §§ 8 Abs. 1 S. 1 KStG, 6b Abs. 4 S. 1 Nr. 2 EStG.

[98] § 2 Abs. 2 S. 1 Nr. 1 EStG.

[99] § 2 Abs. 2 S. 1 Nr. 2 EStG.

[100] § 13 EStG.

[101] § 15 EStG. Zu beachten ist, dass Stiftungen nicht an Personengesellschaften beteiligt sein dürfen, die eine Apotheke betreiben.

[102] § 18 EStG. Hier ist jedoch zu beachten, dass zum Beispiel Einkünfte aus freien Berufen ausschließlich von natürlichen Personen erzielt werden können.

Mitunternehmerin[103] des Betriebs anzusehen, wenn sie Mitunternehmerrisiko trägt[104] und Mitunternehmerinitiative entfaltet.[105] Als Mitunternehmerin erzielt sie grundsätzlich die Gewinneinkunftsart, welche die Mitunternehmerschaft erzielt.

Bei Vorliegen einer land- und fortwirtschaftlichen Tätigkeit[106] oder selbstständiger Arbeit[107] ist zu beachten, dass eine gewerbliche Infizierung[108] oder gewerbliche Prägung[109] der Personengesellschaft zur Gewerblichkeit dieser Einkünfte führt.

Soll eine gewerbliche Prägung – zum Beispiel bei einer GmbH & Co. KG – vermieden werden, muss zumindest einer der Kommanditisten eine natürliche Person sein und zur Geschäftsführung befugt sein. Im besonderen Fall einer *„Einheitsgesellschaft"* (GmbH & Co. KG, die sämtliche Geschäftsanteile ihrer Komplementär-GmbH in ihrem Gesamthandsvermögen hält) ist zu beachten, dass eine gewerbliche Prägung auch dann vorliegt, wenn die Kommanditisten nicht durch eine Regelung im Gesellschaftsvertrag als Kommanditisten zur Geschäftsführung befugt werden und stattdessen lediglich die Rechte der Komplementärin ausüben. Aus Sicht der Finanzverwaltung[110] und der Rechtsprechung[111] üben in dieser Konstellation die Kommanditisten die Gesellschafterrechte

---

[103] H 15.8 (1) „Allgemeines" EStH.

[104] *Mitunternehmerrisiko* umfasst eine Beteiligung am Gewinn oder Verlust des Unternehmens sowie an den stillen Reserven einschließlich eines etwaigen Geschäfts- oder Firmenwerts. Als ausreichend würde in diesem Zusammenhang z. B. angesehen, wenn die Vergütung eine 6 %ige Gewinnbeteiligung vorsieht. Nicht ausreichend wäre z. B. eine 6 %ige Verzinsung der Einlage, da in diesem Fall keine Beteiligung am Gewinn oder Verlust vorliegen würde. H 15.8 (1) „Mitunternehmerrisiko" EStH.

[105] *Mitunternehmerinitiative* bedeutet eine Beteiligung an unternehmerischen Entscheidungen, wie sie Gesellschaftern in der Funktion von Geschäftsführern oder Prokuristen bzw. in anderen leitenden Positionen zusteht. Als ausreichend wird in diesem Zusammenhang bereits angesehen, wenn die Möglichkeit zur Ausübung von Gesellschaftsrechten gegeben ist, die einem Kommanditisten nach den Regelungen des HGB eingeräumt werden. H 15.8 Abs. 1 „Mitunternehmerinitiative" EStH.

[106] § 13 EStG.

[107] § 18 EStG.

[108] § 15 Abs. 3 Nr. 1 EStG. Eine *gewerbliche Infizierung* der Personengesellschaft liegt vor, wenn auch eine gewerbliche Tätigkeit im Sinne des § 15 Abs. 2 EStG ausgeübt wird, § 15 Abs. 3 Nr. 1 EStG. Dies führt dazu, dass sämtliche Einkünfte der Personengesellschaft als Einkünfte aus Gewerbebetrieb klassifiziert sind.

[109] Eine *gewerbliche Prägung* der Personengesellschaft liegt vor, wenn die Gesellschaft keiner gewerblichen Tätigkeit nachgeht, ausschließlich eine oder mehrere Kapitalgesellschaften als persönlich haftende Gesellschafter fungieren und nur diese oder Personen, die nicht selbst Gesellschafter sind, zur Geschäftsführung befugt sind, § 15 Abs. 3 Nr. 2 EStG.

[110] R 15.8 „Gewerblich geprägte Personengesellschaft" (6) EStR.

[111] FG Münster, 28.08.2014–3 K 743/13 F, EFG 2015, 121–122; FG Münster, 28.08.2014–3 K 744/13 F, EFG 2015, 101 (Die Revision beim BFH zu Az. II R 60/14 wurde zurückgenommen); FG Münster, 28.08.2014–3 K 745/13 F, ErbStB 2015, 36 (Die Revision beim BFH zu Az. II R 61/14 wurde zurückgenommen); BFH-Urteil vom 13.07.2017 – IV R 42/14, BStBl. II 2017, 1126.

für die Komplementär-GmbH aus, anstatt eigenständig als Kommanditisten zur Geschäftsführung befugt zu sein. Hiernach steht einer gewerblichen Prägung einer „Einheits-GmbH & Co. KG" nicht entgegen, dass der allein geschäftsführungsbefugten Komplementärin im Gesellschaftsvertrag der KG die Geschäftsführungsbefugnis entzogen und diese auf den Kommanditisten übertragen wird.

Hinsichtlich der Vertragsbeziehungen zwischen der Mitunternehmerschaft und den Mitunternehmern ist zu beachten, dass diese Entgelte steuerlich[112] in die Einkunftsart umqualifiziert werden, welche die Mitunternehmerschaft erzielt. Diese sog. *Sonderbetriebseinnahmen* der Mitunternehmer fließen in die einheitliche und gesonderte Gewinnfeststellung[113] der Mitunternehmerschaft ein, sodass keine Minderung der steuerlichen Bemessungsgrundlage eintritt. Hiervon betroffen sind typischerweise Geschäftsführer-Gehälter, Mietzahlungen für Grundstücke im Sonderbetriebsvermögen I oder Darlehenszinsen für Gesellschafter-Darlehen.

Veräußert die Mitunternehmerschaft Wirtschaftsgüter des Anlagevermögens, kommt die Bildung einer Rücklage oder der direkte Abzug von den Anschaffungs- oder Herstellungskosten eines Ersatzwirtschaftsguts nach § 6b EStG in Frage. Im Zusammenhang mit anstehenden Investitionen sollten stets die Möglichkeiten des § 7 g EStG (Investitionsabzugsbetrag und Sonderabschreibung bei beweglichen Wirtschaftsgütern) geprüft werden. Allgemein gelten die Regelungen nach §§ 6b und 7 g EStG für Stiftungen in gleicher Weise wie für natürliche Personen.[114] Bei Stiftungen kommt der § 7 g EStG regelmäßig bei der Anschaffung von Photovoltaikanlagen[115] oder Betriebsvorrichtungen[116] zur Anwendung.

Verkauft eine Stiftung ihren Mitunternehmeranteil, unterliegt der Gewinn (Veräußerungspreis abzüglich Veräußerungskosten abzüglich Stand des Kapitalkontos) der Besteuerung.[117] Aus steuerlicher Sicht ist die Veräußerung von Anteilen einer Kapitalgesellschaft deutlich günstiger als die Veräußerung von Mitunternehmeranteilen. Die Übertragung von Mitunternehmeranteilen führt zu einem quotalen Untergang der noch bestehenden gewerbesteuerlichen Verlustvorträge.[118]

Ist eine Stiftung Gesellschafterin einer vermögensverwaltenden Personengesellschaft, erzielt sie grundsätzlich die Überschuss-Einkunftsart, welche auf Ebene der Personengesellschaft erzielt wird. Hiervon abweichend sieht § 20 Abs. 8 EStG eine Umqualifizierung der Einkünfte aus Kapitalvermögen in eine Gewinneinkunftsart oder Einkünfte

---

[112] §§ 15 Abs. 1 S. 1 Nr. 2 EStG, 13 Abs. 7 EStG, 18 Abs. 4 EStG.

[113] § 180 Abs. 1 S. 1 Nr. 2 Buchstabe a) AO.

[114] R 8.1 (1) Nr. 1 KStR.

[115] LfSt Bayern S. 2240.1.1–4 St 32, Leitfaden Fotovoltaik im Steuerrecht vom 30.07.2014.

[116] § 68 Abs. 2 Nr. 2 BewG; Gleich lautender Erlass der obersten Finanzbehörden der Länder vom 05.06.2013, BStBl. I 2013, S. 734.

[117] §§ 8 Abs. 1 S. 1 KStG, 16 Abs. 2 EStG.

[118] R 10a.3 „Mitunternehmerschaften" (3) GewStR.

aus Vermietung und Verpachtung vor, soweit sie zu der jeweiligen Einkunftsart gehören. Die näheren Einzelheiten zur Abgrenzung rein körperschaftsteuerpflichtiger Einkünfte aus Kapitalvermögen gegenüber körperschaft- und gewerbesteuerpflichtigen Einkünften aus Gewerbebetrieb werden in Abschn. 2.3.2.2 näher erläutert.

Einkünfte aus Vermietung und Verpachtung sind ebenfalls Einkünften aus anderen Einkunftsarten zuzurechnen, soweit sie zu diesen gehören.[119] Die näheren Einzelheiten hinsichtlich der Abgrenzung von rein körperschaftsteuerpflichtigen Vermietungseinkünften im Rahmen einer reinen Vermögensverwaltung gegenüber körperschaft- und gewerbesteuerpflichtigen Einkünften aus Gewerbebetrieb werden in Abschn. 2.4 erläutert.

2.3.1.2 Gewerbesteuer

Ist die Stiftung Mitunternehmerin einer gewerblichen Personengesellschaft, unterliegt die Mitunternehmerschaft als Gesellschaft der Gewerbesteuer.[120] Gleichzeitig unterliegen die Gewinnanteile auf Ebene der Stiftung den Regelungen des Gewerbesteuergesetzes.[121]

Um eine Doppelbesteuerung der gewerblichen Mitunternehmerschaft und der Stiftung mit der Gewerbesteuer abzuwenden, ist der Gewerbeertrag auf Ebene der Stiftung um die Gewinnanteile zu kürzen.[122]

Vergleicht man die Gewerbesteuerbelastung einer Kapitalgesellschaft mit einer gewerblichen Personengesellschaft, die jeweils als stiftungsverbundenes Unternehmen fungieren, stellt man Folgendes fest:

Die Kapitalgesellschaft unterliegt selbst der Körperschaftsteuer und Gewerbesteuer, im anderen Fall unterliegt die Personengesellschaft selbst der Gewerbesteuer, während ihr Gewinn anteilig auf Ebene der Stiftung der Körperschaftsteuer unterliegt. In der gesamten Rechtsstruktur fällt in beiden Konstellationen Körperschaftsteuer und Gewerbesteuer an (zusammengerechnet ca. 30 %).

Eine Anrechnung der Gewerbesteuer, wie sie für natürliche Personen nach § 35 EStG vorgesehen ist, scheidet bei juristischen Personen aus.[123]

---

[119] § 21 Abs. 3 EStG.

[120] § 2 Abs. 1 S. 2 GewStG.

[121] § 2 Abs. 1 S. 2 GewStG.

[122] § 9 Nr. 2 GewStG.

[123] R 8.1 (1) Nr. 1 KStR.

2.3.2 Kapitalgesellschaften

2.3.2.1 Körperschaftsteuer

Ist eine Stiftung an einer Kapitalgesellschaft beteiligt, erzielt sie mit ihren bezogenen laufenden Gewinnausschüttungen grundsätzlich körperschaftsteuerpflichtige Einkünfte aus Kapitalvermögen.[124] Die Besteuerung erfolgt zweistufig durch eine Quellenbesteuerung (Abzug der Kapitalertragsteuer) und die nachgelagerte Veranlagung.

Im Rahmen der Quellenbesteuerung führt die ausschüttende Gesellschaft zunächst 25 % der Bruttokapitalerträge als Kapitalertragsteuer ab.[125] Hinzu kommt der Solidaritätszuschlag, sodass sich insgesamt ein Steuersatz von 26,375 % ergibt.[126]

Im Rahmen der Veranlagung werden die Einnahmen vollständig von der Besteuerung freigestellt, wenn die Stiftung an der Kapitalgesellschaft zu Beginn des Kalenderjahres unmittelbar zu mindestens 10 % beteiligt ist.[127] Wird die zehnprozentige Beteiligung unterjährig erworben, gilt sie an dieser Stelle als zu Beginn des Kalenderjahres vorhanden.[128] Dem zu versteuernden Einkommen werden 5 % der Einnahmen als nicht abzugsfähige Betriebsausgabe hinzugerechnet.[129] Beim unterjährigen Hinzuerwerb einer mindestens zehnprozentigen Beteiligung soll die Begünstigung des § 8b KStG nach aktueller Verwaltungsauffassung ausschließlich für den hinzuerworbenen Teil gelten, während ein bereits vorhandener Anteil von unter 10 % der vollen Besteuerung unterliegt.[130]

Im Zusammenhang mit der Beteiligung einer Stiftung an Holdinggesellschaften kann § 8b Absatz 7 KStG von Interesse sein. Ziel des § 8b Absatz 7 KStG ist es regelmäßig, eine Aufrechterhaltung der Verrechnungsmöglichkeit von Gewinnen und Verlusten, welche ansonsten in Fälle des § 8b Absatz 3 KStG[131] ausgeschlossen würde, für Unternehmen der Finanzwirtschaft zu erhalten. Die Norm ist allerdings für alle Branchen bedeutsam, weil sie auch für sog. Industrie-Holdinggesellschaften gilt, wenngleich zwischenzeitlich nur noch eingeschränkt.[132] Durch das BEPS-UmsG v. 20.12.16 wurde die Norm in wesentlichen Punkten geändert, was für nach dem 31.12.16 erlangte Anteile zu einer stärker bankspezifischen Gesamtbetrachtung führt (aaO). Der Begriff des „Finanzunternehmens i. S. d. KWG" ist nach Maßgabe des Kreditwesengesetzes (KWG)

---

[124] §§ 1 Abs. 1 Nr. 4 KStG, 8 Abs. 1 S. 1 KStG, 20 Abs. 1 Nr. 1 S. 1 EStG.

[125] §§ 31 Abs. 1 KStG, 43 Abs. 1 S. 1 Nr. 1 EStG, 43 Abs. 1 S. 3 EStG, 43a Abs. 1 S. 1 Nr. 1 EStG.

[126] §§ 2 Nr. 3, 3 Abs. 1 Nr. 2, 4 SolzG.

[127] § 8b Abs. 1 und 4 KStG.

[128] § 8b Abs. 4 S. 6 KStG.

[129] § 8b Abs. 5 S. 1 KStG.

[130] OFD Frankfurt am Main, Verfügung vom 02.12.2013, DStR 2014, S. 427.

[131] § 8b Absatz 3 KStG sieht ein Abzugsverbot für Veräußerungsverluste und TW-Abschreibungen vor.

[132] Brandis/Heuermann/Rengers, 158. EL August 2021, KStG § 8b Rn. 430.

auszulegen[133]. Hierbei steht nach Ansicht der Finanzverwaltung eine geschäftsleitende Tätigkeit oder die Organträger-Stellung einer Gesellschaft einer Qualifizierung als Finanzunternehmen nicht entgegen.[134]

Handelt es sich bei den Gewinnausschüttungen auf Ebene der Stiftung um Einkünfte aus Kapitalvermögen, kann hiervon grundsätzlich nur der Sparer-Pauschbetrag in Höhe von EUR 801 anstelle der tatsächlichen Werbungskosten abgezogen werden.[135] Dieser Grundsatz findet immer dann Anwendung, wenn die Stiftung zu weniger als 25 % an der Kapitalgesellschaft beteiligt ist. Die beschränkte Abzugsfähigkeit der Werbungs-kosten wird insbesondere dann zum Problem, wenn die Stiftung neben den Einkünften aus Kapitalvermögen noch andere Einkunftsarten erzielt und Kosten der allgemeinen Verwaltung, also insbesondere Vergütungen des Stiftungsvorstands oder die Miete für Büroräume, in denen Vorstandssitzungen stattfinden, sachgerecht auf die einzelnen Ein-kunftsarten aufgeteilt werden müssen.

Beispiel

Eine Familienstiftung ist zu 100 % an einer Kapitalgesellschaft beteiligt, erzielt sonst keine Einkünfte und möchte nach Möglichkeit ein niedriges zu versteuerndes Einkommen erzielen. Unter Berücksichtigung der Freistellung nach § 8b KStG, des Sparer-Pauschbetrags (EUR 801) und des Freibetrags (EUR 5000) ergibt sich folgende Berechnung:

$$(EUR\ 116.020 \times 5\ \%)\ \%EUR\ 801\ \%EUR\ 5000 = EUR\ 0.$$

Die Familienstiftung kann Gewinnausschüttungen in Höhe von EUR 116.020 steuer-frei vereinnahmen, die einbehaltene Kapitalertragsteuer wird nach Prüfung der Körperschaftsteuererklärung durch die Finanzverwaltung erstattet.[136] ◀

Ist die Stiftung zu 25 % oder höher an der Kapitalgesellschaft beteiligt, kann sie anstatt des Sparer-Pauschbetrags in Höhe von EUR 801 die tatsächlichen Werbungskosten abziehen. Diese Möglichkeit ergibt sich aus den §§ 8 Abs. 10 S. 2 KStG, 32d Abs. 2 Nr.

---

[133] a. a. O. mit Verweis auf BFH vom 14.1.09 – I R 36/08, BStBl. II 09, 671 m. w. N.; Dieses Gesetzesverständnis führt zu einer sehr weiten Fassung des Begriffs des Finanzunternehmens (krit. Bauschatz DStZ 09, 502; Desens DStR-Beihefter 13, 13; H/H/R § 8b Rz. 229; Einzelheiten s. a. a. O. Rz. 441a ff.).

[134] a. a. O. mit Verweis auf BMF v. 27.02.02 a. a. O. und v. 15.12.94, sowie D/P/M § 8b Rz. 443; Bauschatz DStZ 09, 502; a. A. Jacob/Scheifele IStR 09, 304; Schmitt/Krause/Rengier NWB 09, 1993; Erle/Sauter § 8b Rz. 366.

[135] §§ 8 Abs. 1 S. 1 KStG, 20 Abs. 9 EStG. Klarstellen hierzu R 8.1 (2) S. 2 KStR.

[136] §§ 31 Abs. 1 KStG, 36 Abs. 2 Nr. 2 Buchstabe b) EStG.

3 S. 1 Buchstabe a) EStG, 20 Abs. 9 EStG.[137] Von dieser Regelung wird ausschließlich die Ausgabenseite berührt, die Einnahmen werden nach der vorrangig gegenüber § 8 KStG anzuwenden Vorschrift des § 8b KStG freigestellt.[138]

Auf die sich ergebende tarifliche Körperschaftsteuer zzgl. Solidaritätszuschlag wird die einbehaltene Kapitalertragsteuer angerechnet, § 36 Abs. 2 Nr. 2 S. 1 EStG. Ökonomisch betrachtet handelt es sich bei der Kapitalertragsteuer also um eine Liquiditätsbelastung. Um die Dauer der Liquiditätsbelastung gering zu halten, empfiehlt sich eine Ausschüttung zum Ende des Kalenderjahres, um den Zeitabstand zur Abgabe der Körperschaftsteuererklärung der Stiftung und die spätere Erstattung der Kapitalertragsteuer möglichst gering zu halten. Wichtig: Ist die Stiftung mehrheitlich an der ausschüttenden Gesellschaft beteiligt, fließt ihr die Gewinnausschüttung bereits im Zeitpunkt der Beschlussfassung und nicht erst mit der Auszahlung zu.[139]

Ist die Stiftung *zu weniger als 25 % beteiligt*, können Verluste aus Kapitalvermögen grundsätzlich nur mit positiven Einkünften aus Kapitalvermögen ausgeglichen werden.[140]

Ist die Stiftung *zu 25 % oder höher beteiligt*, kann sie diese Einschränkungen des § 20 Abs. 6 EStG über die §§ 8 Abs. 10 S. 2 KStG, 32d Abs. 2 Nr. 3 S. 1 Buchstabe a) EStG vermeiden. Somit finden bei einer Beteiligung von über 25 % weder die Einschränkung des Sparer-Pauschbetrags (§ 20 Abs. 9 EStG), noch die der eingeschränkten Verlustverrechnung (§ 20 Abs. 6 EStG) Anwendung.

Veräußert die Stiftung Anteile einer Kapitalgesellschaft, wird der Veräußerungsgewinn – unabhängig von der Beteiligungshöhe – von der Besteuerung freigestellt.[141] 5 % des Gewinns sind dem zu versteuernden Einkommen als nicht abzugsfähige Betriebsausgabe hinzuzurechnen.[142] Umgekehrt wird auch ein Veräußerungsverlust auf Ebene der Stiftung neutralisiert, indem er dem zu versteuernden Einkommen wieder hinzugerechnet wird.[143]

Die Behandlung bereits bestehender, noch nicht verrechneter Verluste auf Ebene von Kapitalgesellschaften oder gewerblichen Mitunternehmerschaften wird in Abschn. 1.2.5.1 erläutert.

---

[137] Siehe hierzu die ausführliche Analyse von Richter/Gollan (2010), Festschrift für Dieter Reuter, S. 1155–1166; Frotscher in Frotscher/Drüen (2014), Kommentar KStG/UmwStG, § 8 KStG Rn. 681.

[138] Richter/Gollan (2010), Festschrift für Dieter Reuter, S. 1162–1163.

[139] H 20.2 „Zuflusszeitpunkt bei Gewinnausschüttungen – Beherrschender Gesellschafter/Alleingesellschafter" EStH.

[140] §§ 1 Abs. 1 Nr. 4 KStG, 8 Abs. 1 S. 1 KStG, 20 Abs. 6 EStG.

[141] § 8b Abs. 2 KStG.

[142] § 8b Abs. 3 KStG.

[143] § 8b Abs. 3 S. 3 KStG.

2.3.2.2 Gewerbesteuer

Gewinnausschüttungen, die eine Stiftung aus der Beteiligung an einer Kapitalgesellschaft bezieht, unterliegen grundsätzlich nur dann der Gewerbesteuer, wenn besagte
Kapitalgesellschaft als Betriebsunternehmen und die Stiftung als Besitzunternehmen im
Rahmen einer Betriebsaufspaltung fungieren. In diesem Fall besteht eine Gewerbesteuerpflicht nach § 2 Abs. 1 S. 2 GewStG.

Nicht eindeutig geklärt ist die Frage, ob eine Familienstiftung – wie eine gemeinnützige
Stiftung – mit einer mehrheitlichen Beteiligung bei gleichzeitiger Personenidentität in
den Führungsgremien von Stiftung und Kapitalgesellschaft mit einem wirtschaftlichen
Geschäftsbetrieb nach § 2 Abs. 3 GewStG der Gewerbesteuer unterliegen kann.

Ist eine Familienstiftung an einer Kapitalgesellschaft beteiligt, liegt zunächst kein
Gewerbebetrieb im Sinne des § 15 EStG und damit keine Gewerbesteuerpflicht nach § 2
Abs. 1 EStG vor.

Nach der Rechtsprechung des I. Senats des BFH stellt diese Beteiligung – selbst
im Fall einer mehrheitlichen Beteiligung – grundsätzlich auch keinen wirtschaftlichen Geschäftsbetrieb dar.[144] Die Grenze zum wirtschaftlichen Geschäftsbetrieb
soll jedoch überschritten werden, wenn der Anteilseigner auf die laufende Geschäftsführung der Gesellschaft tatsächlich in erheblichem Maße Einfluss nimmt und dadurch
am Geschäftsverkehr teilnimmt.[145] Hiervon soll insbesondere bei Personenidentität in den Führungsorganen von Anteilseigner und Gesellschaft auszugehen sein, mit
der Konsequenz, dass die Gewinnausschüttungen auf Ebene des Anteilseigners der
Gewerbesteuer unterliegen.[146] Kein wirtschaftlicher Geschäftsbetrieb liegt vor, wenn die
Kapitalgesellschaft selbst nicht am allgemeinen Wirtschaftsverkehr teilnimmt, sondern
ausschließlich eigenes Vermögen verwaltet (regelmäßig durch reine Holding-Kapital-
gesellschaften erfüllt).[147]

Es ist jedoch darauf hinzuweisen, dass diese Rechtsauffassung auf die BFH-Urteile
vom 30.06.1971 (Az. I R 57/70) und vom 25.08.2010 (Az. I R 97/09) zurückzuführen
ist, in denen jeweils über einen wirtschaftlichen Geschäftsbetrieb eines gemeinnützigen
Berufsverbands entschieden wurde. Von der Finanzverwaltung wurde nur das Urteil vom
30.06.1971 (Az. I R 57/70) im Bundessteuerblatt II veröffentlicht und im AEAO zu § 64
Abs. 1 umgesetzt, also im Zusammenhang mit den Verwaltungsanweisungen zu einem
steuerpflichtigen wirtschaftlichen Geschäftsbetrieb gemeinnütziger juristischer Personen.
Ob hiervon auch privatnützige Familienstiftungen betroffen sind, geht aus der höchstrichterlichen Rechtsprechung und den Verwaltungsanweisungen nicht hervor.

---

[144] BFH-Urteil vom 25.08.2010 – I R 97/09, BFH/NV 2011, S. 312.

[145] BFH-Urteil vom 30.06.1971 – I R 57/70, BStBl. II 1971, S. 753; BFH-Urteil vom 25.08.2010 –
I R 97/09, BFH/NV 2011, 312.

[146] Lorz/Kirchdörfer (2011), Unternehmensnachfolge, Kap. 8 Rn. 24–25; Brill (2012), GWR 2012,
S. 367; von Löwe in Feick (2015), Stiftung als Nachfolgeinstrument, § 25 Rn. 34.

[147] AEAO zu § 64 Abs. 1 AO Rn. 3 S. 6.

Soll in jedem Fall eine Gewerbesteuerpflicht vermieden werden, kann auf eine Personenidentität in den Leitungsgremien von Kapitalgesellschaft und Stiftung verzichtet und ein Verbot einer Einflussnahme auf die Geschäftsführung in das Stiftungsgeschäft aufgenommen werden.[148] Jedoch sind derartige Gestaltungsmaßnahmen in der Regel aus organisatorischen Gründen unratsam und steuerlich außerdem unnötig, da die Belastung der Gewinnausschüttungen – was im weiteren Verlauf veranschaulicht wird – entweder bei EUR 0 oder einem nur geringen Betrag liegt.

Nach den Regelungen des GewStG ist es für die Bestimmung der steuerlichen Bemessungsgrundlage entscheidend, ob zu Beginn des Erhebungszeitraumes eine unmittelbare oder mittelbare Beteiligung von mindestens 15 % vorliegt:

- Liegt zu Beginn des Erhebungszeitraumes eine Beteiligung von mindestens 15 % vor, greift das sog. *Schachtelprivileg*.[149] Dieses sieht vor, dass es gegenüber der körperschaftsteuerlichen Bemessungsgrundlage zu keinen Änderungen durch Hinzurechnungen oder Kürzungen kommt.[150] Die 5 % von der Bruttodividende, die bereits mit Körperschaftsteuer zzgl. Solidaritätszuschlag belastet sind, unterliegen damit auch der Gewerbesteuer.
- Liegt zu Beginn des Erhebungszeitraumes keine Beteiligung von mindestens 15 % vor, handelt es sich um sog. *Streubesitz*. In diesem Fall werden der gewerbesteuerlichen Bemessungsgrundlage die 95 % der Bruttodividende, die im Rahmen der Körperschaftsteuer noch nicht besteuert wurden, hinzugerechnet.[151]

2.4 Besteuerung von Immobilien

Die Besteuerung von Immobilien ist im Abschn. 7.2 dargestellt.

2.5 Sonstige Wirtschaftsgüter des Privatvermögens

2.5.1 Besteuerung sonstiger Wirtschaftsgüter des Privatvermögens

Als *sonstige Wirtschaftsgüter des Privatvermögens* werden in diesem Abschnitt Wirtschaftsgüter bezeichnet, die nicht den Einkünften aus Kapitalvermögen (§ 20 EStG) oder Einkünften aus Vermietung und Verpachtung (§ 21 EStG) zuzuordnen sind. Weiterhin wird

---

[148] Lex (1997), DB 1997, S. 350–351.

[149] § 9 Nr. 2a S. 1 GewStG.

[150] § 9 Nr. 2a Sätze 1 und 4 GewStG.

[151] §§ 9 Nr. 2a, 8 Nr. 5 GewStG.

davon ausgegangen, dass die Stiftung diese Wirtschaftsgüter in Erwartung einer künftigen Wertsteigerung und der Möglichkeit einer gewinnbringenden Veräußerung erwirbt.

Dabei kann es sich um Kryptowährungen,[152] Kunstgegenstände, Edelmetalle, Musikinstrumente, Briefmarkensammlungen, Oldtimer oder anderweitige Wirtschaftsgüter handeln, die sich mit zunehmendem zeitlichen Verlauf durch einen positiven Wertanstieg auszeichnen. Eine solche Wertsteigerung betrifft die Vermögenssphäre[153] der Stiftung und unterliegt erst einer möglichen Besteuerung, wenn ein Veräußerungsgewinn realisiert wird. Gewinn oder Verlust aus derartigen privaten Veräußerungsgeschäften ist der Unterschied zwischen Veräußerungspreis einerseits und den Anschaffungs- oder Herstellungskosten und den beim Verkauf anfallenden Werbungskosten andererseits.[154]

Inhaltlich handelt es sich bei privaten Veräußerungsgeschäften, bei denen keine Grundstücke, sondern andere Wirtschaftsgüter übertragen werden, um Veräußerungsgeschäfte, bei denen der Zeitraum zwischen Anschaffung und Veräußerung nicht mehr als ein Jahr beträgt.[155] Ausgenommen sind Gegenstände des täglichen Gebrauchs, die sich durch einen Wertverlust im zeitlichen Verlauf kennzeichnen (zum Beispiel PKWs).[156]

Wurde das Wirtschaftsgut zumindest in einem Kalenderjahr als Einkunftsquelle genutzt, erhöht sich die Mindesthaltedauer für eine steuerfreie Veräußerung auf zehn Jahre.[157] Dies ist exemplarisch dann der Fall, wenn ein Kunstgegenstand nach seiner Anschaffung an ein Museum vermietet wird.

Ein Veräußerungsgewinn bleibt auch dann steuerfrei, wenn er nicht mehr als EUR 600 beträgt.[158] Veräußerungsverluste dürfen nur bis zur Höhe des Gewinns, den der Steuerpflichtige im selben Kalenderjahr aus privaten Veräußerungsgeschäften erzielt hat, ausgeglichen werden und dürfen nicht nach § 10d EStG abgezogen werden.[159] Die Verluste mindern jedoch nach Maßgabe des § 10d EStG die Einkünfte, welche in dem unmittelbar vorangegangenen Veranlagungszeitraum oder in den folgenden Veranlagungszeiträumen aus privaten Veräußerungsgeschäften erzielt wurden oder werden.[160]

---

[152] vgl. auch 2.5.1; FM Hamburg Erlass vom 11.12.2017, DStR 2018, S. 527; OFD Nordrhein-Westfalen Kurzinformation Einkommensteuer Nr. 4/2018, DB 2018, S. 1185.

[153] Stiftungen verfügen – anders als Kapitalgesellschaften, Genossenschaften und Versicherungsvereine auf Gegenseitigkeit – über eine (nicht den Ertragsteuern unterliegende) außerbetriebliche Sphäre. Vgl. BFH-Urteil vom 12.10.2011 – I R 102/10, BStBl. II 2014, S. 713.

[154] § 23 Abs. 3 S. 1 EStG.

[155] § 23 Abs. 1 S. 1 Nr. 2 S. 1 EStG.

[156] § 23 Abs. 1 S. 1 Nr. 2 S. 2 EStG.

[157] § 23 Abs. 1 S. 1 Nr. 2 S. 4 EStG.

[158] § 23 Abs. 3 S. 5 EStG.

[159] § 23 Abs. 3 S. 7 EStG.

[160] § 23 Abs. 3 S. 8 EStG.

2.5.2 Besteuerung von Krypthowährungen im Privatvermögen

Kryptowährungen stellen kein gesetzliches Zahlungsmittel[161] oder Finanzinstrument im Sinne des Kreditwesengesetzes[162] dar, sondern sind nach aktueller Rechtsprechung[163] als Wirtschaftsgüter zu qualifizieren, die wirtschaftlich vergleichbar mit Fremdwährungen sind. Hält eine Stiftung solche Kryptowährungen im Vermögen ohne eine zusätzliche Verzinsung[164] auf den Währungsbestand zu erzielen, kann außerhalb der gesetzlichen Haltefrist nach § 23 Abs. 1 S. 1 Nr.2 EStG eine steuerfreie Veräußerung erfolgen. Zu einer Anschaffung von Kryptowährungen kommt es regelmäßig dann, wenn diese im Zuge eines Tauschvorgangs gegen ein anderes Wirtschaftsgut entgeltlich erworben werden. An einer solchen Anschaffung fehlt es, wenn die Kryptowährung selbst hergestellt wird (sog. mining).[165]

Hält eine Stiftung Kryptowährungen in ihrem Vermögen werden diese Währungsbestände wie bei einer Privatperson einer elektronischen Geldbörse (sog. wallet) gehalten und können unter Beachtung der einjährigen Haltefrist zur Bezahlung von Waren oder Dienstleistungen verwandt werden. Hierbei führt die Übertragung von Kryptowährungen beim Bezahlungsvorgang zu einer Veräußerung beim Zahlenden und einer Anschaffung beim Empfänger.[166] Wie bei Fremdwährungen in § 23 Absatz 1 Nr. 2 Satz 3 EStG gesetztlich normiert, soll über den dort auf Fremdwährungen beschränkten Wortlaut die sog. Fifo-Methode[167] Anwendung finden.[168]

Das sog. Mining stellt einen computerbasierenden Validierungsprozess dar, der darauf abzielt, nach dem sog. Proof-of-Work-Konzept eine aufwendig zu ermittelnde Zahl (sog. „Nonce") zu ermitteln, welche für eine Transaktion in Kryptowährungen erforderlich is.[169] Die so validierten Transaktionen in Kryptowährungen werden in einem digitalen Kontenbuch (sog. Distributed Ledger) dokumentiert. Weil sämtliche Transaktionen im Distributed Ledger in „Blöcken" dokumentiert werden, spricht man in diesem Zusammenhang vom sog. Blockchain-Protokoll (aaO). Das sog. Mining

---

[161] EuGH v. 22.10.2015 – C-264/14; ECLI:EU:C:2015:718.

[162] KG Berlin Urteil vom 25.09.2018, (4) 161 Ss 28/18 (35/18), NJW 2018, 3734.

[163] FG BBg v. 20.06.2019–13 V 13.100/19, DStR 2019, 8.

[164] Eine verlängerte Spekulationsfrist von zehn Jahren gemäß § 23 Absatz 1 Satz 1 Nr. 2 Satz 4 EStG soll sowohl bei Fremdwährungen, als auch bei Kryptowährungen keine Anwendung finden, vgl. Bayerisches Landesamt für Steuern vom 10.03.2016, S-2256 1.1–6/6 St32.

[165] OFD NRW Kurzinfo v. 20.04.2018, DB 2018, 1185; vgl. nachfolgend unter „mining".

[166] Finanzministerium Hamburg vom 11.12.2017, S. 2256–2017/003–52, DB 2018,159.

[167] First in first out (Fifo) bezeichnet eine Methode, bei der für die Anschaffung und Veräußerung mehrerer gleichartiger Währungsbestände unterstellt wird, dass die zuerst an geschafften Beträge zuerst veräußert wurden.

[168] Finanzministerium Hamburg vom 11.12.2017, S. 2256–2017/003–52, DB 2018,159.

[169] vgl. ausführlich Farruggia-Weber/Dietsch. DStR 2020, 8.

kann ertragsteuerlich im Rahmen der privaten Vermögensverwaltung oder im Rahmen einer gewerblichen Tätigkeit erfolgen. Erhält der Miner für den Validierungsprozess Belohnungen (sog. Mining Rewards) in Form von Transaktionsgebühren so können diese Vergütungen bei privater Vermögensverwaltung sonstige Einkünfte gemäß § 22 Nr. 3 EStG darstellen (aaO). Im Übrigen gilt es für die Stiftung die Vermutung einer gewerblichen Tätigkeit zu widerlegen. Denn nach der Verwaltungsauffassung[170] stellt das Mining grundsätzlich eine gewerbliche Tätigkeit dar, wenn der Miner nachhaltig für eigene Rechnung tätig wird und das Unternehmerrisiko trägt. Mit der Zurverfügungstellung von Rechenleistung an die Netzwerkteilnehmer im Zuge des Validierungsprozesses nehme der Miner am wirtschaftlichen Verkehr teil.[171] Der Entwurf des BMF-Schreiben vom 17.06.2021 stellt die Vermutung auf, dass eine gewerbliche Tätigkeit unabhängig von der Höhe der Aufwendungen für Hardware und Strom vorliegen kann, sofern die Tätigkeit dauerhaft geeignet ist, Gewinne zu erzielen.[172] Wie die Stiftung als Steuerpflichtiger die Vermutung der gewerblichen Tätigkeit widerlegen kann, lässt das BMF-Schreibens vom 17.06.2021 offen.[173] Vor diesem Hintergrund sollten Stiftungen im Zusammenhang mit dem sog. Mining im Regelfall von einer gewerblichen Tätigkeit ausgehen und sich eine anderslautende Qualifikation ihrer Einkünfte im Rahmen eines Rechtsbehelfsverfahrens erstreiten.

Das *sog. Staking* ergibt sich, wenn neue Kryptowährungen als Belohnung für die Erstellung des Blocks im Rahmen der Blockchain generiert werden.[174] In diesem Zusammenhang ist auch nach dem BMF-Schreiben vom 17.06.2021 aktuell ungeklärt, ob das sog. Staking wie das sog. Mining der Vermutungswirkung einer gewerblichen Tätigkeit gemäß § 15 Absatz 2 EStG unterfällt.

Als *Krypto-Lending* bezeichnet man das Verleihen von Kryptowährungen, was wirtschaftlich einem kryptobasierenden Darlehen entspricht. Die steuerliche Qualifikation solcher Krypto-Lending ist bislang nicht abschließend geklärt. Werden Kryptowährungen im Privatvermögen gehalten, können sie im besten Fall als sonstige Einkünfte im Sinne des § 22 Nr.3 EStG zu qualifizieren sein, was eine Freigrenze von 256 EUR erlauben würde. Andererseits ist eine Qualifikation von Einkünften aus Krypto-Lending als Kapitaleinkünfte gemäß § 20 Absatz 1 Nr. 7 EStG möglich. Wird das kryptobasierende Darlehen selbst mit Gewinn an Dritte verkauft, könnte folgerichtig zudem eine Besteuerung nach § 20 Absatz 2 Nr. 7 EStG in Betracht kommen.

---

[170] Entwurf des BMF-Schreibens vom 17.06.2021 zu Einzelfragen zur ertragsteuerlichen Behandlung von virtuellen Währungen und von Token.

[171] Entwurf des BMF-Schreibens vom 17.06.2021, Rz. 27.

[172] Entwurf des BMF-Schreibens vom 17.06.2021, Rz. 28 i.V.m. H 15.3 (Totalgewinn) EStH 2019.

[173] Entwurf des BMF-Schreibens vom 17.06.2021, Rz. 30 i.V.m. H 15.3 (Totalgewinn) EStH 2019.

[174] Hoheisel in Littmann/Bitz/Pust, 142. Erg. Lfg. April 2020, § 23 EStG, Rz. 98.

2.6 Buchführung, Bilanzierung und steuerliche Gewinnermittlung

2.6.1 Handelsrecht

Handelsrechtlich sind Stiftungen keine Formkaufleute im Sinne des § 6 HGB. Wie bei natürlichen Personen kann sich die Kaufmannseigenschaft nur durch den Betrieb eines Handelsgewerbes (Istkaufmann)[175] oder eine freiwillige Eintragung (Kaufmann kraft Eintragung)[176] ergeben. Beide Fälle sind in der Beratungspraxis selten anzutreffen. Da das nicht unternehmensbezogene Vermögen der Stiftung vor operativen Risiken abgeschirmt werden soll, fungiert sie in der Regel nur als Holding für Gesellschaftsanteile (Beteiligungsträgerstiftung) und nicht als Unternehmensträgerin (Unternehmensträgerstiftung).

Die Kaufmannseigenschaft wird innerhalb der Rechtsstruktur mit einer Beteiligungsträgerstiftung an der Spitze von den operativen Gesellschaften unterhalb der Stiftung erfüllt. Auch eine freiwillige Eintragung in das öffentlich zugängliche Handelsregister liegt insbesondere aus Datenschutzgründen nicht im Interesse der Stifterfamilie.

Grundsätzlich fallen Stiftungen nicht in den Anwendungsbereich des Handelsgesetzbuches und der darin vorgesehenen Verpflichtungen zur Buchführung und Jahresabschlusserstellung.

2.6.2 Bürgerliches Gesetzbuch und Landesstiftungsgesetze

Das Bürgerliche Gesetzbuch verweist bis zum Inkrafttreten der eigenständigen Neuregelungen durch die Stiftungsrechtsreform zum 01.07.2023 auf die Anwendung des Vereinsrechts auf Stiftungen.[177] Damit gelten die Vorschriften zur Rechnungslegung für Vereine auch für Stiftungen.[178] Danach hat ein Rechenschaftspflichtiger, in diesem Fall der Stiftungsvorstand, dem Berechtigten eine die geordnete Zusammenstellung der Einnahmen und der Ausgaben enthaltende Rechnung schriftlich mitzuteilen und ggf. ein Bestandsverzeichnis vorzulegen.[179] Eine genaue Untergliederung oder Regelungen über den Turnus der Berichte sieht das BGB nicht vor.

---

[175] § 1 HGB.

[176] § 5 HGB.

[177] §§ 86, 27 Abs. 3 BGB i.d.F. bis zum 01.07.2023.

[178] §§ 259, 260 und 666 BGB.

[179] §§ 259 und 260 BGB.

Die Landesstiftungsgesetze konkretisieren die Regelungen zur Rechnungslegung von Stiftungen. In Baden-Württemberg,[180] Bayern,[181] Hamburg,[182] Mecklenburg-Vorpommern,[183] dem Saarland[184] und Sachsen[185] sind jeweils die Grundsätze
ordnungsgemäßer Buchführung anzuwenden. Eine Verpflichtung zur Buchführung ist
jedoch nicht ausdrücklich vorgesehen.

Binnen einer landesspezifischen Frist ist nach Ablauf jedes Geschäftsjahres eine
Jahresabrechnung (Vermögensübersicht samt Übersicht über die Einnahmen und Ausgaben) und ein Tätigkeitsbericht über die Erfüllung des Stiftungszwecks zu erstellen und
bei der Stiftungsbehörde einzureichen (vgl. Tab. 2.1):

Im Regelfall stellt die örtlich zuständе Behörde einen Mustervordruck für die Jahresabrechnung zur Verfügung. Hiervon abweichend kann auch ein nach handelsrechtlichen
Grundsätzen erstellter Jahresabschluss erstellt werden, aus dem jedoch die einzelnen
Einnahmen, Ausgaben und die an die Begünstigten geleisteten Zahlungen hervorgehen
müssen.

Der Hauptfachausschuss des Instituts der Wirtschaftsprüfer schlägt in seinem
Rechnungslegungsstandard „IDW RS HFA 5"[186] exemplarisch folgende Gliederung des
Eigenkapitals für eine Stiftung vor (vgl. Tab. 2.2):[187]

Als *Stiftungskapital*[188] wird auf der Passivseite der Bilanz der Wert des Grundstockvermögens laut Stiftungsgeschäft ausgewiesen. Der Wert des Grundstockvermögens
(=Stiftungskapitals) darf nicht gemindert werden.

Bei der Bewertung der Vermögenswerte, die unentgeltlich an die Stiftung übertragen
werden, bestehen mangels rechtlicher Vorgaben die Möglichkeiten einer Bewertung zu
Anschaffungskosten oder zum *Zeitwert*. Beispielsweise kann die Beteiligung an einer
GmbH zum Nennwert (meist Stammkapital von EUR 25.000) bewertet werden. Verkauft die Stiftung die gesamte Beteiligung zum Beispiel für EUR 200.000, kann der
Umschichtungsgewinn i.H.v. EUR 200.000−EUR 25.000=EUR 175.000 ohne Einschränkungen reinvestiert, für laufende Kosten verbraucht oder an die Begünstigten
ausgeschüttet werden. Nur EUR 25.000 müssen als Grundstockvermögen auf Stiftungs-
ebene erhalten bleiben. Möchte der Stifter hingegen verhindern, dass Vermögen verkauft
und die Umschichtungsgewinne ausgeschüttet werden können, bietet sich stattdessen
eine Bewertung zum Zeitwert an. Beträgt der Zeitwert zum Beispiel bei Errichtung der

---

[180] § 7 Abs. 3 Stiftungsgesetz für Baden-Württemberg.

[181] Artikel 16 Abs. 1 Bayerisches Stiftungsgesetz.

[182] § 4 Abs. 4 Hamburgisches Stiftungsgesetz.

[183] § 4 Abs. 2 Nr. 2 Stiftungsgesetz des Landes Mecklenburg-Vorpommern.

[184] § 5 Abs. 1 Saarländisches Stiftungsgesetz.

[185] § 4 Abs. 2 Sächsisches Stiftungsgesetz.

[186] IDW (2014), Wpg Supplement 1/2014, S. 117–130.

[187] IDW (2014), Wpg Supplement 1/2014, Rn. 124.

[188] IDW (2014), Wpg Supplement 1/2014, Rn. 57.

Tab. 2.1 Fristen der Bundesländer zur Einreichung der Jahresabrechnung und des Tätigkeitsberichts

Bundesland	Frist zur Einreichung der Jahresabrechnung und des Tätigkeitsberichts (nach Ablauf des Geschäftsjahres der Stiftung)
Baden-Württemberg	Sechs Monate (§ 9 Abs. 2 Nr. 3 Stiftungsgesetz für Baden-Württemberg)
Bayern	Sechs Monate (Artikel 16 Abs. 1 S. 4 Bayerisches Stiftungsgesetz)
Berlin	Bei vorheriger Prüfung durch einen Wirtschaftsprüfer ist acht Monate nach Ablauf des Geschäftsjahres der Prüfungsbericht einzureichen, ohne eine solche Prüfung beträgt die Frist vier Monate (§ 8 Abs. 1 Nr. 2 Berliner Stiftungsgesetz)
Brandenburg	Sechs Monate (§ 6 Abs. 2 S. 3 Stiftungsgesetz für das Land Brandenburg)
Bremen	In Bremen ist keine gesetzliche Frist vorgesehen. Stattdessen sind Jahresabrechnung und Tätigkeitsbericht auf Verlangen der Behörde einzureichen (§ 12 Abs. 2 Nr. 2 Bremisches Stiftungsgesetz)
Hamburg	Bei vorheriger Prüfung durch einen Wirtschaftsprüfer ist neun Monate nach Ablauf des Geschäftsjahres der Prüfungsbericht einzureichen, ohne eine solche Prüfung beträgt die Frist sechs Monate (§ 5 Abs. 2 S. 1 Hamburgisches Stiftungsgesetz)
Hessen	Neun Monate (§ 7 Nr. 2 Hessisches Stiftungsgesetz)
Mecklenburg-Vorpommern	Neun Monate (§ 4 Abs. 2 Nr. 2 Stiftungsgesetz des Landes Mecklenburg-Vorpommern)
Niedersachsen	Fünf Monate (§ 11 Abs. 3 Niedersächsisches Stiftungsgesetz) Alternativ soll die Stiftungsbehörde von einer eigenen Prüfung absehen, wenn die Stiftung bereits durch einen Wirtschaftsprüfer oder einen vereidigten Buchprüfer geprüft wurde (§ 11 Abs. 4 Nummern 4 und 5 Niedersächsisches Stiftungsgesetz)
Nordrhein-Westfalen	Zwölf Monate (§ 7 Abs. 1 Stiftungsgesetz für das Land Nordrhein-Westfalen) Alternativ soll die Stiftungsbehörde von einer eigenen Prüfung absehen, wenn die Stiftung bereits durch einen Wirtschaftsprüfer oder einen vereidigten Buchprüfer geprüft wurde
Rheinland-Pfalz	Sechs Monate (§ 7 Abs. 4 Landesstiftungsgesetz für Rheinland-Pfalz)
Saarland	Sechs Monate (§ 11 Abs. 2 Nr. 2 Saarländisches Stiftungsgesetz)
Sachsen	Sechs Monate (§ 6 Abs. 2 Sächsisches Stiftungsgesetz)
Sachsen-Anhalt	Zwölf Monate (§ 7 Abs. 5 Stiftungsgesetz Sachsen-Anhalt)

(Fortsetzung)

Tab. 2.1 (Fortsetzung)

Bundesland	Frist zur Einreichung der Jahresabrechnung und des Tätigkeitsberichts (nach Ablauf des Geschäftsjahres der Stiftung)
Schleswig–Holstein	Acht Monate (§ 10 Abs. 1 Schleswig–Holstein)
Thüringen	Sechs Monate (§ 8 Abs. 4 Thüringer Stiftungsgesetz) Alternativ soll die Stiftungsbehörde von einer eigenen Prüfung absehen, wenn die Stiftung bereits durch einen Wirtschaftsprüfer geprüft wurde

Tab. 2.2 Gliederung des Eigenkapitals einer Stiftung

A. Eigenkapital		
I. Stiftungskapital		
		1. Errichtungskapital
		2. Zustiftungskapital
II. Rücklage		
		1. Kapitalrücklagen
		2. Ergebnisrücklagen
III. Umschichtungsergebnisse		
IV. Ergebnisvortrag		

Stiftung EUR 200.000 und beim Verkauf EUR 300.000, ist der Zeitwert von EUR 200.000 (und nicht nur der Nennwert i.H.v. EUR 25.000) als Grundstockvermögen zu erhalten.

Hat sich der Stifter bereits in dem Stiftungsgeschäft zur Übertragung eines Vermögenswerts verpflichtet, wird dessen Wert auf der Passivseite in das *Errichtungskapital*[189] eingebucht. Spätere Vermögensübertragungen an die Stiftung, die in das Grundstockvermögen geleistet werden und nicht in dem Stiftungsgeschäft geregelt sind („Zustiftungen"), werden in das *Zustiftungskapital*[190] eingebucht.

Der Wert aller Zuwendungen, die bewusst nicht Teil des Grundstockvermögens werden und der Stiftung zum freien Verbraucht zur Verfügung stehen sollen, wird unter den *Rücklagen* als *Kapitalrücklage*[191] erfasst. Zur Klarstellung: Der an dieser Stelle verwendete Begriff der „Kapitalrücklage" ist nicht zu verwechseln mit der Kapitalrücklage nach § 272 Abs. 2 HGB. Eine steuerfreie Einlage zum Beispiel von Geld in das Stiftungsvermögen gegen Gewährung von Gesellschaftsrechten ist bei Stiftungen nicht möglich. Stattdessen würde es sich um eine steuerpflichtige Schenkung unter Lebenden handeln.

---

[189] IDW (2014), Wpg Supplement 1/2014, Rn. 56.

[190] IDW (2014), Wpg Supplement 1/2014, Rn. 61.

[191] IDW (2014), Wpg Supplement 1/2014, Rn. 63.

Tab. 2.3 Berechnung des Ergebnisvortrags

	Ergebnis des Geschäftsjahres
+ / −	Ergebnisvortrag des Vorjahres
− / +	Einstellungen in das/Entnahmen aus dem Umschichtungsergebnis
− / +	Einstellungen in die/Entnahmen aus den Ergebnisrücklagen
=	Ergebnisvortrag

Aus den laufenden Überschüssen der Einnahmen über die Ausgaben, die in dem Geschäftsjahr erzielt und nicht an die Begünstigten ausgezahlt werden, können *Ergebnisrücklagen*[192] gebildet werden.

Werden Teile des Grundstockvermögens veräußert, kann der Teil des Kaufpreises, der das Grundstockvermögen übersteigt (= Umschichtungsgewinn) unter dem Posten *Umschichtungsergebnisse*[193] ausgewiesen werden. Korrespondierend ist auf der Aktivseite innerhalb der Bilanz oder eines Anhangs anzugeben, welcher Teil zum Beispiel einer Kaufpreisforderung dem Grundstockvermögen und dem Umschichtungsergebnis zuzuweisen ist.

Der *Ergebnisvortrag*[194] ergibt sich durch folgende Berechnung (Tab. 2.3):

2.6.3 Steuerrecht

Auch steuerrechtlich sind Stiftungen nur in Ausnahmefällen von der Verpflichtung betroffen, durch einen Betriebsvermögensvergleich einen Gewinn ermitteln zu müssen.

Mangels handelsrechtlicher Buchführungs- und Bilanzierungspflicht kommt eine steuerliche Buchführungspflicht nach § 141 AO und eine Gewinnermittlungspflicht nach § 4 Abs. 1 oder Abs. 3 EStG zum Beispiel dann in Betracht, wenn die Stiftung Besitzgesellschaft einer Betriebsaufspaltung ist oder als Eigentümerin einer Photovoltaikanlage den erzeugten Strom ins Netz einspeisen lässt.

2.7 Örtlich zuständige Finanzämter

2.7.1 Körperschaftsteuer

Für die Besteuerung von Stiftungen nach dem Einkommen und Vermögen (=Körperschaftsteuer) ist das Finanzamt örtlich zuständig, in dessen Bezirk sich die

---

[192] IDW (2014), Wpg Supplement 1/2014, Rn. 64–65.

[193] IDW (2014), Wpg Supplement 1/2014, Rn. 66.

[194] IDW (2014), Wpg Supplement 1/2014, Rn. 81.

Geschäftsleitung befindet.[195] Die Geschäftsleitung[196] ist der Mittelpunkt der geschäftlichen Oberleitung. Maßgebend ist also nicht der in der Satzung festgelegte Sitz,[197] sondern der Ort, an dem die tatsächlichen, organisatorischen und rechtsgeschäftlichen Handlungen getätigt werden, die der gewöhnliche Betrieb des Unternehmens mit sich bringt.[198] Damit wird im Ergebnis für die örtliche Zuständigkeit der Finanzverwaltung auf den Verwaltungssitz der Stiftung abgestellt.

Mit der Stiftungsrechtsreform 2021 wird zum Zwecke der effektiveren Stiftungsaufsicht durch die Landesstiftungsbehörden mit der Einführung von § 83a BGB n.F. zudem verpflichtend geregelt, dass eine Stiftung im Inland geführt werden muss.[199] Zwar können Rechtssitz[200] und Verwaltungssitz einer Stiftung weiterhin auseinanderfallen.[201] Liegt der Verwaltungssitz einer Stiftung allerdings nicht im Inland obliegt es der die Stiftungsaufsicht ausübenden Landesbehörde, dies zu beanstanden und der Stiftung eine angemessene Zeit für die Verlegung des Verwaltungssitzes ins Inland zu geben.[202] Kommt die Stiftung dem nicht nach, ist die Stiftung von Amts wegen aufzuheben.[203] Faktisch dürfte dies dazu führen, dass im Inland gegründete Stiftungen künftig einen identifizierbaren inländischen Verwaltungssitz haben werden, der gleichzeitig die örtliche Zuständigkeit des nach den §§ 20, 11 AO zuständigen Finanzamts begründet.

Befindet sich die Geschäftsleitung nicht im Geltungsbereich des Gesetzes oder lässt sich der Ort der Geschäftsleitung nicht feststellen, so ist das Finanzamt örtlich zuständig, in dessen Bezirk die Stiftung ihren Sitz hat.[204]

Befinden sich Geschäftsleitung und Sitz gleichermaßen im Ausland, so ist das Finanzamt örtlich zuständig, in dessen Bezirk sich Vermögen der Stiftung befindet und, wenn dies mehrere Finanzämter betrifft, das Finanzamt, in dessen Bezirk sich der wertvollste Teil des Vermögens befindet.[205]

Befindet sich weder die Geschäftsleitung noch der Sitz noch Vermögen der Stiftung in Deutschland, so ist das Finanzamt örtlich zuständig, in dessen Bezirk die Tätigkeit im

---

[195] § 20 Abs. 1 AO.

[196] § 10 AO.

[197] § 11 AO.

[198] BFH-Urteil vom 03.07.1997 – IV R 58/95, BStBl. II 1998, S. 86; BFH-Urteil vom 16.12.1998 – I R 138/97, BStBl. II 1999, S. 437.

[199] RegE, BT-Drs. 19/28.173, 29 zu AT I., Seite 33 zu AT IV. sowie Seite 52 f. zu § 83a.

[200] Als Rechtssitz gilt der statutarische Sitz der Stiftung.

[201] RegE, BT-Drs. 19/28.173, 53 zu § 83a.

[202] RegE, BT-Drs. 19/28.173, 53 zu § 83a.

[203] § 87a Absatz 2 Nr. 3 BGB n.F.

[204] § 20 Abs. 2 AO.

[205] § 20 Abs. 3 AO.

Geltungsbereich des Gesetzes vorwiegend ausgeübt oder verwendet wird oder worden ist.[206]

2.7.2 Gewerbesteuer

Für die Festsetzung und eine eventuelle Zerlegung des Steuermessbetrags ist bei der Gewerbesteuer das Finanzamt örtlich zuständig, in dessen Bezirk sich die Geschäftsleitung befindet.[207] Liegt der Ort der Geschäftsleitung außerhalb Deutschlands, richtet sich die örtliche Zuständigkeit nach dem Ort der Betriebsstätte.[208] Werden mehrere Betriebsstätten unterhalten, ist die wirtschaftlich bedeutendste Betriebsstätte maßgebend.[209] Im Regelfall ist damit ein Finanzamt für die Körperschaft- und Gewerbesteuer der Stiftung örtlich zuständig.

2.7.3 Umsatzsteuer

Für die Umsatzsteuer der Stiftung, mit Ausnahme eventuell anfallender Einfuhrumsatzsteuer, ist das Finanzamt örtlich zuständig, von dessen Bezirk aus das Unternehmen ganz oder überwiegend betrieben wird.[210]

Hat die Stiftung Einfuhrumsatzsteuer im Sinne des § 1 Abs. 1 Nr. 4 UStG zu entrichten, ohne dabei die Unternehmereigenschaft nach § 2 UStG zu erfüllen, ist das Finanzamt örtlich zuständig, das auch für die Körperschaftsteuer nach §§ 19 und 20 AO örtlich zuständig ist. Bei Vorliegen einer Beteiligung an einer Personengesellschaft ist das Finanzamt örtlich zuständig, das für die einheitliche und gesonderte Feststellung im Sinne des § 180 Abs. 1 Nr. 2 Buchstabe a) AO örtlich zuständig ist.[211]

2.7.4 Grundsteuer

Für die Festsetzung und eine eventuelle Zerlegung des Steuermessbetrags ist bei der Grundsteuer das Lagefinanzamt (§ 18 Abs. 1 Nr. 1 AO) örtlich zuständig. Das Lagefinanzamt eines Grundstücks ist das Finanzamt, in dessen Bezirk das Grundstück

---

[206] § 20 Abs. 4 AO.

[207] § 18 Abs. 1 Nr. 2 AO.

[208] § 18 Abs. 1 Nr. 2 AO.

[209] § 18 Abs. 1 Nr. 2 AO.

[210] § 21 Abs. 1 S. 1 AO.

[211] § 21 Abs. 2 AO.

liegt.[212] Erstreckt sich das Grundstück über mehrere Bezirke, ist das Finanzamt zuständig, in dessen Bezirk sich der wertvollste Teil befindet.[213]

2.7.5 Grunderwerbsteuer

Für die Grunderwerbsteuer ist grundsätzlich das Finanzamt örtlich zuständig, in dessen Bezirk das Grundstück oder der wertvollste Teil des Grundstücks liegt.[214] Liegt das Grundstück in den Bezirken von Finanzämtern verschiedener Länder, so ist jedes dieser Finanzämter für die Besteuerung des Erwerbs insoweit zuständig, als der Grundstückteil in seinem Bezirk liegt.[215] Mit anderen Worten: Das Lagefinanzamt im Sinne des § 18 Abs. 1 Nr. 1 AO ist gleichsam für die Grundsteuer und die Grunderwerbsteuer örtlich zuständig.

Literatur

Brill, Wolfgang. 2012. Gestaltungsaspekte zur Unternehmensnachfolge mit Familienstiftungen. *Gesellschafts- und Wirtschaftsrecht* (Heft 16/2012): S. 364–368.
Farruggia-Weber/Dietsch in DStR 2022, 8. Ist Bitcoin-Mining Glückspiel?
Frotscher, Gerrit. 2014. § 8 KStG Ermittlung des Einkommens. In *Kommentar Körperschaftsteuergesetz, Gewerbesteuergesetz, Umwandlungssteuergesetz*, Band 1, 125. Lfg., Hrsg. Frotscher, Gerrit/Drüen, Klaus-Dieter. Freiburg: Haufe.
Güroff, Georg. 2021. § 2 GewStG. In Kommentar in Glanegger/Güroff, 10. Aufl. München: C.H.Beck.
Hoheisel, Michael. 2020. § 23 EStG Private Veräußerungsgeschäfte. In Kommentar *Einkommensteuerrecht*, 142. Erg. Lfg. April 2020, Hrsg. Littmann, Eberhard/Bitz, Horst/Pust, Hartmut, Stuttgart, Verlag Schäffer-Poeschel.
Lex, Peter. 1997. Die Mehrheitsbeteiligung einer steuerbegünstigten Körperschaft an einer Kapitalgesellschaft: Vermögensverwaltung oder wirtschaftlicher Geschäftsbetrieb?; *Der Betrieb* (Heft 7/1997): S. 349–352.
Lorz, Rainer/Kirchdörfer, Rainer. 2011. *Unternehmensnachfolge*, 2. Aufl. München: C.H.Beck.
Rengers, Jutta. 2021. § 8b KStG Beteiligung an anderen Körperschaften und Personenvereinigungen. In *Kommentar Ertragsteuerrecht*, 158. EL August 2021, Hrsg. Brandis, Peter/Heuermann, Bernd, München: Vahlen.

---

[212] § 18 Abs. 1 Nr. 1 AO.
[213] § 18 Abs. 1 Nr. 1 AO.
[214] § 17 Abs. 1 S. 1 GrEStG.
[215] § 17 Abs. 1 S. 2 GrEStG.

Richter, Andreas/Gollan, Anna Katharina. 2010. Die Besteuerung der Kapitalerträge von Familienstiftungen. In *Festschrift für Dieter Reuter*, Hrsg. Martinek, Michael/Rawert, Peter/Weitemeyer,
Birgit, S. 1155–1166. Berlin: De Gruyter.

Von Löwe, Christian. 2015. § 25 Laufende Besteuerung der nicht gemeinnützigen Stiftung, insbesondere der Familienstiftung. In *Stiftung als Nachfolgeinstrument*, Hrsg. Feick, Martin, S.
222–250. München: C.H.Beck.

3 Besteuerung der Begünstigten

3.1 Natürliche Personen als Begünstigte einer Familienstiftung

3.1.1 Vermögenssorge von Eltern für minderjährige Kinder

Die elterliche Sorge für ein minderjähriges Kind umfasst neben der Sorge für die Person des Kindes (Personensorge) die Sorge für dessen Vermögen (Vermögenssorge).[1] Umfasst wird die Vertretung des Kindes.[2] Die Eltern vertreten das Kind gemeinschaftlich; ist eine Willenserklärung gegenüber dem Kind abzugeben, so genügt die Abgabe gegenüber einem Elternteil.[3]

Die Haftung für Verbindlichkeiten, die die Eltern im Rahmen ihrer gesetzlichen Vertretungsmacht begründet haben, beschränkt sich auf den Bestand des Vermögens des Kindes bei Eintritt der Volljährigkeit.[4] Dies gilt nicht für Verbindlichkeiten aus Rechtsgeschäften, die allein der Befriedigung seiner persönlichen Bedürfnisse dienen.[5]

Beschränkt wird die Vermögenssorge der Eltern für Vermögen, welches das Kind von Todes wegen erwirbt oder das ihm unter Lebenden unentgeltlich zugewendet wird, sofern der Erblasser durch letztwillige Verfügung bzw. der Zuwendende bei der Zuwendung bestimmt hat, dass die Eltern das Vermögen nicht verwalten dürfen.[6]

---

[1] § 1626 Abs. 1 S. 2 BGB.

[2] § 1629 Abs. 1 S. 1 BGB.

[3] § 1629 Abs. 1 S. 1 BGB.

[4] § 1629a Abs. 1 S. 1 BGB.

[5] § 1629a Abs. 2 BGB.

[6] §§ 1638 und 1639 BGB.

© Unternehmer Kompositionen 2022
T. Klinkner und D. Wagener, *Die Familienstiftung*,
https://doi.org/10.1007/978-3-658-37646-8_3

Als weitere Einschränkung sieht § 1641 S. 1 BGB vor, dass Eltern in Vertretung des Kindes keine Schenkungen machen dürfen.

Die Eltern haben das ihrer Verwaltung unterliegende Geld des Kindes nach den Grundsätzen einer wirtschaftlichen Vermögensverwaltung anzulegen, soweit es nicht zur Bestreitung von Ausgaben bereitzuhalten ist.[7] Mit anderen Worten: Die Anlagepflicht der Eltern entfällt, soweit Geld zur Bestreitung von laufenden Ausgaben bereitzuhalten ist, insbesondere gemäß § 1649 Abs. 1 BGB für den Unterhalt des Kindes, einschließlich außergewöhnlichen Ausgaben für Krankenhauskosten, Kosten für Kur, Auslandsaufenthalte.[8]

Hinsichtlich der Einkünfte des Kindesvermögens schreibt § 1649 Abs. 1 S. 1 BGB explizit vor, dass diese für den Unterhalt des Kindes zu verwenden sind, sofern sie nicht zur ordnungsmäßigen Verwaltung des Vermögens benötigt werden.

Im Ergebnis liegen keine Beschränkungen hinsichtlich der Deckung des Unterhaltsbedarfs des Kindes durch ein Girokonto vor, dass von den Eltern verwaltet wird. Auch außergewöhnliche Ausgaben, wie die Zahlungen an eine Privatschule sind möglich.

3.1.2 Zuwendung einer deutschen Familienstiftung an einen Begünstigten im Inland

Handelt es sich bei dem Begünstigten um eine natürliche Person, können die Zuwendungen der Stiftung entweder als Einkünfte aus nichtselbstständiger Arbeit,[9] Kapitalvermögen[10] oder sonstige Einkünfte[11] klassifiziert werden.[12]

Einkünfte aus nichtselbstständiger Arbeit liegen in der Regel vor, wenn ein Mitglied des Stiftungsvorstands für seine Vorstandstätigkeit eine Gegenleistung erhält. Diese kann – wie bei allen Arbeitnehmern im Sinne des § 1 Abs. 1 S. 1 LStDV – in Form von Geld oder sonstigen Bezügen (Pkw, Wohnung etc.) bestehen.[13] Dabei ist zu beachten, dass Einkünfte aus nichtselbstständiger Arbeit als Haupteinkunftsart vorrangig vor den Einkünften aus Kapitalvermögen anzuwenden sind.[14]

---

[7] § 1642 BGB.

[8] Götz in Palandt (2019), Kommentar BGB, § 1642 BGB Rn. 3.

[9] § 19 Abs. 1 S. 1 Nr. 1 EStG.

[10] § 20 Abs. 1 Nr. 9 EStG.

[11] § 22 Nr. 1 S. 2 Buchstabe a) EStG.

[12] Richter in von Richter (2019b), Stiftungsrechts-Handbuch, § 24 Rn. 70–77; Schmitt-Homann in Otto (2015), Handbuch der Stiftungspraxis, S. 245; Stumpf/Suerbaum/Schulte/Pauli (2018), Stiftungsrecht, S. 742–747; Schiffer in Schiffer (2016b), Die Stiftung in der Beraterpraxis, § 8 Rn. 34–42; Götz/Pach-Hassenheimb (2018), Handbuch der Stiftung, Rn. 845–857.

[13] § 8 Abs. 1 EStG.

[14] § 20 Abs. 8 EStG.

Erbringt der Begünstigte keine Gegenleistung für die Zuwendung der Stiftung, ordnet die Finanzverwaltung unter § 20 Abs. 1 Nr. 9 EStG alle wiederkehrenden oder einmaligen Leistungen ein, die von den beschlussfassenden Stiftungsgremien aus den Erträgen der Stiftung an den Stifter, seine Angehörigen oder deren Abkömmlinge ausgekehrt werden.[15]

Auch nach der Rechtsprechung des I. Senats des Bundesfinanzhofes sind den Begünstigten die Zuwendungen einer nicht von der Körperschaftsteuer befreiten Stiftung im Regelfall als Einkünfte aus Kapitalvermögen nach § 20 Abs. 1 Nr. 9 EStG zuzurechnen.[16]

In diesem Fall ist die Stiftung zunächst dazu verpflichtet, 25 % Kapitalertragsteuer zzgl. 5,5 % Solidaritätszuschlag auf die Bruttozuwendung abzuführen.[17] Die Erteilung eines Freistellungsauftrags ist nicht möglich.[18] Kommt die Stiftung dieser Verpflichtung nicht nach, gilt dies als grob fahrlässig. Soll eine Abführung der Kapitalertragsteuer verhindert werden, ist eher anzuraten, die Kapitalertragsteuer im ersten Schritt durch die Stiftung abzuführen. Anschließend kann der durch die Anmeldung beschwerte Begünstigte einen Einspruch einlegen. Alternativ kann auch eine verbindliche Auskunft bei der Finanzverwaltung beantragt werden.[19]

Im Rahmen der Veranlagung gilt nach derzeitiger Rechtslage, dass die Steuerschuld des Begünstigten mit dem Einbehalt der Kapitalertragsteuer abgegolten ist. Es besteht jedoch die Möglichkeit, eine *Günstigerprüfung* zu beantragen.[20] In diesem Fall wird geprüft, ob sich für den Begünstigten evtl. eine geringere Steuerlast ergibt, wenn die Zuwendungen der Stiftung nach dem persönlichen Einkommensteuersatz besteuert werden. Die Kapitalertragsteuer wird in diesem Fall auf die tarifliche Einkommensteuer angerechnet.[21] Es empfiehlt sich somit für jeden Begünstigten, die erhaltenen Zuwendungen auch ohne Verpflichtung zur Abgabe einer Einkommensteuererklärung zu deklarieren.

Beraterhinweis
Unter Liquiditätsgesichtspunkten sollte ein möglichst später Ausschüttungszeitpunkt gewählt werden, um den Zeitraum zwischen dem Einbehalt und der Erstattung der Kapitalertragsteuer kurz zu halten. In Erwägung zu ziehen ist eine Ausgestaltung der Auszahlungen unter Berücksichtigung des persönlichen Einkommensteuersatzes des Empfängers nach § 32a EStG. Soll beispielsweise

---

[15] BMF Schreiben vom 27.06.2006, BStBl. I 2006, S. 417.

[16] BFH-Urteil vom 03.11.2010 – I R 98/09, BStBl. II 2011, S. 417.

[17] §§ 43 Abs. 1 S. 1 Nr. 7a EStG, 43a Abs. 1 S. 1 Nr. 1 EStG, 3 Abs. 1 Nr. 2 SolzG.

[18] § 44a Abs. 1 S. 1 EStG enthält eine abschließende Aufzählung, in der Einkünfte aus Kapitalvermögen im Sinne des § 43 Abs. 1 S. 1 Nr. 7a EStG NICHT enthalten sind.

[19] § 89 Abs. 2 AO.

[20] § 32d Abs. 6 S. 1 EStG.

[21] § 36 Abs. 2 Nr. 2 EStG.

ein Begünstigter im Hinblick auf ein Studium finanziell unterstützt werden, der außerdem keine weiteren einkommensteuerpflichtigen Einkünfte erzielt, lösen Zuwendungen in Höhe des Grundfreibetrags (für das Jahr 2018 in Höhe von EUR 9000) keine Einkommensteuerbelastung aus.

Die Regelung des § 22 Nr. 1 S. 2 Buchstabe a) EStG hat aufgrund der oben genannten Rechtsprechung und Verwaltungsmeinung kaum mehr eine praktische Bedeutung für die Stiftungspraxis.

Werden den Begünstigten Sachbezüge[22] zugewendet, richtet sich die Zuordnung zur einschlägigen Einkunftsart nach den oben genannten Vorschriften. Dass Einkünfte aus Kapitalvermögen auch in Form „besonderer Entgelte und Vorteile" erzielt werden können, ergibt sich aus § 20 Abs. 3 EStG, im Fall von Einkünften aus nichtselbstständiger Arbeit und sonstigen Einkünften nennt § 19 Abs. 1 S. 1 Nr. 1 EStG „andere Bezüge" bzw. § 22 Nr. 1 S. 3 Buchstabe b) EStG „sonstige Vorteile". Zu bewerten sind Einnahmen, die nicht in Geld bestehen, nach den Bewertungsvorschriften für Sachbezüge:

- *Pkw:*
  Die Bewertung der Überlassung eines Pkw erfolgt nach §§ 8 Abs. 2 S. 2 bis 5, 6 Abs. 1 Nr. 4 S. 2 EStG anhand der Fahrtenbuchmethode oder der 1 %-Regelung.
- *Wohnung:*
  Überlässt die Stiftung einem Begünstigten unentgeltlich oder verbilligt eine Wohnung, kann der Sachbezug nach §§ 8 Abs. 2 Sätze 6 bis 10 EStG, 2 Abs. 4 S. 1 SvEV zum ortsüblichen Mietpreis (Kaltmiete + Umlagen) bewertet werden. Ist die Stiftung nicht selbst Eigentümerin und übernimmt sie stattdessen die Miete für eine Wohnung, bemisst sich der Sachbezug nach der übernommenen Miete.
- *Sonstige Sachbezüge:*
  Bei anderweitigen Sachbezügen richtet sich die Bewertung nach den üblichen Endpreisen am Abgabeort.[23]

Für den Rabatt-Freibetrag nach § 8 Abs. 3 EStG bieten sich dagegen kaum Einsatzmöglichkeiten, weil Stiftungen in der Regel als Holding („Beteiligungsträger-Stiftung") fungieren und entsprechend keine Produkte und Dienstleistungen an Dritte verkaufen.

Aufwendungen der Stiftung, bei denen es sich auf Ebene des Empfängers um Einkünfte aus nichtselbstständiger Arbeit handelt, können je nach Einkunftsart als Betriebsausgaben oder Werbungskosten abgezogen werden. Erzielt die Stiftung mehrere Einkunftsarten, ist ggf. eine sachgemäße Aufteilung vorzunehmen.

---

[22] Steuerpflichtige Sachbezüge betreffen meist die Besteuerung von Arbeitnehmern, können aber auch in allen anderen Überschusseinkunftsarten anfallen. Vgl. Kister in Herrmann/Heuer/Raupach (2021), Kommentar EStG/KStG, § 8 EStG Rn. 23.

[23] § 8 Abs. 2 S. 1 EStG.

Auf Ebene der Stiftung ist zu beachten, dass die Auszahlung von Zuwendungen an Begünstigte nach § 20 Abs. 1 Nr. 9 EStG stets eine Verwendung des Einkommens darstellt und deshalb keine Auswirkung auf das zu versteuernde Einkommen hat.[24] Weiterhin ist bei der Übernahme von Kosten, wie zum Beispiel für einen durch den Stifter privat genutzten Pkw, zu beachten, dass es sich mangels eines Zusammenhangs zu den Einkünften der Stiftung um eine Zuwendung und nicht Betriebsausgaben/Werbungskosten handelt.

Führt eine Stiftung ein steuerliches Einlagenkonto i.S.d. § 27 Abs. 7 KStG[25], so geht die finanzgerichtliche Rechtsprechung[26] aktuell dahin, dass Stiftungen Leistungen i.S.d § 20 Abs. 1 Nr. 9 EStG im steuerlichen Einlagenkonto zu erfasssen haben. Dies erscheint auch systematisch folgerichtig, weil § 20 Abs. 1 Nr. 9 Satz 1 HS. 2 EStG die entsprechende Anwendung des § 20 Abs. 1 Nr. 1 Satz 3 EStG vorschreibt, der seinerseits auf das steuerliche Einlagekonto (§ 27 KStG) verweist. Das steuerliche Einlagekonto dient bei Kapitalgesellschaften der zutreffenden Besteuerung des Anteilseigners. Ihm kommt im ersten Schritt die Funktion zu, nicht steuerpflichtige Auskehrungen von Einlagen der Gesellschaft zu identifizieren. Im zweiten Schritt dient das steuerliche Einlagekonto als Rechnungsgröße, mit deren Hilfe steuerpflichtige Gewinnausschüttungen der Gesellschaft an den Gesellschafter von nicht steuerbaren Einlagenrückgewähren der Gesellschaft an den Gesellschafter separiert werden.

Für Stiftung würde dies bedeuten, dass Ausschüttungen aus dem steuerlichen Einlagekonto nicht zu einer Besteuerung der Ausschüttungen bei den Destinatären oder den Anfallsberechtigten gemäß § 20 Abs. 1 Nr. 9 EStG führen dürfen und somit als steuerneutral zu behandeln sein müssten.[27] Vor einer Ausschüttung kann dies durch Einholung einer verbindlichen Auskunft[28] abgesichert werden.

---

[24] § 10 Nr. 1 KStG.

[25] Ob eine Stiftung ein steuerliches Einlagekonto bilden kann, ist aktuell umstritten. Der BFH hat über eine zu dieser Frage anhängigen Revision zu Az. I R 21/19 noch nicht entschieden. Hierzu hat das FG Münster (v. 16.01.2019–9 K 1107/17 F, DStRE 2019, 755) sowie das FG Rheinland-Pfalz (v. 31.07.2019–1 K 1505/15, DStRE 2019, 1384; nrkr, Az. BFH: I R 42/19) entgegen der Ansicht der Finanzverwaltung (u. a. OFD NRW, Arbeitshilfe „Stiftungen aus steuerlicher Sicht", Stand: 01.04.2018, Tz. 7.7) die Führung eines steuerlichen Einlagekontos bejaht und entschieden, dass § 27 Abs. 7 KStG für (privatnützige) inländische Stiftungen zumindest sinngemäß Anwendung findet. In der Literatur wird das Führen eines steuerlichen Einlagekontos bereits erörtert, vgl. Beck'sches Steuer- und Bilanzrechtslexikon, Stiftung Rn. 70.

[26] FG Münster vom 16.01.2019–9 K 1107/17 F, DStRE 2019, 755; FG Rheinland-Pfalz (v. 31.07.2019–1 K 1505/15, DStRE 2019, 1384; nrkr, Az. BFH: I R 42/19).

[27] vgl. insgesamt Orth in ZStV 2019, 182 „Zur Besteuerung von Liquidationszahlungen einer Stiftung".

[28] § 89 Abs. 2 AO.

3.1.3 Zuwendung einer deutschen Familienstiftung an einen Begünstigten im Ausland nach dem OECD-Musterabkommen

Bei grenzüberschreitenden Sachverhalten kann sich die Problematik ergeben, dass mehrere Staaten dieselben Einnahmen besteuern und eine Doppelbelastung entsteht. Um eine solche Doppelbelastung zu vermeiden, sieht das OECD-Musterabkommen („OECD-MA") bzw. sehen die hierauf basierenden Doppelbesteuerungsabkommen („DBA") Regelungen zur Vermeidung einer Doppelbesteuerung derselben Einnahmen vor.

Anwendbar ist das OECD-MA für Personen, die in einem Vertragsstaat oder in beiden Vertragsstaaten ansässig sind.[29]

Der abkommensrechtliche Begriff *„Personen"* schließt neben natürlichen Personen auch *„Gesellschaften"* ein, zu denen Stiftungen, Kapitalgesellschaften und alle weiteren juristischen Personen gehören.[30]

„Ansässig" sind *natürliche Personen* in dem Vertragsstaat, in dem sie nach dem nationalen Recht dieses Staates aufgrund ihres Wohnsitzes, ihres ständigen Aufenthalts oder eines ähnlichen Merkmals unbeschränkt steuerpflichtig sind.[31]

Bei unbeschränkter Steuerpflicht in beiden Vertragsstaaten ist die Ansässigkeit natürlicher Personen nach folgendem Schema zu bestimmen:[32]

a. Die Person gilt als nur in dem Staat ansässig, in dem sie über eine *ständige Wohnstätte* verfügt; verfügt sie in beiden Staaten über eine ständige Wohnstätte, so gilt sie nur in dem Staat als ansässig, zu dem sie die engeren persönlichen und wirtschaftlichen Beziehungen hat (*Mittelpunkt der Lebensinteressen*);
b. kann kein Mittelpunkt der Lebensinteressen bestimmt werden, ist der *gewöhnliche Aufenthalt* ausschlaggebend;
c. liegt auch kein gewöhnlicher Aufenthalt in einem der beiden Vertragsstaaten vor, bestimmt sich die Ansässigkeit nach der *Nationalität.*

Die Bestimmung der abkommensrechtlichen Ansässigkeit von Stiftung und Begünstigtem ist zunächst dafür entscheidend, ob das OECD-MA bzw. das jeweilige DBA überhaupt anwendbar ist. Außerdem knüpfen die im Folgenden noch vorzustellenden *Verteilungsnormen* für den Besteuerungsanspruch unter anderem an die Ansässigkeit der auszahlenden Stiftung und des Zahlungsempfängers an.

Hinsichtlich der Frage, in welche der sog. Verteilungsnormen die Leistungen einer Stiftung einzuordnen sind, wird in der Literatur mehrheitlich darauf abgestellt, ob die

---

[29] Artikel 1 OECD-MA.
[30] Artikel 3 Abs. 1 Buchstaben a) und b) OECD-MA.
[31] Artikel 4 Abs. 1 S. 1 OECD-MA.
[32] Artikel 4 Abs. 2 OECD-MA.

Zuwendungen nach deutschem Einkommensteuerrecht als Einkünfte aus Kapitalvermögen nach § 20 Abs. 1 Nr. 9 EStG oder sonstige Einkünfte nach § 22 Nr. 1 S. 2 Buchstabe a) EStG zu klassifizieren sind. Handelt es sich um Einkünfte aus Kapitalvermögen, ist Artikel 10 „Dividenden" OECD-MA einschlägig, da dieser neben Einkünften aus Aktien auch solche Einkünfte erfasst, die nach dem Recht des Ansässigkeitsstaates der ausschüttenden Gesellschaft – hier Deutschland – Einkünften aus Aktien gleichgestellt sind.

Handelt es sich um sonstige Einkünfte, ist abkommensrechtlich der Artikel 21 „Andere Einkünfte" OECD-MA anzuwenden.[33]

Vertreter der Gegenauffassung weisen auf die Charakteristik der Stiftung als anteilseignerlose Rechtsstruktur hin und halten – unabhängig von der nach deutschem Einkommensteuerrecht einschlägigen Einkunftsart – ausschließlich Artikel 21 OECD-MA „Andere Einkünfte" für anwendbar.[34] Für diese Rechtsauffassung spricht, dass die Rechtsfolgen des Artikels 10 Abs. 2 Buchstaben a) und b) OECD-MA an die Beteiligungshöhe des Zahlungsempfängers an der auszahlenden Gesellschaft anknüpfen, was bei der Stiftung aufgrund des Fehlens von Anteilseignern zu Anwendungsproblemen führt.

Je nach angewendeter Verteilungsnorm ergeben sich die folgenden Rechtsfolgen:

3.1.3.1 Artikel 10 OECD-MA („Dividenden")

Die Anwendung des Artikels 10 OECD-MA setzt voraus, dass die Stiftung (= „Gesellschaft" im Sinne des Artikels 3 Abs. 1 Buchstabe b) OECD-MA) und der Dividendenempfänger in verschiedenen Staaten ansässig sind. Im Fall einer in Deutschland ansässigen Familienstiftung muss der Begünstigte im Ausland ansässig sein, andernfalls ist Artikel 10 OECD-MA nicht anzuwenden.

Bezüglich eines möglichen Klassifikationskonflikts von Stiftungsleistungen als „Dividenden" oder „Andere Einkünfte" im Sinne des noch zu erläuternden Artikels 21 OECD-MA wird in der Literatur mehrheitlich vertreten, dass es sich dabei um Dividenden im Sinne des Artikels 10 OECD-MA handelt.[35] Diese Rechtsauffassung ist darauf zurückzuführen, dass nach Artikel 10 Abs. 3 OECD-MA alle Einkünfte als Dividenden zu klassifizieren sind, die nach dem nationalen Recht des Ansässigkeitsstaates der Stiftung „den Einkünften aus Aktien gleichgestellt sind". Im deutschen Ein-

---

[33] Korn (2011), GWR 2011, S. 150; Tcherveniachki in Schönfeld/Ditz (2021), Kommentar DBA, Artikel 21 OECD-MA Rn. 47; Gierhake (2014), Vermögensschutz durch Privat- und Gemeinnützige Stiftungen in Deutschland, Österreich und Liechtenstein, S. 187–188; Tischbirek/Specker in Vogel/Lehner, Kommentar DBA, Artikel 10 OECD-MA Rn. 209; Schütte in Haase (2016), Kommentar AStG/DBA, Artikel 21 OECD-MA Rn. 31.

[34] Brandis in Wassermeyer (2022), Kommentar DBA, Artikel 21 DBA Deutschland/Schweiz Rn. 1 und 22; Wassermeyer/Kaeser in Wassermeyer (2021), Kommentar DBA, Artikel 21 OECD-MA Rn. 38.

[35] Tischbirek und Specker (2021)

kommensteuergesetz wurde diese Gleichstellung von Stiftungsleistungen mit Einkünften aus Aktien im Rahmen des Steuersenkungsgesetzes durch die Einführung des § 20 Abs. 1 Nr. 9 EStG[36] vollzogen.

Die Besteuerung verläuft bei einer Einordnung der Zuwendung in Artikel 10 OECD-MA wie folgt:

Im ersten Schritt ist die in Deutschland ansässige Familienstiftung dazu verpflichtet, von dem Bruttobetrag der Zuwendung 25 % Kapitalertragsteuer abzuführen.[37]

Nach Abgabe der Einkommensteuererklärung des Begünstigten in Deutschland wird sodann durch die Finanzverwaltung festgestellt, dass Deutschland als Ansässigkeitsstaat der auszahlenden Stiftung abkommensrechtlich nur dazu berechtigt ist, den Bruttobetrag der Zuwendung mit einem Steuersatz in Höhe von 15 % zu besteuern.[38] Der Differenzbetrag zwischen der einbehaltenen Kapitalertragsteuer und der niedrigeren abkommensrechtlichen Steuer wird auf Antrag beim Bundeszentralamt für Steuern erstattet.[39]

Der Ansässigkeitsstaat des Begünstigten vermeidet eine Doppelbesteuerung, indem er die deutsche Steuer auf eine etwaige durch ihn erhobene Steuer anrechnet.[40]

3.1.3.2 Artikel 21 OECD-MA („Andere Einkünfte")

Die Anwendbarkeit des Artikels 21 OECD-MA – für die sich *Wassermeyer/Kaeser*[41] im Zusammenhang mit Stiftungsleistungen aussprechen – setzt voraus, dass die Einkünfte in keinen anderen Verteilungsartikel eingeordnet werden können. Es handelt sich um einen Auffangtatbestand.

Dieser sieht vor, dass ausschließlich der Ansässigkeitsstaat des Begünstigten besteuern darf.

Auch hier ist die in Deutschland ansässige Familienstiftung zunächst dazu verpflichtet, von dem Bruttobetrag der Zuwendung 25 % Kapitalertragsteuer abzuführen.[42]

---

[36] Der Gesetzgeber begründete die Einführung des § 20 Abs. 1 Nr. 9 EStG wie folgt:
„Bei Stiftungen gibt es grundsätzlich keine Ausschüttungen an Anteilseigner oder Mitglieder. Gleichwohl kommt es auch bei diesen Körperschaften zu Vermögensübertragungen an die <<hinter diesen Gesellschaften stehenden>> Personen. Diese Vermögensübertragungen sind wirtschaftlich gesehen mit vorstehend erwähnten Gewinnausschüttungen vergleichbar. Aus Gründen der steuerlichen Gleichbehandlung ist es daher geboten, auch diese Vermögensübertragungen auf der Ebene des <<Anteilseigners>> steuerlich zu erfassen. Die Änderung in § 20 Abs. 1 Nr. 9 EStG schafft für Vermögensübertragungen an <<Anteilseigner>> von Körperschaften im Sinne von § 1 Abs. 1 Nr. 3 bis 5 KStG einen neuen Einkommenstatbestand."
Bundestags-Drucksache 14/2683, S. 114.

[37] §§ 44 Abs. 1 S. 1, 43 Abs. 1 S. 1 Nr. 7a und S. 2, 20 Abs. 3 und Abs. 1 Nr. 9 EStG.

[38] Artikel 10 Abs. 2 Buchstabe b) OECD-MA.

[39] § 50d Abs. 1 S. 3 EStG.

[40] Artikel 23 A Abs. 2 OECD-MA.

[41] Wassermeyer/Kaeser in Wassermeyer (2021), Kommentar DBA, Artikel 21 OECD-MA Rn. 38.

[42] §§ 44 Abs. 1 S. 1, 43 Abs. 1 S. 1 Nr. 7a und S. 2, 20 Abs. 3 und Abs. 1 Nr. 9 EStG.

Stellt die deutsche Finanzverwaltung nach Abgabe der Einkommensteuererklärung des Begünstigten in Deutschland fest, dass Deutschland nicht der Ansässigkeitsstaat des Begünstigten ist und nach Artikel 21 OECD-MA kein Besteuerungsrecht vorliegt, wird die einbehaltene Kapitalertragsteuer auf Antrag beim Bundeszentralamt für Steuern erstattet.[43]

3.1.4 Zuwendung einer ausländischen Familienstiftung an einen Begünstigten im Inland

Nach der derzeitigen Rechtsprechung und der Verwaltungsauffassung ist die Rechtsfrage, ob die Zuwendungen einer ausländischen Familienstiftung an deren Begünstigte in Deutschland zusätzlich zur Einkommensteuer auch der Schenkungsteuer[44] unterliegen, noch nicht abschließend geklärt.

Von der Problematik der drohenden Doppelbesteuerung von Zuwendungen einer Stiftung an ihre Destinatäre sind ausschließlich Stiftungen betroffen, deren Geschäftsleitung[45] und Sitz[46] im Ausland belegen sind und Zuwendungen an in Deutschland unbeschränkt steuerpflichtige Destinatäre zahlen.

Von Seiten der Finanzverwaltung und Teilen der Literatur wird vertreten, dass die Zuwendungen ausländischer Stiftungen auf Ebene ihrer inländischen Begünstigten zusätzlich zur Einkommensteuer auch der Schenkungsteuer nach § 7 Abs. 1 Nr. 9 S. 2 ErbStG zu unterwerfen sind.

Nach Ansicht der Finanzverwaltung unterliegen Stiftungsleistungen, die von ausländischen Stiftungen an inländische Begünstigte ausgekehrt werden, nicht nur – wie bei einer inländischen Familienstiftung – der Einkommensteuer,[47] sondern zusätzlich der Schenkungsteuer.[48, 49]

---

[43] § 50d Abs. 1 S. 3 EStG.

[44] § 7 Abs. 1 Nr. 9 S. 2 ErbStG.

[45] § 10 AO.

[46] § 11 AO.

[47] § 20 Abs. 1 Nr. 9 EStG.

[48] § 7 Abs. 1 Nr. 9 S. 2 Halbsatz 2 ErbStG.

[49] *Birnbaum* berichtet von Fällen in Nordrhein-Westfalen. Vgl. Birnbaum (2014), ZEV 2014, S. 484. Auch Finanzverwaltungen in Baden-Württemberg vertreten offenbar stellenweise diese Position. FG Baden-Württemberg-Urteil vom 22.04.2015–7 k 2471/12, Rn. 12, 13, 31.

Ein ähnlicher Standpunkt wird auch von einzelnen Autoren vertreten, die § 7 Abs. 1 Nr. 9 S. 2 ErbStG auf jede Auskehrung ausländischer Trusts und auch Stiftungen für anwendbar halten.[50]

Gleichwohl hält die Mehrheit der Literaturvertreter § 7 Abs. 1 Nr. 9 S. 2 EStG ausschließlich auf ausländische Vermögensmassen in der Rechtsform eines Trusts für anwendbar.[51]

Von Seiten der Rechtsprechung wurden durch das Hessische Finanzgericht und den Bundesfinanzhof ernste Zweifel an der Rechtmäßigkeit dieser Auffassung der Finanzverwaltung geäußert.[52] In jüngster Zeit haben sich mehrere Senate des Bundesfinanzhofes zur Problematik der Doppelbesteuerung desselben Sachverhaltes mit Einkommen- und Schenkungsteuer geäußert.[53]

Wurde in früheren Entscheidungen die genannte Doppelbesteuerung unter Verweis etwa auf „jeweilige Sachgerechtigkeiten"[54] oder auf „verschiedene Ebenen"[55] noch hingenommen, wendet sich der BFH senatsübergreifend in den Senaten II,[56] VI,[57] VIII[58]

---

[50] *Götz* ist der Ansicht, dass durch § 7 Abs. 1 Nr. 9 S. 2 ErbStG klargestellt ist, dass jede Auskehrung von Vermögen an Zwischenberechtigte eine Zuwendung der ausländischen Stiftung/des ausländischen Trusts „fingiert". Vgl. Götz, DStR 2014, S. 1049. Auch *Geck* hält § 7 Abs. 1 Nr. 9 S. 2 ErbStG auf Auskehrungen ausländischer Stiftungen für anwendbar. Vgl. Geck in Kapp/ Ebeling (2021), Kommentar ErbStG, § 7 ErbStG Rn. 152.

[51] Werner (2010), IStR 2010, S. 594; Birnbaum (2014), ZEV 2014, S. 485; Gierhake (2015), ZErb 2015, S. 369–373; Weinmann in Moench/Weinmann (2015), Kommentar ErbStG, § 7 ErbStG Rn. 221a und 224; Werner (2016), ZEV 2016, S. 135–138; Meincke/Hannes/Holtz (2021), Kommentar ErbStG, § 7 ErbStG Rn. 127; Seltenreich in Preißer/Rödl/Seltenreich (2018), Kommentar ErbStG, § 7 ErbStG Rn. 660–662. Hiermit übereinstimmend bezog sich auch die Begründung des Gesetzgebers auf die Rechtsform des Trusts: „In den letzten Jahren haben steuerliche Gestaltungen unter Verwendung sog. „Trust" zur Erbschaftsteuer-/Schenkungsteuerersparnis eine erhebliche Bedeutung erlangt, weil bei dieser Konstruktion keine Steuerpflicht oder erst mit zeitlicher Verzögerung eine Steuerpflicht ausgelöst wird. Der Vermögensübergang auf den Trust bei seiner Errichtung und auf die Anfallsberechtigten bei seiner Auflösung wird als zusätzlicher Erwerbstatbestand in die §§ 3 und 7 ErbStG aufgenommen und unterliegt damit der Besteuerung." BT-Drucksache 14/23, S. 200.

[52] Zu diesem Abschnitt FG Hessen-Beschluss vom 10.02.2014–1 V 2602/13, Abschn. 1.b.(2); BFH-Beschluss vom 21.07.2014 – II B 40/14, BFH/NV 2014, S. 1554.

[53] Keß (2015), ZEV 2015, S. 254–260; von Löwe in Feick (2015), Stiftung als Nachfolgeinstrument, § 26 Rn. 33–34.

[54] Keß (2015), ZEV 2015, S. 254–260.

[55] Keß (2015), ZEV 2015, S. 254–260.

[56] BFH-Urteil vom 30.01.2013 – II R 6/12, BStBl. II 2013, S. 930; BFH-Beschluss vom 21.07.2014 – II B 40/14, BFH/NV 2014, S. 1554; BFH-Urteil vom 27.08.2014 – II R 44/13, BStBl. II 2015, S. 249.

[57] BFH-Beschluss vom 06.12.2013 – VI B 89/13, BFH/NV 2014, S. 511.

[58] BFH-Beschluss vom 12.09.2011 – VIII B 70/09, BFH/NV 2012, S. 229.

und X[59] seit 2011 mit einer Vielzahl von Entscheidungen hiervon ab. Es soll im Ergebnis „zuverlässig vermieden" werden, „dass ein und derselbe Zufluss sowohl mit Erbschaft- als auch mit Einkommensteuer belastet wird".[60]

Insgesamt sprechen fünf Gründe gegen die Möglichkeit einer Doppelbesteuerung der Zuwendungen an die Begünstigten mit der Einkommensteuer[61] und Schenkungsteuer:[62, 63]

1. Eine Auslandsstiftung ist bei korrekter systematischer und historischer Auslegung von § 7 Abs. 1 ErbStG in Verbindung mit einem mehrfach seitens des BFH bestätigten Rechtstypenvergleiches eine „Stiftung" im Sinne des § 7 Abs. 1 Nr. 9 S. 1 ErbStG und keine „ausländische Vermögensmasse" im Sinne des § 7 Abs. 1 Nr. 9 S. 2 ErbStG.

2. Der Zuwendungsempfänger einer Stiftungsleistung ist bei korrekter systematischer und historischer Auslegung von § 7 Abs. 1 ErbStG ein Begünstigter einer Stiftung und kein „Zwischenberechtigter" im Sinne des § 7 Abs. 1 Nr. 9 S. 2 ErbStG.

3. Die Belastung einer Leistung einer Auslandsstiftung mit Schenkungsteuer ist aufgrund eines Verstoßes gegen die im Vertrag über die Arbeitsweise der Europäischen Union (AEUV) bzw. gleichlautend im EWR-Abkommen garantierte Kapitalverkehrsfreiheit europarechtswidrig und hat zu unterbleiben, da eine vergleichbare Leistung einer deutschen Familienstiftung nicht der Schenkungsteuer unterworfen wird.

4. Eine Belastung einer Leistung einer Auslandsstiftung mit Schenkungsteuer verstieße aus dem gleichen Grund gegen den völkerrechtlichen Gleichbehandlungsgrundsatz und das Diskriminierungsverbot der bestehenden Doppelbesteuerungsabkommen, zum Beispiel gegen das neue DBA mit dem Fürstentum Liechtenstein, das deutlich später in Kraft trat, als die im vorliegenden Kontext inkriminierte Vorschrift des § 7 Abs. 1 Nr. 9 S. 2 ErbStG.

5. Die Argumentation der Finanzverwaltung ist widersprüchlich, da sie – wenn man sie denn beachtete – zu einer nicht begründbaren uneinheitlichen Besteuerung der gleichen Sachverhalte in der Vergangenheit (keine Anwendung von § 7 Abs. 1 Nr. 9 S. 2 Halbsatz 2 ErbStG bei Auslandsstiftungen, zum Beispiel im Nachdeklarationskontext) einerseits und in der Zukunft andererseits führen würde.

Selbst wenn die Erhebung der Schenkungsteuer – entgegen den fünf oben genannten Gründen – rechtlich möglich wäre, ist nach neuerer BFH-Rechtsprechung eine Doppelbesteuerung des gleichen wirtschaftlichen Sachverhaltes mit Einkommensteuer und Schenkungsteuer unzulässig.[64]

---

[59] BFH-Urteil vom 15.07.2014 – X R 41/12, BFH/NV 2014, S. 1945.

[60] BFH-Urteil vom 15.07.2014 – X R 41/12, BFH/NV 2014, S. 1945.

[61] § 20 Abs. 1 Nr. 9 EStG.

[62] § 7 Abs. 1 Nr. 9 S. 2 Halbsatz 2 ErbStG.

[63] Gierhake (2015), ZErb 2015, S. 369–373.

[64] Gierhake (2015), ZErb 2015, S. 369–373.

Mit Urteil vom 03.07.2019 hat der II. Senat des BFH[65] im Fall von Zuwendungen einer Schweizer Stiftung an inländische Destinatäre entschieden, dass Zuwendungen ausländischer Stiftungen nur dann nach § 7 Abs. 1 Nr.1 ErbStG steuerbar sein, wenn sie eindeutig gegen den Satzungszweck verstoßen. In diesem Zusammenhang stellt der II. Senat des BFH klar, dass es weder erforderlich noch zulässig sei, die formelle und materielle Satzungsmäßigkeit einer Zuwendung im finanzbehördlichen oder finanzgerichtlichen Verfahren einer uneingeschränkten Prüfung zu unterziehen. Das für die Ausrichtung der Zuwendung verantwortliche Organ der Stiftung verfüge zur Feststellung der Satzungskonformität einer Zuwendung über einen Beurteilungs- und Ermessensspielraum, der erst verlassen ist, wenn die Zuwendung den Satzungszweck eindeutig überschreitet *(aaO, Rz. 21)*. Die Feststellungslast für diejenigen Umstände, die zu einer eindeutigen Überschreitung des Satzungszwecks führen, liegt bei der Finanzverwaltung *(aaO, Rz. 27)*. Zweifelsfragen und Unsicherheiten sein durch die Stiftungsorgane im Wege der Auslegung des Satzungszwecks zu ermitteln. Erst mit einer unvertretbaren Auslegung aber sei der Satzungszweck eindeutig überschritten. Der Senat erachtet es nicht für sachgerecht, dass unterhalb dieser Schwelle eine Finanzbehörde oder ein FG ihre Einschätzung an die Stelle der in erster Linie hierzu berufenen Stiftungsorgane setzen.[66]

Für die Praxis ist die in der Entscheidung des BFH vom 03.07.2019 aufgezeigte Verteilung der Feststellungslast zulasten der Finanzverwaltung hilfreich, weil hierdurch satzungsgemäße Zuwendungen ausländischer Stiftungen planungssicher werden und eine drohende Doppelbesteuerung nur noch in den Ausnahmefällen einer „eindeutigen Überschreitung des Satzungszwecks" drohen sollte.

Eine Doppelbelastung mit Einkommen- und Erbschaftsteuer kann sich daneben ausnahmsweise auch im Zusammenhang mit Liquidationszahlungen im Zuge einer Auflösung einer inländischen Stiftung ergeben, soweit laufende Erträge von der Stiftung thesauriert und erst im Liquidationszeitpunkt ausgezahlt werden.[67] In reinen Inlandsfällen kann es zu einer Doppelbelastung von Auszahlungen des Liquidationsend-

---

[65] BFH-Urteil vom 03.07.2019 – II R 6/16, BStBl. II 2020, 61.

[66] BFH-Urteil vom 03.07.2019 – II R 6/16, BStBl. II 2020, 61; Im Entscheidungsfall hob der BFH das erstinstanzliche Urteil des FG BW vom 22.04.2015–7 K 2471/12, EFG 2015,1461–1465 auf. Zugleich stellte der BFH anlässlich dieser Entscheidung klar, dass Destinatäre und Zuwendungsempfänger keine Zwischenberechtigten i.S. des § 7 Abs. 1 Nr. 9 Satz 2 Halbsatz 2 ErbStG sind (vgl. Rz. 35). Zwischenberechtigter ist, wer unabhängig von einem konkreten Ausschüttungsbeschluss über Rechte an dem Vermögen und/oder den Erträgen der Vermögensmasse ausländischen Rechts verfügt. Der Zuwendungsempfänger, der keinen Anspruch auf Zuwendungen besitzt, gehört nicht dazu; vgl. auch VV BY LfSt 2020–03-05 S. 3806.2.1–104/42 St 34 sowie VV HE OFD Frankfurt 2020–06-19 S. 3806 A-032-St 710.

[67] Orth in ZStV 2019, 182 „Zur Besteuerung von Liquidationszahlungen einer Stiftung". Hiernach unterliegen das im Zuge der Liquidation ebenfalls zurückgezahlte Stiftungskapital und zurückgewährte Einlagen keiner Einkommensteuerbelastung (vgl. dort unter III. 2.).

vermögens kommen, weil die Stiftung regelmäßig hinsichtlich der Schenkungsteuer Schenker und Steuerschuldner ist.

Beraterhinweis
Vor einer Liquidation einer Stiftung bietet es sich zur Vermeidung einer Doppelbelastung mit Ertrags- und Schenkungsteuer an thesaurierte Erträge noch vor Eröffnung der Liquidation auszuschütten (Vorabausschüttung). Empfänger wären dann die Destinatäre, welche mit dem Anfallsberechtigten nicht identisch sein müssen, an die die thesaurierten Erträge im Liquidationsfall ausgekehrt würden (aaO, IV. 1.)

3.2 Juristische Personen als Begünstigte einer Familienstiftung

Auch bei juristischen Personen ist im Hinblick auf die Quellenbesteuerung zunächst zu prüfen, ob durch die Zuwendungen der Stiftung Einkünfte aus Kapitalvermögen nach § 20 Abs. 1 Nr. 9 EStG erzielt werden. In diesem Fall hat die Stiftung 25 % Kapitalertragsteuer zzgl. 5,5 % Solidaritätszuschlag abzuführen.[68] Hier ist zu beachten, dass die Regelung des § 8 Abs. 2 KStG, nach der juristische Personen im Sinne des § 1 Abs. 1 Nummern 1 bis 3 KStG ausschließlich Einkünfte aus Gewerbebetrieb erzielen, erst im Rahmen der Veranlagung anzuwenden ist.[69]

Im Rahmen der Veranlagung werden die Zuwendungen abzüglich Betriebsausgaben/ Werbungskosten in voller Höhe in das zu versteuernde Einkommen im Sinne des KStG einbezogen. Eine Freistellung von der Besteuerung unter Hinzurechnung einer 5 %igen nicht abzugsfähigen Betriebsausgabe scheidet aus, da eine Stiftung keine Anteilseigner haben kann, die begünstigte juristische Person aber zu mindestens 10 % an der zuwendenden Stiftung beteiligt sein müsste.[70, 71] Die einbehaltene Quellensteuer wird auf die sich ergebende Abschlusszahlung angerechnet.[72]

Beraterhinweis
Auch eine andere (Familien-)Stiftung kann Begünstigte einer Stiftung sein. Aus steuerlicher Sicht ist dieses Vorgehen allerdings nicht vorteilhaft, da die begünstigte Stiftung die Einnahmen als Einkünfte aus Kapitalvermögen versteuern muss und wie eine juristische Person als Begünstigte für die Einkünfte nicht die Steuerbefreiung des § 8b KStG in Anspruch nehmen kann.

---

[68] §§ 43 Abs. 1 S. 1 Nr. 7a EStG, 43 Abs. 1 S. 3 EStG, 43a Abs. 1 S. 1 Nr. 1 EStG.

[69] Gemäß §§ 31 Abs. 1 KStG, 43 Abs. 5 S. 2 EStG ist für unbeschränkt steuerpflichtige juristische Personen eine Pflichtveranlagung der Zuwendungen vorzunehmen, anders als bei natürlichen Personen (§ 43 Abs. 5 S. 1 EStG) hat die einbehaltene Kapitalertragsteuer keine Abgeltungswirkung.

[70] § 8b Absätze 1, 4 und 5 KStG.

[71] Richter in von Richter (2019b), Stiftungsrechts-Handbuch, § 24 Rn. 76.

[72] §§ 31 Abs. 1 KStG, 36 Abs. 2 Nr. 2 EStG.

Literatur

Birnbaum, Mathias. 2014. Doppelbesteuerung von Ausschüttungen liechtensteinischer Stiftungen?. Zeitschrift für Erbrecht und Vermögensnachfolge (Heft 9/2014): S. 482–485.

Brandis, Peter. 2022. Artikel 21 Andere Einkünfte DBA Deutschland/Schweiz. In *Kommentar Doppelbesteuerungsabkommen*, Band 5, 157. Lfg., Hrsg. Wassermeyer, Franz. München: C.H.Beck.

Geck, Reinhard. 2021. § 7 ErbStG Schenkungen unter Lebenden. In *Kommentar Erbschaftsteuer- und Schenkungsteuergesetz*, 90. Lfg., Hrsg. Kapp, Reinhard/Ebeling, Jürgen. Köln: Verlag Dr. Otto Schmidt.

Gierhake, Olaf. 2014. *Vermögensschutz durch privat- und gemeinnützige Stiftungen in Deutschland, Österreich und Liechtenstein*. Rapperswil: Institut für Vermögensschutz.

Gierhake, Olaf. 2015. Doppelbesteuerung von Leistungen liechtensteinischer oder österreichischer Stiftungen an deutsche Begünstigte mit Schenkung- und Einkommensteuer?. *Zeitschrift für die Steuer- und Erbrechtspraxis* (Heft 12/2015): S. 366–373.

Götz, Isabell. 2019. § 1642 BGB Anlegung von Geld. In *Kommentar Bürgerliches Gesetzbuch*, 78. Aufl., Hrsg. Palandt, Otto, S. 2155–2156. München: C.H.Beck.

Götz, Hellmut. 2014. Wird § 7 Abs. 1 Nr. 9 ErbStG von § 15 Abs. 11 AStG verdrängt?. *Deutsches Steuerrecht* (Heft 21/22/2014): S. 1047–1050.

Götz, Hellmut/Pach-Hassenheimb, Ferdinand. 2018. *Handbuch der Stiftung*, 3. Aufl. Herne: NWB.

Keß, Thomas. 2015. Das Verhältnis der Erbschaft- und Schenkungsteuer zur Einkommensteuer: Die aktuelle Rechtsprechung des BFH und ihre möglichen Konsequenzen. *Zeitschrift für Erbrecht und Vermögensnachfolge* (Heft 5/2015): S. 254–259.

Kister, Jan-Hendrik. 2021. § 8 EStG Einnahmen. In *Kommentar Einkommensteuergesetz, Körperschaftsteuergesetz*, Band 4, 302. Lfg., Hrsg. Herrmann, Carl/Heuer, Gerhard/Raupach, Arndt. Köln: Verlag Dr. Otto Schmidt.

Korn, Christian. 2011. Zahlungen einer Familienstiftung als Einkünfte aus Kapitalvermögen. Gesellschafts- und Wirtschaftsrecht (Heft 6/2011): S. 150.

Meincke, Jens Peter/Hannes, Frank/Holtz, Michael. 2021. *Kommentar Erbschaftsteuer- und Schenkungsteuergesetz*, 18. Aufl. München: C.H.Beck.

Orth, Manfred, ZStV 2019,182–189 „Zur Besteuerung von Liquidationszahlungen einer Stiftung".

Richter, Andreas. 2019a. § 11 Familienstiftung. In *Stiftungsrechts-Handbuch*, 1. Aufl., Hrsg. Richter, Andreas, S. 509–545. München: C.H.Beck.

Richter, Andreas. 2019b. § 24 Besteuerung von Stiftungen und Destinatären. In *Stiftungsrechts-Handbuch*, 1. Aufl., Hrsg. Richter, Andreas, S. 880–906. München: C.H.Beck.

Seltenreich, Stephan. 2018. § 7 Schenkungen unter Lebenden. In *Kompakt-Kommentar Erbschaft- und Schenkungsteuer*, Hrsg. Preißer, Michael/Rödl, Christian/Seltenreich, Stephan, S. 307–494. Stuttgart: Schäffer-Poeschel.

Schiffer, Jan. 2016a. § 2 Stiftungsformen und Alternativen. In *Die Stiftung in der Beraterpraxis*, Hrsg. Schiffer, Jan, S. 21–88. Bonn: zerb verlag.

Schiffer, Jan. 2016b. § 8 Zur Besteuerung der selbstständigen Stiftung. In *Die Stiftung in der Beraterpraxis*, Hrsg. Schiffer, Jan, S. 301–341. Bonn: zerb verlag.

Schütte, Nina. 2016. Artikel 21 Andere Einkünfte. In *Außensteuergesetz Doppelbesteuerungsabkommen*, 3. Aufl., Hrsg. Haase, Florian, S. 1358–1372. München: C.H.Beck.

Schmitt-Homann, Fabian. 2015. Teil 2: Stiftungssteuerrecht. In *Handbuch der Stiftungspraxis*, 2. Aufl., Hrsg. Otto, Lieselotte, S. 113–284. Köln: Carl Heymanns Verlag.

Stumpf, Christoph/Suerbaum, Joachim/Schulte, Martin/Pauli, Rudolf. 2018. *Stiftungsrecht*, 3. Aufl. München: C.H.Beck.

Tcherveniachki, Vassil. 2021. Artikel 21 Andere Einkünfte OECD-Musterabkommen. In *Kommentar Doppelbesteuerungsabkommen*, 2.Aufl., Hrsg. Schönfeld, Jens/Ditz, Xaver, S. 1521–1555. Köln: Dr. Otto Schmidt Verlag.

Tischbirek, Wolfgang/Specker, Gerhard. 2021. Artikel 10 Dividenden OECD-Musterabkommen. In *Kommentar Doppelbesteuerungsabkommen*, 7. Aufl., Hrsg. Vogel, Klaus/Lehner, Moris, S. 1124–1268.

Von Löwe, Christian. 2015. § 26 Laufende Besteuerung der Destinatäre einer nicht gemeinnützigen Stiftung, insbesondere der Familienstiftung. In *Stiftung als Nachfolgeinstrument*, Hrsg. Feick, Martin, S. 250–261. München: C.H.Beck.

Wassermeyer, Franz/Kaeser, Christian. 2021. Artikel 21 Andere Einkünfte OEDC-Musterabkommen. In *Kommentar Doppelbesteuerungsabkommen*, Band 1, 154. Lfg., Hrsg. Wassermeyer, Franz. München: C.H.Beck.

Weinmann, Norbert. 2015. § 7 ErbStG Schenkungen unter Lebenden. In *Kommentar zum Erbschaftsteuer- und Schenkungsteuergesetz mit Bewertungsgesetz*, Band 1, 71. Lfg., Hrsg. Moench, Dietmar/Weinmann, Norbert. Freiburg: Haufe.

Werner, Rüdiger. 2010. Die liechtensteinische Familienstiftung. *Internationales Steuerrecht* (Heft 16/2010): S. 589–596.

Werner, Rüdiger. 2016. Schenkungsteuerbarkeit der Zuwendungen ausländischer Stiftungen an ihre inländischen Destinatäre. Zeitschrift für Erbrecht und Vermögensnachfolge (Heft 3/2016): S. 133–138.

Besteuerung der Auflösung einer Familienstiftung

4.1   Erbschaft- und Schenkungsteuer

Die Übertragung des Stiftungsvermögens anlässlich der Stiftungsaufhebung ist schenkungsteuerpflichtig.[1] Nach dem Wortlaut des § 15 Abs. 2 S. 2 ErbStG gilt der Stifter und nicht die Stiftung als Schenker.

Der Bundesfinanzhof wendet den § 15 Abs. 2 S. 2 ErbStG – abweichend von dessen Wortlaut – nur auf die Bestimmung der Steuerklasse bei der Stiftungsauflösung an.[2] Für den Umfang der persönlichen Steuerpflicht soll dagegen die Stiftung selbst als Schenkerin maßgebend sein. Daraus folgt, dass auch ein Rückfall des Vermögens der Stiftung an ihren eigenen Stifter (auf Basis der Steuerklasse III) schenkungssteuerpflichtig ist.[3]

Liegen mehrere Stifter vor ist zu beachten, dass die aufhebungsbedingte Vermögensübertragung als ein einheitlicher Erwerbsvorgang des Anfallsberechtigten besteuert wird und nicht etwa eine Mehrheit von Zuwendungen entsprechend der Anzahl der Stifter.[4]

---

[1] § 7 Abs. 1 Nr. 9 ErbStG. Mit Gesetz vom 16.07.2021 (BGBl. I S. 2947) gilt ab 01.07.2023 gilt Satz 1 der Vorschrift auch für die Auflösung, Zulegung oder Zusammenlegung von Stiftungen.

[2] BFH-Urteil vom 25.11.1992 – II R 77/90, BStBl. 1993 II, S. 238, amtlicher Leitsatz; BFH-Urteil vom 30.11.2009 – II R 6/07, BStBl. II 2010, S. 237, amtlicher Leitsatz 1 (durch die Finanzverwaltung in H E 15.2 ErbStH umgesetzt). Diese Einschränkung des Anwendungsbereichs des § 15 Abs. 2 S. 2 ErbStG geht aus dem Wortlaut des Gesetzes nicht unmittelbar hervor und wird daher Vertretern der Literatur kritisiert: Jülicher in Troll/Gebel/Jülicher/Gottschalk 62. EL Juli 2021, ErbStG § 15 Rn. 120; [Meincke/Hannes/Holtz, 18. Aufl. 2021, ErbStG § 15 Rn. 28. Der Auffassung des BFH und der Finanzverwaltung zustimmend Geck in Kapp/Ebeling (2021), Kommentar ErbStG, § 15 ErbStG Rn. 65.1.

[3] § 7 Abs. 1 Nr. 9 ErbStG. BFH-Urteil vom 25.11.1992 – II R 77/90, BStBl. 1993 II, S. 238.

[4] BFH-Urteil vom 30.11.2009 – II R 6/07, BStBl. II 2010, 237.

© Unternehmer Kompositionen 2022
T. Klinkner und D. Wagener, *Die Familienstiftung*,
https://doi.org/10.1007/978-3-658-37646-8_4

Der Freibetrag nach § 16 Abs. 1 ErbStG wird für diesen Erwerb nur einmal gewährt. Zur Bestimmung der Steuerklasse,[5] die ihrerseits entscheidend ist für den Freibetrag[6] und den Steuersatz,[7] ist der einheitliche Erwerb aufzuteilen. Praktische Schwierigkeiten ergeben sich, weil die Aufteilung nicht abschließend geregelt ist:

- Nach *Geck* kommt es darauf an, in welchem Umfang das von dem jeweiligen Stifter zugewendete Vermögen bei der Stiftungsauflösung noch vorhanden ist.[8]
- Nach *Weinmann* ist die Besteuerung einheitlich auf Basis der günstigsten Steuerklasse vorzunehmen.[9]

Anschließend ist auf den nach Abzug des Freibetrags verbleibenden Erwerb der jeweilige Steuersatz nach § 19 Abs. 1 ErbStG anzuwenden.[10]

Die Begünstigungsvorschriften der §§ 13a bis 13d über die Regelverschonung oder Optionsverschonung des übertragenen Vermögens sind auch auf Vorgänge nach § 7 Abs. 1 Nr. 9 ErbStG anwendbar.

Entfällt der Charakter einer rechtsfähigen Stiftung als Familienstiftung (zum Beispiel durch Aussterben der bisherigen Begünstigten), wobei diese nicht aufgehoben werden soll, kommt eine Fortführung als privatnützige oder gemeinnützige Stiftung in Frage.

Beraterhinweis
Bereits bei der Errichtung einer Familienstiftung sollten mit dem Stifter auch die Weichen im Hinblick auf den Auflösungsfall gestellt werden. Für den Fall des Aussterbens des letzten begünstigten Familienmitglieds bietet sich eine Änderung des Stiftungszwecks in eine gemeinnützige Stiftung an. Auf diese Weise bleibt das Vermögen unabhängig vom Bestand begünstigter Familienmitglieder in künftigen Generationen in einer Stiftungsstruktur geschützt. Der Übergang des Vermögens auf die gemeinnützige Stiftung wird von der Besteuerung freigestellt.[11]

Zu beachten ist, dass die Finanzverwaltung auch die Änderung des Stiftungscharakters durch Satzungsänderung als Aufhebung der Familienstiftung und Errichtung einer neuen Stiftung interpretiert hat.[12] Dieser Erlass hat in erweiterter Form seinen Niederschlag in den Erbschaftsteuerrichtlinien gefunden.[13] Als Änderung des Stiftungscharakters gilt auch die Aufnahme zusätzlicher Personen in den Kreis der Begünstigten

---

[5] § 15 Abs. 1 ErbStG.

[6] § 16 Abs. 1 ErbStG.

[7] § 19 Abs. 1 ErbStG.

[8] Geck in Kapp/Ebeling (2021), Kommentar ErbStG, § 15 ErbStG Rn. 65.1.

[9] Weinmann in Moench/Weinmann (2018), Kommentar ErbStG, § 15 ErbStG Rn. 45.

[10] vgl. insgesamt BFH-Urteil vom 30.11.2009 – II R 6/07, BStBl. II 2010, S. 237.

[11] § 13 Abs. 1 Nr. 16 Buchstabe b) ErbStG.

[12] Finanzministerium Niedersachsen – Erlass vom 06.12.1983, DB 1984, S. 23.

[13] R E 1.2 Abs. 4 S. 1 ErbStR 2019.

durch eine Satzungsänderung, wenn für diese Personen bei Errichtung der Stiftung eine ungünstigere Steuerklasse anzuwenden gewesen wäre.[14] Auf diese Weise soll ein Missbrauch des Steuerklassenprivilegs für Familienstiftungen verhindert werden. Mit der Stiftungsrechtsreform zum 01.07.2023 wird sich die Aufhebungsfiktion der Finanzverwaltung auch auf die Fälle eine Zulegung[15]oder Zusammenlegung[16] von Stiftungen erstrecken. Im Zuge der Stiftungsrechtsreform hat der Gesetzgeber zugleich durch § 7 Absatz 1 Nr. 9 ErbStG n.F. klargestellt, dass der Vermögenserwerb durch Zulegung oder Zusammenlegung von Stiftungen auch als steuerpflichtige Schenkung gilt.[17] In der Konsequenz erfasst diese gesetzliche Fiktion in § 7 Abs. 1 Nr. 9 ErbStG n.F. auch behördliche Zulegungen oder Zusammenlegungen.[18]

Die von der Finanzverwaltung vertretene Rechtsauffassung einer Umwandlungsfiktion wird von der Literatur mehrheitlich als nicht gesetzeskonform abgelehnt, da es zu keinem Wechsel des Rechtsträgers kommt.[19] Es droht daher eine schenkungsteuerliche Doppelbesteuerung, wenn die Finanzverwaltung von der Aufhebung der alten und der Errichtung einer neuen Stiftung ausgeht.[20]

Damit korrespondierend unterliegt die fiktiv neu errichtete Stiftung weiterhin im Zeitabstand von 30 Jahren der Erbersatzsteuer im Sinne des § 1 Abs. 1 Nr. 4 ErbStG.[21] Eine Fortführung als gemeinnützige Stiftung ist nach § 13 Abs. 1 Nr. 16 Buchstabe b) ErbStG steuerneutral möglich und kann zum Beispiel vor Ablauf der 30-Jahresfrist nach § 1

---

[14] R E 1.2 Abs. 4 S. 2 ErbStR 2019.

[15] § 86 BGB i.d.F. 10.08.2021 – *Zulegung* = Bei wesentlicher Veränderung der Verhältnisse kann ohne endgültige Unmöglichkeit der Zweckverfolgung im Wege der Gesamtrechtsnachfolge das Stiftungsvermögen auf eine aufnehmende Stiftung übertragen werden, wenn die Zwecke der beiden Stiftungen im Wesentlichen übereinstimmen und der nach dem historischen Stifterwillen zu ermittelnde Stiftungszweck gewahrt bleibt, sowie die satzungsmäßigen Rechte der durch die Stiftungssatzung Begünstigten gewahrt werden.

[16] § 86a BGB i.d.F. 10.08. 2021 – *Zusammenlegung* = Bei wesentlicher Veränderung der Verhältnisse, welche nicht durch eine Satzungsänderung nach § 85 Abs. 2–4 BGB n.F. behebbar sind, kann auch durch mehrere Stiftungen (ohne endgültige Unmöglichkeit der Zweckverfolgung) im Wege der Gesamtrechtsnachfolge das Stiftungsvermögen auf eine aufnehmende Stiftung übertragen werden, wenn nach einer Prognoseentscheidung durch die Zusammenlegung die neue Stiftung die Zwecke der übertragenden Stiftungen im Wesentlichen in gleicher Weise dauernd und nachhaltig erfüllen kann, sowie die satzungsmäßigen Rechte der durch die Stiftungssatzung Begünstigten gewahrt werden.

[17] RegE, BT-Drs. 19/28.173, 106 zu Art. 8.

[18] kritisch hierzu: Orth in Orth/Uhl, Stiftungsrechtsreform 2021, Kap. 8, Rz. 703.

[19] Wachter in Richter/Wachter (2007), Handbuch des internationalen Stiftungsrechts, § 22 Rn. 66–71; [13] Geck in Kapp/Ebeling (2021), Kommentar ErbStG, § 1 ErbStG Rn. 55.

[20] Schiffer in Schiffer (2016), Die Stiftung in der Beraterpraxis, § 8 Rn. 70.

[21] R E 1.2 (4) S. 7 ErbStR.

Abs. 1 Nr. 4 ErbStG als Maßnahme zur Abwendung einer sehr hohen Erbersatzsteuer-belastung genutzt werden.[22]

4.2   Grunderwerbsteuer

Die Vermögensübertragung durch die Stiftung auf die Destinatäre im Zuge der Auf-hebung ist ein Vorgang, der bereits den Regelungen des Erbschaftsteuer- und Schenkung-steuergesetzes nach § 7 Abs. 1 Nr. 9 ErbStG unterliegt. Von der Besteuerung mit der Grunderwerbsteuer wird der Erwerb deshalb ausgenommen.[23]

4.3   Umsatzsteuer

Wird im Zuge der Aufhebung, Zulegung oder Zusammenlegung einer Stiftung im Wege der Gesamtrechtsnachfolge ein umsatzsteuerliches Unternehmen im Ganzen an eine Gesellschaft bzw. Stiftung entgeltlich oder unentgeltlich übertragen, handelt es sich um eine nicht steuerpflichtigen Umsatz.[24, 25] Hiervon unbenommen bleibt die Erbringung von Leistungen gegen Entgelt im Rahmen des Unternehmens derer Stiftung vor oder im Zuge einer Aufhebung der Stiftung an Dritte, etwa durch Veräußerung einzelner Wirt-schaftsgüter.[26]

4.4   Körperschaft- und Einkommensteuer

Ertragsteuerlich wirkt die Aufhebung der Stiftung wie eine Liquidation.[27] Es sind somit die stillen Reserven (Differenz aus Verkehrswert und Buchwert eines Wirtschaftsguts) zu versteuern, die sich zwischen dem Zeitpunkt der Zuwendung (Vermögensübertragung auf die Familienstiftung) und der Aufhebung der Stiftung ergeben.[28]

---

[22] Zu diesem Gestaltungsvorschlag vgl. [46] Richter in Richter (2019), Stiftungsrechts-Handbuch, § 11 Rn. 120.

[23] § 3 Abs. 1 Nr. 1 GrEStG.

[24] § 1 Abs. 1a S. 1 UStG.

[25] Abschn. 1.5 UStAE.

[26] § 1 Abs. 1 Nr.1 UStG.

[27] Götz/Pach-Hassenheimb (2018), Handbuch der Stiftung, Rn. 886.

[28] Götz/Pach-Hassenheimb (2018), Handbuch der Stiftung, Rn. 886.

Da § 11 KStG über die Auflösung und Liquidation auf Stiftungen keine Anwendung findet,[29] erfolgt die Aufhebungsbesteuerung gemäß § 8 Abs. 1 S. 1 KStG nach den §§ 16 und 17[30] des Einkommensteuergesetzes (EStG).[31] Dementsprechend ist zwischen der Übertragung aus dem betrieblichen und aus dem privaten Bereich der Stiftung zu unterscheiden.

Die unentgeltliche Vermögensübertragung aus dem Privatvermögen einer Familienstiftung löst auf ihrer Ebene keine stillen Reserven aus. Allein entgeltliche Veräußerungsgeschäfte begründen auf Ebene einer Familienstiftung eine Steuerpflicht.

Der Gewinn aus der Veräußerung von Anteilen an Kapitalgesellschaften[32] unterliegt zunächst einem Kapitalertragsteuersatz von 25 %[33] zzgl. 5,5 % Solidaritätszuschlag.[34] Im Rahmen der Veranlagung unterliegen 5 % des Veräußerungsgewinns als nicht abzugsfähige Betriebsausgabe der Besteuerung, der Rest wird freigestellt.[35]

Veräußert eine Familienstiftung Immobilien, bei denen der Zeitraum zwischen Anschaffung und Veräußerung nicht mehr als zehn Jahre beträgt, unterliegt der Veräußerungsgewinn der Besteuerung.[36] In diesem Fall ist auch die während der Haltenszeit steuermindernd berücksichtigte Gebäude-AfA in den Veräußerungsgewinn einzubeziehen.[37]

Veräußert eine Familienstiftung sonstige Wirtschaftsgüter aus ihrem Privatvermögen, sind ebenfalls die Regelungen über private Veräußerungsgeschäfte zu beachten.[38] Hierbei kann es sich zum Beispiel um Kunstgegenstände, Edelmetalle oder Oldtimer handeln. Diese Wirtschaftsgüter kennzeichnen sich dadurch, dass sie im Zeitverlauf an Wert gewinnen und gewinnbringend veräußert werden können.[39]

---

[29] Gemäß § 11 Abs. 1 S. 1 KStG gelten die Regelungen über die Auflösung und Liquidation ausschließlich für juristische Personen im Sinne des § 1 Abs. 1 Nummern 1 bis 3 KStG. Bei rechtsfähigen Stiftungen handelt es sich jedoch um juristische Personen im Sinne des § 1 Abs. 1 Nr. 4 KStG.

[30] Hier ist zu bemerken, dass die Freibetragsregelung des § 17 Abs. 3 EStG auch durch Stiftungen genutzt werden kann. Vgl. R 8.1 (2) S. 4 KStR 2015.

[31] Von Löwe in Feick (2015), Stiftung als Nachfolgeinstrument, § 27 Rn. 4; Götz/Pach-Hassenheimb (2018), Handbuch der Stiftung, Rn. 886.

[32] § 20 Abs. 2 EStG.

[33] §§ 43 Abs. 1 S. 1 Nr. 9, 43a Abs. 1 S. 1 Nr. 1 EStG.

[34] §§ 3 Abs. 1 Nr. 2, 4 S. 1 SolzG.

[35] § 8b Abs. 2 und 3 KStG.

[36] § 23 Abs. 1 S. 1 Nr. 1 S. 1 EStG.

[37] § 23 Abs. 3 S. 4 EStG.

[38] §§ 22 Nr. 2 EStG, 23 Abs. 1 S. 1 Nr. 2 EStG.

[39] Bundestagsdrucksache 17/2249, S. 54.

Hierbei unterliegt der Veräußerungsgewinn der Besteuerung, wenn der Zeitraum zwischen Anschaffung und Veräußerung nicht mehr als ein Jahr beträgt.[40] Wurden durch das Wirtschaftsgut zu einem Zeitpunkt Einkünfte erzielt (zum Beispiel dadurch, dass ein Gemälde an ein Museum vermietet wurde), erhöht sich der Zeitraum auf zehn Jahre.[41] Gegenstände des täglichen Gebrauchs,[42] wie zum Beispiel ein marktüblicher privater Pkw (kein Oldtimer), unterliegen nicht dieser Regelung und können steuerfrei veräußert werden.[43]

Überträgt eine Familienstiftung ihr Betriebsvermögen in Form eines Betriebs, Teilbetriebs oder gesamten Mitunternehmeranteils unentgeltlich auf die Destinatäre, ist eine Buchwertfortführung nach § 6 Abs. 3 EStG möglich. Werden einzelne Wirtschaftsgüter aus dem Betriebsvermögen entnommen, müssen die stillen Reserven in Höhe der Differenz zwischen Teilwert[44] und Buchwert aufgelöst werden.[45] Die Entnahme einer 100 %igen Beteiligung aus dem Betriebsvermögen der Stiftung in das Privatvermögen eines Destinatärs ist als Aufgabe eines Teilbetriebs im Sinne des § 16 Abs. 3 EStG anzusehen. Überlässt eine Familienstiftung im Rahmen einer Betriebsaufgabe Wirtschaftsgüter des Betriebsvermögens vereinzelt unentgeltlich an die Destinatäre, so entsteht ebenso ein Aufgabegewinn, der nach dem gemeinen Wert[46] der Wirtschaftsgüter bestimmt wird.[47]

Veräußert die Stiftung entgeltlich einzelne Wirtschaftsgüter des Betriebsvermögens, sind stets die stillen Reserven zu besteuern. Sofern ein Betrieb oder Teilbetrieb entgeltlich veräußert wird, unterliegt der Veräußerungsgewinn der Körperschaftsteuer.[48] Veräußert die Stiftung Anteile an einer Kapitalgesellschaft, die das gesamte Kapital umfassen und im Betriebsvermögen gehalten wird, ist auf gleiche Weise zu verfahren.[49]

---

[40] § 23 Abs. 1 S. 1 Nr. 2 S. 1 EStG.

[41] § 23 Abs. 1 S. 1 Nr. 2 S. 4 EStG.

[42] *Gegenstände des täglichen Gebrauchs* kennzeichnen sich dadurch, dass sie im Zeitverlauf einem Wertverfall unterliegen. Ihre Veräußerung führt somit stets zu einem Veräußerungsverlust, weshalb sie durch den Gesetzgeber von den Regelungen über private Veräußerungsgeschäfte ausgenommen wurden. Bundestagsdrucksache 17/2249, S. 54.

[43] § 23 Abs. 1 S. 1 Nr. 2 S. 2 EStG.

[44] § 10 BewG.

[45] §§ 4 Abs. 1 S. 2, 6 Abs. 1 Nr. 4 EStG.

[46] § 9 Abs. 2 BewG.

[47] § 16 Abs. 3 EStG.

[48] §§ 8 Abs. 1 S. 1 KStG, 16 Absätze 1 und 2 EStG.

[49] Eine 100 %ige Beteiligung an einer Kapitalgesellschaft, die im Betriebsvermögen gehalten wird, stellt einen Teilbetrieb im Sinne des § 16 Abs. 1 Nr. 1 EStG dar. R 16 (3) S. 6 EStR.

4.5 Gewerbesteuer

Familienstiftungen sind keine juristischen Personen im Sinne des § 1 Abs. 1 Nummern 1 bis 3 KStG und somit nicht bereits durch ihre Rechtsform als Gewerbebetrieb anzusehen.[50] Einen Gewerbebetrieb nach den Regelungen des Gewerbesteuergesetzes (GewStG) können sie nur in Form einer gewerblichen Betätigung im Sinne des § 15 Abs. 2 S. 1 EStG oder eines wirtschaftlichen Geschäftsbetriebs[51] innehaben.

Die Gewerbesteuerpflicht der Familienstiftung erlischt mit der tatsächlichen Einstellung des Gewerbebetriebs oder des wirtschaftlichen Geschäftsbetriebs.[52] Die stillen Reserven, die durch eine Veräußerung eines ganzen Betriebs oder Teilbetriebs aufgelöst wurden, unterliegen deshalb nicht der Gewerbesteuer.[53]

Gewinne aus der Veräußerung einzelner Wirtschaftsgüter eines Gewerbebetriebs unterliegen als laufende Gewinne der Gewerbesteuer.

4.6 Umwandlungssteuer

Das Umwandlungssteuergesetz ist unter Berücksichtigung stiftungsrechtlicher Spezifika grundsätzlich anwendbar, etwa bei Ausgliederungen aus dem Vermögen einer rechtsfähigen Stiftung nach den §§ 161–167 UmwG.[54] Hinsichtlich der Zulegungen und Zusammenlegungen[55] ist dies aber nach der Stiftungsrechtsreform 2021 und der damit einhergehenden Neufassung der zivilrechtlichen Regelungen nicht der Fall, weil sie keine Umwandlung im Sinne des Umwandlungsgesetzes und auch keine Einbringungen durch Einzelrechtsnachfolge i.S.d. § 1 UmwStG sind.[56] Zwar orientieren sich die Zulegungen und Zusammenlegungen nach den §§ 86-86i BGB n.F. methodisch an den Regelungen zur Verschmelzung i.S.d. UmwStG. Nach dem Willen des Gesetzgebers sind sie allerdings als besondere stiftungsrechtliche Verfahren zu verstehen und bewusst nicht im Umwandlungssteuergesetz geregelt.[57]

---

[50] § 8 Abs. 2 KStG, 2 Abs. 2 S. 1 GewStG.

[51] §§ 2 Abs. 3 GewStG, 14 AO.

[52] R 2.6 (3) GewStR.

[53] H 7.1 (3) S. 1 GewStH.

[54] Uhl in Orth/Uhl, Stiftungsrechtsreform 2021, Kap. 8, Rz. 654.

[55] Neufassung von §§ 86-86i BGB in der Fassung vom 21.12.2021 mit Inkrafttreten zum 01.01.2026.

[56] Uhl in Orth/Uhl, Stiftungsrechtsreform 2021, Kap. 8, Rz. 703.

[57] aaO mit Verweis auf RegE, BT-Drs. 19/28.173, 30 zu AT I. und S. 69 zu § 86-86h.

4.7   Liquidationsbesteuerung im Zusammenhang mit dem steuerlichen Einlagenkonto

Im Fall der Liquidation einer Stiftung ergibt sich nach Maßgabe von § 11 KStG ein steuerpflichtiger Liquidationsgewinn. Zur Ermittlung des Liquidationsgewinns ist das Abwicklungs-Endvermögen dem Abwicklungs-Anfangsvermögen gegenüberzustellen.[58] Abwicklungs-Endvermögen ist das zur Verteilung kommende Vermögen, vermindert um die steuerfreien Vermögensmehrungen, die dem Steuerpflichtigen in dem Abwicklungs-zeitraum zugeflossen sind.[59] Abwicklungs-Anfangsvermögen ist das Betriebsvermögen, das am Schluss des der Auflösung vorangegangenen Wirtschaftsjahres der Veranlagung zur Körperschaftsteuer zugrunde gelegt worden ist.[60]

Als nicht-steuerbare Teilbeträge bei der Liquidation gelten bei unmittelbarer Anwendung des § 20 Abs. 1 Nr.2 EStG auf der Ebene der Anteilseigner Rückzahlungen von Nennkapital[61] und solche Bezüge, welche für Beträge aus dem steuerlichen Einlagenkonto i.S.d § 27 KStG[62] als verwendet gelten.

Der Rückzahlung von Nennkapital entspricht bei Familienstiftungen die Rückzahlung von *„Stiftungskapital"*, d. h. von *„Errichtungskapital"* und etwaigem *„Zustiftungs-kapital"*.[63]

Im Zusammenhang mit der Besteuerung von Liquidationszahlungen bei einer Familienstiftung spielt auch das Führen eines steuerlichen Einlagenkontos gemäß § 27 KStG eine Rolle. Ob eine Stiftung ein steuerliches Einlagenkonto bilden kann, ist aktuell umstritten. Der BFH hat über eine zu dieser Frage anhängigen Revision zu Az. I R 21/19 noch nicht entschieden. Hierzu hat die finanzgerichtliche Rechtsprechung[64] ent-gegen der Ansicht der Finanzverwaltung[65] das Führen eines steuerlichen Einlagenkontos bejaht und entschieden, dass § 27 Abs. 7 KStG für (privatnützige) inländische Stiftungen zumindest sinngemäß Anwendung findet.

Im Rahmen des § 20 Abs. 1 Nr.2 EStG gehören Bezüge allerdings nur dann nicht zu den Einnahmen aus Kapitalvermögen, wenn Beträge des steuerlichen Einlagekontos

---

[58] § 11 Abs. 2 KStG.

[59] § 11 Abs. 3 KStG.

[60] § 11 Abs. 4 KStG.

[61] § 20 Abs. 1 Nr. 2 S. 1 HS. 1 EStG.

[62] § 20 Abs. 1 Nr. 2 S. 1 HS. 2 i.V.m Abs. 1 Nr. 1 S. 3 EStG.

[63] IDW RS HFA 5 FN-IDW 2014, 61, Tz.55 ff.; Orth in ZStV 2019,182 (184) mit ergänzendem Hinweis darauf, dass auch Verbrauchsstiftungen i.S.d § 80 Abs. 2 S. 2 BGB ein Stammkapital haben können, welches dem Wert des Grundstockvermögens im Zeitpunkt der Errichtung der Ver-brauchsstiftung entspricht.

[64] FG Münster vom 16.01.2019–9 K 1107/17 F, DStRE 2019, 755; FG Rheinland-Pfalz (v. 31.07.2019–1 K 1505/15, DStRE 2019, 1384; nrkr, Az. BFH: I R 42/19).

[65] OFD NRW, Arbeitshilfe „Stiftungen aus steuerlicher Sicht", Stand: 01.04.2018, Tz. 7.7.

nach der gesetzlichen Verwendungsreihenfolge als verwendet gelten, nach welcher zunächst der ausschüttbare Gewinn[66] und erst anschließend der Bestand auf dem steuerlichen Einlagekonto als für eine Ausschüttung verwendet gelten (§ 27 Abs. 1 S. 3 KStG). Thesauriert eine Stiftung ihre Gewinne zum Zwecke der Bestandserhaltung, so sperrt der dadurch entstehende „ausschüttbare Gewinn" eine Verwendung des Bestandes auf dem steuerlichen Einlagekonto.[67] Erst im Zuge einer Stiftungsauflösung kommt es in solchen Fällen zur Vollauskehrung des Stiftungsvermögens.

4.8   Doppelbelastung mit Einkommen- und Erbschaftsteuer in der Liquidationsphase

Im Zuge der Liquidation der Stiftung kann sich eine Doppelbelastung mit Einkommen- und Erbschaftsteuer ergeben. Hierbei kann die Auszahlung des Liquidationsendvermögens an den Anfallberechtigten als Schenkungsteuer nach § 7 Absatz 1 Nr. 9 ErbStG qualifiziert werden.[68] Im Regelfall droht eine effektive Steuerbelastung mit Ertragsteuern i.H.v. 26,37 %[69] und einer Erbschaftsteuer von bis zu 30 %[70], also insgesamt 56,375 %.[71] Hierbei ist differenzierend zu berücksichtigen, dass im Zuge der Liquidation zurückgezahltes Stiftungskapital und Einlagen nicht zusätzlich mit Einkommensteuer belastet werden (aaO). Auch werden die laufend an die Destinatäre ausgezahlten Erträge zwar auf Ebene der Destinatäre ertragsteuerlich besteuert.[72] Mangels Freigebigkeit der Zuwendung werden satzungsmäßige Leistungen an die Destinatäre jedoch nicht mit Schenkungsteuer[73] belastet. Problematisch sind hingegen thesaurierte Erträge, welche im Liquidationsfall en bloc ausgekehrt werden.

Beraterhinweis
In der Literatur wird zur Vermeidung einer Doppelbelastung als Ausweichlösung empfohlen die thesaurierten Erträge noch vor der Liquidation der Stiftung an die Destinatäre auszukehren.[74]

---

[66] Reihenfolge: Jahresergebnis, Ergebnisvortrag, Ergebnisrücklagen und ggf. Umschichtungsergebnisse.

[67] Orth in ZStV 2019,182 (186).

[68] BFH Urteil vom 28.02.2018 – VIII R 30/15, BFH/NV 2018, 857.

[69] Abgeltungsteuer i.H.v. 25 % zzgl. Solidaritätszuschlag 5,5 % ohne Kirchensteuer.

[70] Bei Familienstiftungen regelmäßig in der Steuerklasse 1 (§ 15 Abs. 1 ErbStG) zwischen 7 % bis 30 % (§ 19 Ab. 1 ErbStG).

[71] Orth in ZStV 2019,182 (187).

[72] § 20 Abs. 1 Nr.9 EStG.

[73] § 7 Abs. 1 Nr.9 Satz 1 ErbStG.

[74] Orth in ZStV 2019,182 (187).

Bislang ist die Vermeidung einer Doppelbelastung thesaurierter Erträge im Zuge der Liquidation in der Rechtsprechung nicht abschließend geklärt. Im Schrifttum[75] vertretene Lösungsansätze wie eine teleologische Reduktion von § 7 Absatz 1 Nr. 9 ErbStG oder der Annahme einer Vorrangigkeit von § 20 Absatz 1 Nr. 9 EStG finden bislang keinen Eingang in die Verwaltungspraxis der Finanzverwaltung oder Rechtsprechung.[76]

Literatur

Geck, Reinhard. 2021. § 15 ErbStG Steuerklassen. In *Kommentar Erbschaftsteuer- und Schenkungsteuergesetz*, 90. Lfg., Hrsg. Kapp, Reinhard/Ebeling, Jürgen. Köln: Verlag Dr. Otto Schmidt.

Geck, Reinhard. 2021. § 1 ErbStG Steuerpflichtige Vorgänge. In *Kommentar Erbschaftsteuer- und Schenkungsteuergesetz*, 90. Lfg., Hrsg. Kapp, Reinhard/Ebeling, Jürgen. Köln: Verlag Dr. Otto Schmidt.

Götz, Hellmut/Pach-Hassenheimb, Ferdinand. 2018. *Handbuch der Stiftung*, 3. Aufl. Herne: NWB.

Jülicher, Marc. 2021. § 15 ErbStG Steuerklassen. In *Kommentar Erbschaftsteuer- und Schenkungsteuergesetz*, 62. Lfg., Hrsg. Troll, Max/Gebel, Dieter/Jülicher, Marc/Gottschalk, Paul Richard. München: C.H.Beck.

Meincke, Jens Peter/Hannes, Frank/Holtz, Michael. 2021. *Kommentar Erbschaftsteuer- und Schenkungsteuergesetz*, 18. Aufl. München: C.H.Beck.

Orth, Manfred. ZStV 2019,182 (184), Zur Besteuerung von Liquidationszahlungen einer Stiftung, Baden-Baden: NOMOS Verlag.

Orth, Manfred/Uhl, Matthias. 2021. Stiftungsrechtsreform 2021, Köln: Verlag Dr. Otto Schmidt KG.

Richter, Andreas. 2019. § 11 Familienstiftung. In *Stiftungsrechts-Handbuch*, 1. Aufl., Hrsg. Richter, Andreas, S. 314–351. München: C.H.Beck.

Schiffer, Jan. 2016. § 8 Zur Besteuerung der selbstständigen Stiftung. In *Die Stiftung in der Beraterpraxis*, Hrsg. Schiffer, Jan, S. 301–341. Bonn: zerb verlag.

Von Löwe, Christian. 2015. § 27 Steuern bei Auflösung einer nicht gemeinnützigen Stiftung, insbesondere der Familienstiftung. In *Stiftung als Nachfolgeinstrument*, Hrsg. Feick, Martin, S. 261–268. München: C.H.Beck.

Wachter, Thomas. 2007. § 22 Erbersatzsteuer für Familienstiftungen. In *Handbuch des internationalen Stiftungsrechts,* Hrsg. Richter, Andreas/Wachter, Thomas, S. 541–606. Bonn: zerb verlag.

Weinmann, Norbert. 2018. § 15 ErbStG Steuerklassen. In *Kommentar zum Erbschaftsteuer- und Schenkungsteuergesetz mit Bewertungsgesetz*, Band 1, 80. Lfg., Hrsg. Moench, Dietmar/Weinmann, Norbert. Freiburg: Haufe.

---

[75] Vgl. Orth in ZStV 2019,182 (188–189) m.w.N.

[76] Der BFH konnte im Streitfall die Frage einer Doppelbelastung mangels Entscheidungserheblichkeit dahinstehen lassen, vgl. BFH Urteil vom 28.02.2018 – VIII R 30/15, BFH/NV 2018, 857.

Erbersatzsteuer auf das Vermögen einer Familienstiftung

Um das Stiftungsvermögen auch ohne den Erbfall einer natürlichen Person der Erbschaftsteuer zu unterziehen, enthält das Erbschaft- und Schenkungsteuergesetz eine sogenannte *Erbersatzsteuer*. Diese sorgt in Zeitabständen von jeweils 30 Jahren seit dem Zeitpunkt des ersten Übergangs von Vermögen auf die Familienstiftung für eine Besteuerung des Stiftungsvermögens.[1]

Zum Besteuerungsstichtag muss hierfür das Kriterium der „Errichtung im wesentlichen Interesse einer Familie oder bestimmter Familien" erfüllt sein.[2]

Von der Besteuerung betroffen ist jedoch nur der Teil des Stiftungsvermögens, der nicht von der Erbschaft- und Schenkungsteuer verschont[3] ist.[4] Auch an dieser Stelle kann sich die Errichtung einer zweiten Familienstiftung oder einer zusätzlichen gemeinnützigen Stiftung anbieten, da die EUR 26 Mio.-Grenze auch im Rahmen der Verschonungsprüfung für Zwecke der Erbersatzsteuer anzuwenden ist. Die Erbersatzsteuer fällt nur für inländische Stiftungen an. Ausländische Familienstiftungen mit inländischem Vermögen unterliegen keiner Besteuerung nach dem deutschen ErbStG; es gibt also keine beschränkte Erbersatzsteuerpflicht.

Die Erbersatzsteuer entsteht nicht nur für die erstmalige Vermögensausstattung, sondern das gesamte (Welt-) Stiftungsvermögen nach den Wertverhältnissen im Zeitpunkt der Entstehung der Erbersatzsteuer (=im Turnus von 30 Jahren nach dem

---

[1] §§ § 1 Abs. 1 Nr. 4, 9 Absätze 2 und 4 ErbStG. Vgl. Geck in Kapp/Ebeling (2021), Kommentar ErbStG, § 15 ErbStG Rn. 76; Schiffer in Schiffer (2015), Die Stiftung in der Beraterpraxis, § 8 Rn. 49–67; Jülicher in Troll/Gebel/Jülicher/Gottschalk (2021), Kommentar ErbStG, § 15 ErbStG Rn. 136–137; Götz/Pach-Hassenheimb (2020), Handbuch der Stiftung, Rn. 802–819; Längle/Kobor in Fischer/Pahlke/Wachter (2020), Kommentar ErbStG, § 15 ErbStG Rn. 65–66.

[2] Hierzu: R E 1.2 ErbStR.

[3] §§ 13a bis 13d ErbStG.

[4] R E 13a.22 ErbStR „Begünstigte Erwerbe bei Familienstiftungen".

© Unternehmer Kompositionen 2022
T. Klinkner und D. Wagener, *Die Familienstiftung*,
https://doi.org/10.1007/978-3-658-37646-8_5

Steuerpflichtiges Vermögen der Familienstiftung (ohne begünstigtes Vermögen) ⟶ Fiktiver Erwerb durch zwei (fingierte) Kinder des Stifters			**EUR 20.000.000**

Teilung in zwei Hälften

	Erste Hälfte des steuerpflichtigen Vermögens	EUR 10.000.000		Zweite Hälfte des steuerpflichtigen Vermögens	EUR 10.000.000
–	Persönlicher Freibetrag für ein Kind	EUR 400.000	–	Persönlicher Freibetrag für ein Kind	EUR 400.000
=	Zwischensumme	EUR 9.600.000	=	Zwischensumme	EUR 9.600.000
×	Steuersatz der Steuerklasse I	23%	×	Steuersatz der Steuerklasse I	23%
=	Steuer auf hälftigen Erwerb	EUR 2.208.000	=	Steuer auf hälftigen Erwerb	EUR 2.208.000

Zusammenrechnen liefert die …

…finale Erbersatzsteuer	**EUR 4.416.000**

Abb. 5.1 Berechnung der Erbersatzsteuer

erstmaligen Vermögensübergang).[5] Bewertet wird das Vermögen für Zwecke der Erbersatzsteuer nach den Vorschriften des Bewertungsgesetzes.[6] Die Steuerberechnung möchte ich Ihnen anhand eines Beispiels verdeutlichen:

Beispiel[7]

Für den nicht steuerverschonten Anteil des Stiftungsvermögens wird die Erbersatzsteuer so berechnet, als fände eine Übertragung des Stiftungsvermögens durch den Stifter an zwei seiner Kinder statt (die tatsächliche Anzahl der Kinder des Stifters wird nicht berücksichtigt). Wie in der Abb. 5.1 dargestellt wird zweimal ein persönlicher Freibetrag von EUR 400.000 gewährt und der Steuersatz nach Steuerklasse I angewendet, der sich nach der Hälfte des Stiftungsvermögens richtet:[8]

---

[5] § 10 Abs. 1 S. 7 ErbStG.

[6] § 12 ErbStG.

[7] Jülicher in Troll/Gebel/Jülicher/Gottschalk (2021), Kommentar ErbStG, § 15 ErbStG Rn. 136.

[8] § 15 Abs. 2 S. 3 ErbStG.

So wird im Ergebnis erreicht, dass der doppelte persönliche Freibetrag[9] gewährt wird und sich die Steuer nach dem Prozentsatz der Steuerklasse I richtet, der für die Hälfte des steuerpflichtigen Vermögens gelten würde. ◄

Gegenüber einer natürlichen Person als Inhaberin des Familienvermögens ergeben sich hieraus folgende Vorteile:

- Anders als ein plötzlicher Erbfall einer natürlichen Person steht der Zeitpunkt der Entstehung der Erbersatzsteuer im Voraus fest.[10] Die Erbersatzsteuer wird damit zeitlich planbar und betriebswirtschaftlich kalkulierbar.
- Bedingt durch die strategische Planbarkeit bestehen die Wahlmöglichkeiten, die Erbersatzsteuer im Vorfeld des Stichtags durch Vermögensumschichtungen gezielt zu minimieren, in Form einer Einmalzahlung in Kauf zu nehmen oder in 30 gleichen jährlichen Teilbeträgen[11] zu verrenten.

Bei der Berechnung der Steuer auf das nicht begünstigte Vermögen ist stets sichergestellt, dass zwei Freibeträge von je EUR 400.000 abgezogen und die verhältnismäßig geringen Steuersätze.

Beraterhinweis
In der Praxis kann erwogen werden den Erbersatzsteuertermin vorzuverlegen durch fiktive Neugründung, z. B. um eine steuergünstige Situation (niedrige Bewertung oder Anwendung §§ 13a, 13b ErbStG) zu nutzen. Dies kann durch Aufnahme einer Person als Bezugs- oder Anfallsberechtigten erfolgen, was bei früherer Errichtung eine Besteuerung in einer ungünstigeren Steuerklasse zur Folge gehabt hätte. Dies gilt als Errichtung einer neuen Familienstiftung.[12]

Literatur

Geck, Reinhard. § 15 ErbStG Steuerklassen. In *Kommentar Erbschaftsteuer- und Schenkungsteuergesetz*, 81. Lfg., 2021, Hrsg. Kapp, Reinhard/Ebeling, Jürgen. Köln: Verlag Dr. Otto Schmidt.
Götz, Hellmut/Pach-Hassenheimb, Ferdinand. *Handbuch der Stiftung*, 4. Aufl., 2020, Herne: NWB.
Jülicher, Marc. § 15 ErbStG Steuerklassen. In *Kommentar Erbschaftsteuer- und Schenkungsteuergesetz*, 62. Lfg., 2021 Hrsg. Troll, Max/Gebel, Dieter/Jülicher, Marc/Gottschalk, Paul Richard. München: C.H.Beck.

---

[9] § 16 Abs. 1 Nr. 2 ErbStG.

[10] §§ 1 Abs. 1 Nr. 4, 9 Abs. 1 Nr. 4 und Nr. 2 ErbStG.

[11] § 24 ErbStG.

[12] R E 1.2 Absatz 4 ErbStR. Wegen ertragsteuerlicher Unsicherheiten ist aber die Einholung einer verbindlichen Auskunft ratsam.

Längle, Hermann/Kobor, Hagen. § 15 ErbStG Steuerklassen. In Kommentar Erbschaft- und Schenkungsteuergesetz, 2. Aufl., 2020, Hrsg. Fischer, Michael/Pahlke, Armin/Wachter, Thomas, Freiburg: Haufe.

Schiffer, Jan. § 8 Zur Besteuerung der selbstständigen Stiftung. In *Die Stiftung in der Beraterpraxis*, Hrsg. Schiffer, Jan, 2015. Bonn: zerb verlag.

Die Familienstiftung in Liechtenstein 6

Stiftungen in Liechtenstein lastete in der Vergangenheit ein schlechtes Image an. Als Reaktion auf prominente Steuerhinterziehungsfälle und zur Vermeidung von Geldwäsche haben sich allerdings die regulatorischen Anforderungen in Liechtenstein wesentlich verschärft. Zudem unterliegen liechtensteinische Treuhänder mittlerweile der Genehmigung und Prüfung durch die Finanzmarktaufsicht Liechtenstein (FMA). Nunmehr ist die Familienstiftung in Liechtenstein europarechtskonform[1] und aus steuerlicher Sicht international transparent[2]. Auch die deutsche Finanzverwaltung hat die Bemühungen des Staates Liechtensteins um steuerliche Transparenz mittlerweile anerkannt.[3] Aus steuerlicher Sicht ist die liechtensteinische Stiftung einerseits wegen der fehlenden Anwendbarkeit der Erbersatzbesteuerung und andererseits wegen der niedrigen Besteuerung von Kapitalanlagen interessant. Dabei sind insbesondere die Themen Wegzugsbesteuerung und Hinzurechnungsbesteuerung zu beachten.

---

[1] Am 1.4.2009 ist das neue Stiftungsrecht (sog. Totalrevision) in Liechtenstein in Kraft getreten.

[2] Vgl. Insbesondere das Abkommen zwischen der Regierung der Bundesrepublik Deutschland und der Regierung des Fürstentums Liechtenstein über die Zusammenarbeit und den Informationsaustausch in Steuersachen vom 2.09.2010, BStBl. I 2011, 286.

[3] Schriftliche Auskunft des BMF vom 20.11.2010 betreffend liechtensteinischen Stiftungen, GZ: IV B 5 – S. 1361/0:001.

© Unternehmer Kompositionen 2022
T. Klinkner und D. Wagener, *Die Familienstiftung,*
https://doi.org/10.1007/978-3-658-37646-8_6

6.1   Zivilrechtliche Besonderheiten

Aus zivilrechtlicher Sicht wird das Fürstentum Liechtenstein häufig wegen des flexiblen Stiftungsrechts[4] sowie des besonderen zivilrechtlichen Schutzes bei Pflicht teilsergänzungsansprüchen[5] als Standort für Familienstiftungen gewählt. So können Pflichtteilsergänzungsansprüche in Liechtenstein nicht mehr geltend gemacht werden, wenn der Stifter die Zuwendung um zwei Jahre überlebt hat.[6]

Die Grundprinzipien des liechtensteinischen Rechts sind mit den aus deutsch-rechtlichen Zusammenhängen bekannten vergleichbar. Allerdings kann sich der Stifter in weitem Umfang Widerrufs- und Änderungsrechte vorbehalten.[7] Im Unterscheid zum deutschen Stiftungsrecht ist das Mindestkapital von 30.000 CHF festgeschrieben.[8] Eine Stiftungsaufsicht ist in Liechtenstein ferner nicht vorgesehen.

Die Ausgestaltung der Regelungen zur Stiftungsorganisation ist aus deutscher steuerrechtlicher Sicht für diesen Leitfaden besonders zu betrachten.[9]

6.2   Die liechtensteinische Familienstiftung im Steuerrecht

6.2.1   Besteuerung der Stiftungserrichtung

Die Stiftungserrichtung können in Deutschland ertrags- und schenkungsteuerliche Folgen eintreten.[10]

6.2.1.1 Ebene der Stifter

6.2.1.1.1 Beteiligungen
Die unentgeltliche Übertragung von Vermögen auf eine liechtensteinische Stiftung unterliegt außer bei Aufdeckung stiller Reserven keinen ertragsteuerlichen Auswirkungen.

---

[4] Oppel NBW-EV 2019, 118.

[5] Hierzu: Oppel NBW-EV 2019, 118 (123).

[6] § 785 Absatz 3 AGBGB; Dieses Recht kollidiert mit deutschem Recht (§ 2325 BGB). Die herrschende Meinung geht wohl davon aus, dass das IPRG liechtensteinisches Recht für anwendbar hält. Vgl. hierzu Oppel NBW-EV 2019, 118 (123).

[7] Vgl. zum liechtensteinischen Privatrecht die Ausführungen bei von Löwe, Familienstiftung und Nachfolgegestaltung, 2. Auflage, § 10, Rz. 3 ff. und Oppel NBW-EV 2019, 118.

[8] Art. 552 § 13 FL-PGR. Das Kapital kann aber wahlweise auch in EUR oder USD aufgebracht werden.

[9] Vgl. hierzu unter 6.2.1.

[10] In Liechtenstein unterliegt die Übertragung von Vermögen auf eine dortige Stiftung keiner Besteuerung.

Zu beachten sind aufgrund der Eigenschaft der liechtensteinischen Stiftung als Steuerausländer im deutschen steuerrechtlichen Sinne die Regelungen zu den Wegzugs- und Entstrickungstatbeständen.

Überträgt ein unbeschränkt einkommensteuerpflichtiger Stifter Anteile an einer in- oder ausländischen Kapitalgesellschaft i.S.d. § 17 Absatz 1 Satz 1 EStG unentgeltlich auf eine ausländische Stiftung, ordnet § 6 Absatz 1 Satz 1 Nr. 2 AStG die fiktive Veräußerung zum gemeinen Wert und damit die Aufdeckung aller stiller Reserven an.[11] Nach der Neuregelungen des § 6 AStG[12] entfällt die Möglichkeit der dauerhaften und zinslosen Stundung in EU- und EWR-Fällen gemäß § 6 Absatz 5 AStG a.F.[13] Nach der neuen Regelung ist als Erleichterung nur noch eine Ratenzahlungsmöglichkeit über 7 Jahre vorgesehen.[14] Werden die Anteile an der Kapitalgesellschaft im steuerlichen Betriebsvermögen gehalten, kann eine Wegzugsbesteuerung vermieden werden, wenn abkommensrechtlich das Betriebsvermögen nach dem Wegzug eine inländische Betriebsstätte vermittelt und damit die Besteuerung im Inland weiter gewährleistet ist. Die in diesen Konstellationen dann drohende Entstrickungsbesteuerung kann nur dann vermieden werden, wenn die Beteiligung an der Kapitalgesellschaft der Betriebsstätte funktional zugeordnet wird.[15] Die in diesem Zusammenhang oft angedachte steuerneutrale Einbringung der Kapitalgesellschaftsbeteiligung in eine gewerblich geprägte GmbH & Co. KG wird von der Finanzverwaltung regelmäßig abgelehnt und ist wegen der bestehenden Rechtsunsicherheit ohne Einholung einer verbindlichen Auskunft nicht zu empfehlen.[16]

6.2.1.1.2 Immobilien

Für inländische Immobilien des Privatvermögens kommt eine Wegzugs- oder Entstrickungsbesteuerung nicht in Betracht, da Gewinne aus der Vermietung und der Veräußerung stets im Inland steuerpflichtig sind.

Für Immobilien kommt daher nach den allgemeinen Grundsätzen[17] eine entgeltliche oder unentgeltliche Übertragung in Betracht. Insbesondere für Immobilien die länger als.

---

[11] Der Übersicht halber wird nachfolgend nur auf die Regelungen des § 6 AStG eingegangen. Relevante weitere Tatbestände sind: §§ 4 Absatz 1 Satz 3, 16 Absatz 3a EStG, § 17 Absatz 5 EStG und § 22 Absatz 1 UmwStG.

[12] Die Voraussetzungen des § 6 AStG wurden durch die Neufassung der Norm durch das ATADUmsG mit Wirkung zum 1.1.2022 wesentlich verschärft. Vgl. hierzu Rechid/Schäfer BB 2020, 2071; Salzmann IStR 2021, 759; Jesic/Leucht, DStR 2021, 1913.

[13] Vgl. zur möglichen EU-Rechtswidrigkeit: Zimmermann, IStR 2021, 352; Jesic/Leucht, DStR 2021, 1913.

[14] § 6 Absatz 4 AStG.

[15] Haun/Klumpp, IStR 2018, 661; Klein/Rippert, IStR 2019, 439.

[16] Oppel, IWB 2021, 508.

[17] Vgl. hierzu auch Kap. 7.

10 Jahre im Eigentum des Stifters stehen, ist eine entgeltliche Übertragung zur Vermeidung steuerlicher Auswirkungen sinnvoll

6.2.1.2 Ebene der Stiftung

Die Vermögensausstattung einer inländischen sowie einer liechtensteinischen.

Familienstiftung stellt einen erbschaftsteuerbaren Vorgang dar, denn es liegt eine Schenkung unter Lebenden vor (§ 1 Absatz 1 Nr. 2 i.V.m. § 7 Abs. 1 Nr. 8 Satz 1 bzw. Satz 2 ErbStG). Die Schenkungen an eine Stiftung im Ausland ist im Inland steuerpflichtig gemäß § 2 Absatz 1 Nr. 1 ErbStG, denn die unbeschränkte Erbschaftsteuerpflicht erfordert, dass der Schenker oder der Beschenkte Inländer i.S.d. § 2 Abs. 1 Nr. 1 S. 2 ErbStG ist. Ist der Schenker dagegen im Ausland ansässig, kann eine beschränkte Steuerpflicht bestehen, soweit Inlandsvermögen betroffen ist.[18]

Für Betriebsvermögen sind die Begünstigungen der §§ 13a, 13b ErbStG grundsätzlich anwendbar, da Liechtenstein zum EWR gehört.[19]

Umstritten ist, ob für die liechtensteinische Familienstiftung das Steuerklassenprivileg gemäß § 15 Absatz 2 Satz 1 ErbStG anwendbar ist.[20] Die Finanzverwaltung wendet bei der Widmung des Barvermögens an die FL-Stiftung weiterhin die Steuerklasse III an, welche jedem Stifter einen persönlichen Freibetrag in Höhe von EUR 20.000 einräumt, wobei der Steuersatz bei 30 % liegt. Das Finanzgericht Hessen hat in einem aktuellen Urteil die Europarechtswidrigkeit der Norm festgestellt und das Steuerklassenprivileg anerkannt.[21] Sind weitere Stifter (z. B. Ehefrau oder Kinder) für eine Familienstiftung vorhanden, vervielfältigt sich der Freibetrag um die Anzahl der Stifter.

In Liechtenstein unterliegt die entgeltliche oder unentgeltliche Übertragung von Vermögen auf eine FL-Stiftung keine Steuern aus.

6.2.2 Laufende Besteuerung

6.2.2.1 Ebene der Stiftung

6.2.2.2 Besteuerung in Liechtenstein

Die FL-Stiftung unterliegt als steuerpflichtige juristische Person mit ihren Erträgen in Liechtenstein der Ertragsteuer.[22] Der Steuersatz beträgt 12,5 %. Die Bemessungsgrundlage

---

[18] Ferner ist § 4 AStG zu beachten.

[19] Oppel, NWB 2019, 159 (161).

[20] Oppel/Arzner, ZEV 2020, 209.

[21] FG Hessen, Urteil vom 7.03.2019, Az.: 10 K 541/17. Die eingelegte Revision zum BFH wurde vom Finanzamt zurückgenommen (Az.: II R 25/19). Die Finanzverwaltung verneint in unserer Praxiserfahrung das Steuerklassenprivileg aber weiterhin.

[22] Art. 44 ff. SteG.

ist um verschiedene steuerfreie Ertragsbestandteile zu korrigieren. Dazu zählen bspw. ausländische Betriebsstättengewinne, Mieterträge aus im Ausland belegenen Grundstücken und Dividenden und Kapitalgewinne aus Beteiligungen. Daneben unterliegen FL-Stiftungen einer Mindeststeuer in Höhe von CHF 1800, die in vollem Umfang auf die Ertragsteuer angerechnet wird.

Auf Antrag kann für rein vermögensverwaltende FL-Stiftungen eine privilegierte Besteuerung als sog. Privatvermögensstruktur erfolgen.[23] Für FL-Stiftungen, die lediglich in bestimmte Finanzinstrumente investieren und Beteiligungen ohne wesentliche Einflussnahme auf die Verwaltung halten, ist dieser Antrag zulässig. Stiftungen, denen der Status als Privatvermögensstruktur zuerkannt wurde, sind von der Ertragsteuer vollständig befreit und unterliegen lediglich der Mindeststeuer in Höhe von CHF 1800.

6.2.2.3 Besteuerung in Deutschland

Da die FL-Stiftung ihren Sitz und den Ort der tatsächlichen Geschäftsführung regelmäßig nicht in Deutschland hat, ist eine unbeschränkte Körperschaftsteuerpflicht ausgeschlossen. Auch in diesem Zusammenhang ist entscheidend, dass die Stiftung nicht durch Personen aus dem Inland geleitet wird. In Betracht kommt aber regelmäßig die beschränkte Körperschaftsteuerpflicht gemäß § 2 Nr. 1, § 8 KStG i.V.m. § 49 EStG. So kommt eine beschränkte Steuerpflicht insbesondere bei Vermietung inländischer Immobilien oder Erträgen aus inländischen Betriebsstätten in Betracht.

Eine Besteuerung der FL-Stiftung mit Erbersatzsteuer erfolgt nicht.[24] Eine „beschränkte Erbersatzsteuer" für das Inlandsvermögen der FL-Stiftung existiert ebenfalls nicht.

6.2.2.4 Ebene der Destinatäre und des Stifters

Für Familienstiftungen, die Geschäftsleitung und Sitz außerhalb der Bundesrepublik Deutschland haben, sieht § 15 AStG eine Sonderregelung vor, durch die die Abschirmwirkung des ausländischen Rechtsträgers durchbrochen wird. Vermögen und Einkünfte einer ausländischen Familienstiftung werden gemäß § 15 Absatz 1 AStG dem unbeschränkt steuerpflichtigen Stifter, anderenfalls den unbeschränkt steuerpflichtigen Bezugs- oder Anfallsberechtigten zugerechnet. Durch diese Zurechnung soll verhindert werden, dass die Intransparenz von Auslandsstiftungen unbeschränkt Steuerpflichtiger genutzt wird, um Steuersubstrat ins Ausland zu verlagern und dieses hierdurch dem Zugriff des deutschen Fiskus zu entziehen.

Eine Spezialregelung für Familienstiftungen innerhalb der EU bzw. dem EWR enthält.

§ 15 Absatz 6 AStG[25]. Hiernach ist § 15 Absatz 1 AStG nicht anwendbar, erfolgt also keine Zurechnung der Einkünfte oder des Vermögens, wenn nachgewiesen wird,

---

[23] Art 64 SteG.

[24] § 2 Absatz 2 Nr. 2 ErbStR erfordert die Geschäftsleitung oder den Sitz im Inland.

[25] Sog. Escape-Klausel.

dass das Stiftungsvermögen der Verfügungsmacht des Stifters bzw. der bezugs- oder anfallsberechtigten Personen rechtlich und tatsächlich entzogen ist[26] und zwischen der Bundesrepublik und dem Staat, in dem die Familienstiftung ihren Sitz oder ihre Geschäftsleitung hat, gemäß § 2 Absatz 2 des EU-Amtshilfegesetzes oder einer vergleichbaren zwei- oder mehrseitigen Vereinbarung Auskünfte erteilt werden, die zur Besteuerung erforderlich sind[27].

Das Tatbestandsmerkmal der Entziehung der rechtlichen und tatsächlichen Verfügungsmacht ist weit auszulegen und umfasst neben der zivilrechtlichen Verfügungsbefugnis auch die tatsächliche Verfügungsmacht im Wege einer wirtschaftlichen Betrachtungsweise.[28] Hier ist eine wesentliche Anforderung, dass der Stifter und die im nahestehenden Personen keinen wesentlichen Einfluss auf die Entscheidungen der Familienstiftung haben dürfen und auch in Aufsichts- und Kontrollgremien der Stiftung keine Mehrheit bestehen inne hat. Sofern eine Einflussnahme weiterhin gewünscht wird, ist zu prüfen, ob durch eine Verlagerung der wesentlichen wirtschaftlichen Aktivitäten auf eine Gesellschaft erfolgen, in der der Stifter sich Gesellschafter- oder Geschäftsführungsbefugnisse zurückbehält.

Ob die Anforderung des § 15 Absatz 6 Nr. 2 AStG in Bezug auf Liechtenstein erfüllt ist, ist in der Literatur[29] und Rechtsprechung[30] umstritten. Selbst wenn man insoweit einen automatischen Informationsaustausch fordert, dürfte diese Voraussetzung spätestens seit dem 1.1.2017 erfüllt sein. Ab diesem Zeitpunkt verlangt Liechtenstein von inländischen Banken, Versicherungsinstituten, aber auch Stiftungen und Trusts, die als Investmentunternehmen qualifizieren, Meldungen über Kontodaten und tauscht diese auf Grundlage des Abkommens zur Umsetzung des Automatischen Informationsaustauschs (AIA-Abkommen) mit der EU spontan und automatisch entsprechend der Amtshilferichtlinie aus. Daher wird in der aktuellen Literatur vertreten, dass die Anforderungen des § 15 Absatz 6 Nr. 2 AStG für Liechtenstein mittlerweile erfüllt sind.[31] Auch das Bundeszentralamt für verweist für Amtshilfe bei direkten Steuern – unter Bezugnahme auf Ersuchen an den Fürstentum Liechtenstein – darauf, dass der zwischenstaatliche Informationsaustausch eine gleichmäßige und wettbewerbsneutrale

---

[26] § 15 Absatz 6 Nr. 1 AStG.

[27] § 15 Absatz 6 Nr. 2 AStG.

[28] FG Hamburg, Urteil vom 17.12.2020; Az.: 6 K 307/19, Revision eingelegt zum BFH, Az.: I R 11/21.

[29] Flick/Wassermeyer/Baumhoff/Schönfeld, Außensteuerrecht, § 15 AStG, Rn. 30 mwN bejaht die Vergleichbarkeit.

[30] FG Düsseldorf hat dies mit Urteil vom 22.01.2015 (Az.: 16 K 2858/13 F) zuletzt verneint. Das FG Hamburg hat dies zuletzt offen gelassen (Urteil vom 17.12.2020; Az.: 6 K 307/19, Revision eingelegt zum BFH, Az.: I R 11/21).

[31] Werner IStR 2020, 130 (133); Oppel NWB-EV 2019, 159 (163).

Besteuerung sicherstellt.[32] Offen ist, ob das Bundesministerium der Finanzen (BMF) die Anwendung des § 15 Absatz 6 AStG für Liechtenstein mittlerweile bestätigt hat.[33]

In der Praxis ist hier ggfs. die vorherige Einholung einer verbindlichen Auskunft zu empfehlen. Sinnvoll und nach Ansicht in der Literatur auch notwendig ist die Abgabe einer Feststellungserklärung beim zuständigen Feststellungsfinanzamt gemäß § 18 Absatz 4 AStG.[34]

Die Ausschüttungen der Stiftung an in Deutschland steuerpflichtige Destinatäre sind regelmäßig als Einkünfte aus Kapitalvermögen nach § 20 Absatz 1 Nr. 9 Satz 2 EStG einkommensteuerbar.[35] Satzungsmäßige Zuwendungen einer ausländischen Stiftung unterliegen regelmäßig nicht der Schenkungsteuer.[36] Im Falle der Aufhebung der Stiftung kommt auch hier eine Besteuerung gemäß § 7 Absatz 1 Nr. 9 ErbStG in Betracht. Nach herrschender Auffassung kommt dem Erwerber das Steuerklassenprivileg gemäß.

§ 15 Absatz 2 Satz 2 ErbStG zugute. Danach gilt für die Bestimmung der Steuerklasse als Schenkung nicht die Stiftung, sondern der Stifter.

Literatur

Flick/Wassermeyer/Baumhoff/Schönfeld, *Außensteuerrecht*, 99. EL, 2021, Hrsg. Flick, Hans/ Wassermeyer, Franz/Baumhoff, Hubertus/Schönfeld, Jens, Köln: Otto Schmidt.

Haun, Jürgen/Klumpp, Simon, Zuordnung von Beteiligungen zum Betriebsvermögen einer Personengesellschaft bei grenzüberschreitenden Sachverhalten – Führt die neueste BFH-Rechtsprechung zu einem Paradigmenwechsel?, *Internationales Steuerrecht* (IStR) 2018, S. 661–670.

Jesic, Adrijan/Leucht, Nils, Der § 6 AStG idF des ATAD-Umsetzungsgesetzes, *Deutsches Steuerrecht* (DStR) 2021, S. 1913–1918.

Klein, Christoph/Rippert, Benedikt, Gestaltungen zur Vermeidung der Entstrickungsbesteuerung von Kapitalgesellschaftsanteilen im Privatvermöge, *Internationales Steuerrecht* (IStR) 2019, S. 439–446.

Oppel, Florian, Überblick über § 6 AStG n. F. – unionsrechtliche Einordnung und Vermeidungsstrategien, *Internationales Steuer- und Wirtschaftsrecht* (IWB) 2021, S. 508–520.

Oppel, Florian/Arzner, Dietmar, Ist der Ausschluss von ausländischen Familienstiftungen aus dem Steuerklassenprivileg des § 15 Abs. 2 S. 1 ErbStG unionsrechtswidrig? *Zeitschrift für Erbrecht und Vermögensnachfolge*, ZEV 2020, S. 209–214.

---

[32] https://www.bzst.de/DE/Behoerden/InternationaleAmtshilfe/AmtshilfeDirekteSteuern/amtshilfe_direkte_steuern_node.html#js-toc-entry1

[33] Gz: IV B 5 – S. 1361/0:001.

[34] Schaumburg in Schaumburg/Peters, Internationales Steuerstrafrecht, 2. Aufl. 2021, Ausländische Familienstiftungen und Trusts Rn. 16.196.

[35] Zur Abgrenzung sonstiger Einkünfte Werner, IStR 2020, 130 (133). Oppel NBW-EV 2019, 159 (164).

[36] BFH, Urteil vom 3.7.2019, Az.: II R 6/16, IStR 2019, 861.

Oppel, Florian, Liechtensteinische Stiftungen als Instrument der Vermögensnachfolge und des Vermögensschutzes, *Erben und Vermögen* (NBW-EV) 2019, S. 118–127.

Rechid, Salar/Schäfer, Peter, ATAD-Umsetzungsgesetz: Reform der Hinzurechnungsbesteuerung – Mögliche Konsequenzen in der Praxis von deutschen Kreditinstituten – Teil I, *Betriebs-Berater* (BB) 2020, S. 2071–2080

Salzmann, Stephan, Verschärfte Wegzugsbesteuerung nach § 6 AStG nF – Rückwirkung auf vor dem 1.1.2022 verwirklichte Sachverhalte?, *Internationales Steuerrecht* (IStR) 2021, S. 759–762.

Schaumburg, Harald in *Internationales Steuerstrafrecht*, 2. Aufl., 2021, Hrsg. Schaumburg, Harald/ Peters, Sebastian, Köln: Otto Schmidt.

Werner, Rüdiger, Die liechtensteinische Familienstiftung, *Internationales Steuerrecht* (IStR) 2020, S. 130–136

Die Familienstiftung und Immobilien 7

7.1 Allgemeine Erläuterungen

Die rechtsfähige Stiftung kann als juristische Person Träger von Rechten und Pflichten sein und somit sämtliche immobilienbezogenen Rechtsgeschäfte abschließen. So kann die Stiftung Immobilien erwerben, bebauen, vermieten und Darlehen für die Finanzierung aufnehmen.

Immobilen oder Gesellschaftsanteile an Personen- oder Kapitalgesellschaften mit Immobilienvermögen können vom Stifter oder anderen Personen entgeltlich oder unentgeltlich auf die Familienstiftung übertragen werden. Dabei sollte im Rahmen der Übertragung genau geprüft und abgewogen werden ob Immobilien oder Gesellschaftsanteile im Rahmen der Stiftungserrichtung[1] oder im Nachgang übergehen sollen.

7.2 Besteuerung von Immobilien

7.2.1 Ertragsteuern

Mangels spezifischer, körperschaftsteuerrechtlicher Regelungen über die Ermittlung laufender Vermietungseinkünfte oder erzielter Gewinne aus der Veräußerung von Immobilien, gelten für rechtsfähige Stiftungen die allgemeinen Regelungen über die Ermittlung des zu versteuernden Einkommens des Einkommensteuergesetzes.[2] Nachfolgend wird zunächst die Besteuerung der Vermietung und Verpachtung von Immobilien

---

[1] Zur Formbedürftigkeit des Stiftungsgeschäft in diesem Fall: Pruns, ErbR 2020, 163 und Werner, Zerb 2021, 131.

[2] §§ 1 Abs. 1 Nr. 4 KStG, 8 Abs. 1 S. 1 KStG, 21 EStG, 22 Nr. 2 EStG, 23 Abs. 1 S. 1 Nr. 1 EStG.

© Unternehmer Kompositionen 2022
T. Klinkner und D. Wagener, *Die Familienstiftung,*
https://doi.org/10.1007/978-3-658-37646-8_7

dargestellt, die der Stiftung entweder als zivilrechtlicher Eigentümerin gemäß § 39 Abs. 1 AO oder als Gesellschafterin einer vermögensverwaltenden Personengesellschaft nach § 39 Abs. 2 Nr. 2 AO steuerlich zuzurechnen sind.

Für den Fall, dass die Immobilie zum Betriebsvermögen einer Kapitalgesellschaft gehört, an deren Kapital die Stiftung beteiligt ist, gelten die Ausführungen zur Besteuerung von Beteiligungen an Kapitalgesellschaften in Abschn. 2.3.2.

Vermietet oder verpachtet eine Stiftung Immobilien, sind ihre Einkünfte aus Vermietung und Verpachtung in Deutschland unbeschränkt körperschaftsteuerpflichtig.[3] Von den Mieteinnahmen sind unter anderem Darlehenszinsen und Erhaltungsaufwendungen als Werbungskosten abzugsfähig.[4] Ebenfalls abzugsfähig sind die Grundsteuer[5] und die jährliche Absetzung für Abnutzung eines Gebäudes (kurz „AfA").[6]

Einen Fallstrick gilt es hinsichtlich der Abzugsfähigkeit von Werbungskosten zu beachten: Die Regelung des § 21 Abs. 2 EStG, nach der die Vermietung einer Wohnung zu Wohnzwecken für zumindest 66 % der ortsüblichen Miete (Kaltmiete + Umlagen) den vollen Werbungskostenabzug eröffnet, soll nach Ansicht der Finanzverwaltung nicht für juristische Personen anwendbar sein.[7] Würde die Stiftung zum Beispiel eine Wohnung für genau 66 % der ortsüblichen Miete vermieten, könnte sie nur 66 % der Werbungskosten abziehen. In diesem Fall ist also eine Aufteilung in eine zu 66 % entgeltliche und zu 34 % unentgeltliche Überlassung vorzunehmen.

Erfolgt eine verbilligte oder voll unentgeltliche Überlassung an den Stifter oder andere Begünstigte, kann sich hieraus außerdem ein steuerpflichtiger Sachbezug ergeben.[8]

Der rechtsformbedingte Vorteil einer Stiftung gegenüber Kapitalgesellschaften besteht darin, dass sie durch die Vermietung von Immobilien grundsätzlich nicht der Gewerbesteuer unterliegen. Gleichwohl ziehen folgende Ausnahmekonstellationen Einkünfte aus Gewerbebetrieb nach sich, die der Körperschaftsteuer[9] und der Gewerbesteuer[10] unterliegen.

Um einer Vermögensverwaltung in Form von Vermietung und Verpachtung von Immobilien gewerblichen Charakter zu verleihen, müssen besondere Umstände hinzutreten, wie zum Beispiel ein ständiger und schneller Mieterwechsel, der eine über die bloße Überlassung und den Erhalt von Substanz hinausgehende, aktive Tätigkeit

---

[3] §§ 1 Abs. 1 Nr. 4 KStG, 8 Abs. 1 S. 1 KStG, 8 Abs. 2 KStG, 21 EStG.

[4] §§ 9 Abs. 1 S. 3 Nr. 1, 11 Abs. 2 EStG.

[5] § 9 Abs. 1 S. 3 Nr. 2 EStG.

[6] § 9 Abs. 1 S. 3 Nr. 7 EStG.

[7] R 8.1 (1) Nr. 1 KStR.

[8] § 20 Abs. 3 und 1 Nr. 9 EStG.

[9] §§ 1 Abs. 1 Nr. 4 KStG, 8 Abs. 1 S. 1 KStG, 8 Abs. 2 KStG, 15 EStG.

[10] § 2 Abs. 1 S. 2 GewStG.

erfordert.[11] Das entscheidende Merkmal liegt darin, dass die bloße Vermögensnutzung hinter der Bereitstellung einer einheitlichen gewerblichen Organisation zurücktritt.[12] Dies ist in der Regel gegeben bei der Vermietung von Ausstellungsräumen, Messeständen und bei der ständig wechselnden kurzfristigen Vermietung von Sälen, zum Beispiel für Konzerte.[13] Andere typische Beispiele einer gewerblichen Vermietung sind die Vermietung von Campingplätzen[14] oder Ferienwohnungen.[15]

Ein weiterer Fall, in dem die Stiftung mit ihren Vermietungseinkünften der Körperschaft- und Gewerbesteuer unterliegt, ist die Betriebsaufspaltung.

Gehört ein Grundstück, in eher seltenen Fällen, zum Betriebsvermögen[16] einer Familienstiftung, unterliegt der Veräußerungsgewinn (= Veräußerungspreis – Veräußerungskosten – Buchwert) der Körperschaftsteuer.[17] Handelt es sich um ein einzelnes Wirtschaftsgut, das zu einem Gewerbebetrieb der Stiftung gehört, unterliegt der Veräußerungsgewinn außerdem der Gewerbesteuer.

Ist nach der Veräußerung eine zeitnahe Anschaffung eines Ersatzwirtschaftsguts geplant, sieht die Regelung des § 6b EStG[18] eine Begünstigungsmöglichkeiten vor, um den ökonomischen Effekt einer zinslosen Steuerstundung und damit einen Liquiditätsvorteil zu erzielen.

Einen entscheidenden Vorteil gegenüber einer Immobilien-GmbH bietet die Familienstiftung in der steuerlichen Einkünfteermittlung. Eine Familienstiftung hat in Abgrenzung zu den Kapitalgesellschaften im Sinne des § 1 Absatz 1 Nr. 1 KStG nicht per se gewerbliche Einkünfte.[19] Über den Verweis aus § 8 Absatz 1 KStG in das Einkommensteuergesetzes und ohne die gewerbliche Fiktion des § 8 Absatz 2 KStG kann die Familienstiftung alle Einkunftsarten des § 2 Absatz 1 EStG erzielen. Damit ist auch.

---

[11] H 15.7 (2) „Gewerblicher Charakter der Vermietungstätigkeit" EStH.

[12] BFH-Urteil vom 21.08.1990 – VIII R 271/84, BStBl. II 1991, 126.

[13] R 15.7 (2) S. 1 EStR.

[14] BFH-Urteil vom 06.10.1982 – I R 7/79, BStBl. II 1983, 80; BFH-Urteil vom 27.01.1983 – IV R 215/80, BStBl. II 1983, 426.

[15] BFH-Urteil vom 25.06.1976 – III R 167/73, BStBl. II 1976, 728; BFH-Urteil vom 28.06.1984 – IV R 150/82, BStBl. II 1985, 211.

[16] Das *Betriebsvermögen* umfasst gemäß § 2 Abs. 2 S. 1 EStG die Einkunftsarten „Einkünfte aus Land- und Forstwirtschaft" (§§ 13–14a EStG), „Einkünfte aus Gewerbebetrieb" (§§ 15–17 EStG) oder „Einkünfte aus selbstständiger Arbeit" (§ 18 EStG).

[17] §§ 1 Abs. 1 Nr. 4 KStG, 8 Abs. 1 S. 1 KStG, 16 Abs. 2 S. 1 EStG.

[18] Die Finanzverwaltung weist in R 8.1 (1) Nr. 1 KStR darauf hin, dass die Regelung des § 6b EStG über den § 8 Abs. 1 S. 1 KStG auch im Rahmen der steuerlichen Gewinnermittlung juristischer Personen anwendbar ist.

[19] Umkehrschluss aus § 8 Absatz 2 KStG.

§ 22 Nr. 2 i.V.m. § 23 Absatz 1 Nr. 1 EStG anwendbar, wonach eine Immobilienveräußerung steuerfrei erfolgen kann, wenn zwischen Anschaffung und Veräußerung ein Zeitraum von mehr als 10 Jahren liegt.[20]

Wird eine Immobilie unentgeltlich auf die Stiftung übertragen, ist ihr im Hinblick auf die zehnjährige Mindesthaltedauer als Einzelrechtsnachfolgerin[21] oder Gesamtrechtsnachfolgerin[22] das Anschaffungsdatum ihres Rechtsvorgängers zuzurechnen.

Wird die zehnjährige Mindesthaltedauer nicht eingehalten, ist der Veräußerungsgewinn – also der Betrag, der sich durch Abzug der Veräußerungs- und Anschaffungskosten von dem Verkaufspreis ergibt – steuerpflichtig.[23] Zusätzlich erhöht sich der Veräußerungsgewinn um die bisher abgezogene Gebäude-AfA.[24] Es handelt sich dabei um einen Veräußerungsvorgang im Privatvermögen, durch den sonstige Einkünfte nach § 22 Nr. 2 EStG erzielt werden.

Werden mehr als drei Objekte innerhalb eines Zeitraumes von fünf Jahren veräußert, liegen nach Ansicht der Rechtsprechung[25] und der Finanzverwaltung[26] Einkünfte aus Gewerbebetrieb nach § 15 Abs. 2 S. 1 EStG (gewerblicher Grundstückshandel) und damit Veräußerungsvorgänge im Betriebsvermögen vor. Für die Frage, was als „eigenständiges Objekt" anzusehen ist, wird die Parzellierung laut Grundbuch herangezogen.

Trotz des Überschreitens der „Drei-Objekt-Grenze" ist ein gewerblicher Grundstückshandel ausnahmsweise nicht anzunehmen, wenn aufgrund besonderer Umstände eindeutig Anhaltspunkte gegen eine von Anfang an bestehende Veräußerungsabsicht sprechen.[27] Als Umstand, der gegen eine bereits im Zeitpunkt der Anschaffung oder Errichtung des Objekts bestehende Veräußerungsabsicht spricht, kann eine vom Veräußerer selbst vorgenommene langfristige – über fünf Jahre hinausgehende – Vermietung eines Wohnobjekts angesehen werden.[28] Die konkreten Anlässe und Beweggründe für die Veräußerungen (zum Beispiel Finanzierungsschwierigkeiten, schlechte Vermietbarkeit oder die nachträgliche Entdeckung von Baumängeln) sind im Regelfall jedoch nicht geeignet, die auf Grund des zeitlichen Abstands der maßgebenden Tätigkeiten vermutete (bedingte) Veräußerungsabsicht im Zeitpunkt der Anschaffung oder Errichtung auszuschließen.[29]

---

[20] Vgl. hierzu auch.

[21] § 23 Abs. 1 S. 3 EStG.

[22] H 23 „Veräußerungsfrist" 3. Spiegelstrich EStH.

[23] §§ 22 Nr. 2 EStG, 23 Abs. 3 S. 1 EStG.

[24] § 23 Abs. 3 S. 4 EStG.

[25] BFH-Beschluss vom 10.12.2001 – X B 41/01, BStBl. II 2002, 291.

[26] BMF-Schreiben vom 26.03.2004, BStBl. I, S. 434 Rn. 5.

[27] BMF-Schreiben vom 26.03.2004 – BMF IV A 6-S. 2240–46/04, BStBl. I 2004, S. 434 Rn. 30.

[28] BMF-Schreiben vom 26.03.2004 – BMF IV A 6-S. 2240–46/04, BStBl. I 2004, S. 434 Rn. 30.

[29] BFH-Urteil vom 20.02.2003 – III R 10/01, BStBl. II 2003, 510 amtlicher Leitsatz; BMF-Schreiben vom 26.03.2004 – BMF IV A 6-S. 2240–46/04, BStBl. I 2004, 434 Rn. 30.

Abweichend von den Grundsätzen der „Drei-Objekt-Grenze" kann auch der Verkauf von weniger als vier Objekten in zeitlicher Nähe zu ihrer Errichtung zu einer gewerblichen Tätigkeit führen.[30] Dies gilt bei Wohnobjekten (Ein-, Zweifamilienhäuser, Eigentumswohnungen) insbesondere in folgenden Fällen:

- Das Grundstück mit einem darauf vom Veräußerer zu errichtenden Gebäude wird bereits vor seiner Bebauung verkauft. Als Verkauf vor Bebauung ist ein Verkauf bis zur Fertigstellung des Gebäudes anzusehen.[31]
- Das Grundstück wird von vornherein auf Rechnung und nach Wünschen des Erwerbers bebaut.[32]
- Das Bauunternehmen erbringt erhebliche Leistungen für den Bau, die nicht wie unter fremden Dritten abgerechnet werden.
- Das Bauvorhaben wird nur kurzfristig finanziert.[33]
- Der Steuerpflichtige beauftragt bereits während der Bauzeit einen Makler mit dem Verkauf des Objekts.[34]
- Der Steuerpflichtige hat eine unbedingte Veräußerungsabsicht mit Außenwirkung dokumentiert.[35] Eine unbedingte Veräußerungsabsicht ist regelmäßig anzunehmen, wenn der Erwerber die Grundstücke seiner Planung entsprechend jeweils unmittelbar nach Ankauf bebaut und sodann veräußert.[36]

Sofern keine der vorstehenden Konstellationen oder eine andere Konstellation vorliegt, die dem Bild des produzierenden Bauunternehmers/Bauträgers entspricht, führt die Veräußerung von weniger als vier Objekten durch die Stiftung nicht zum Vorliegen eines gewerblichen Grundstückshandels.

Beachtet werden sollte, dass die Grundstücke beim gewerblichen Grundstückshandel dem Umlaufvermögen zuzurechnen sind, wogegen die Anwendung des § 6b EStG nur bei Anlagevermögen möglich ist.

Für den Fall, dass die veräußerte Immobilie zu dem Vermögen einer Kapitalgesellschaft gehört, an der die Stiftung beteiligt ist, gelten die Ausführungen Abschn. 2.3.2.

---

[30] BMF-Schreiben vom 26.03.2004 – BMF IV A 6-S. 2240–46/04, BStBl. I 2004, 434 Rn. 28.

[31] BFH-Beschluss vom 10.12.2001 – GrS 1/98, BStBl. II 2002, 291 Abschn. C.III.5.

[32] BFH-Beschluss vom 10.12.2001 – GrS 1/98, BStBl. II 2002, 291 Abschn. C.III.5.

[33] BMF-Schreiben vom 26.03.2004 – BMF IV A 6-S. 2240–46/04, BStBl. I 2004, 434 Rn. 28.

[34] BMF-Schreiben vom 26.03.2004 – BMF IV A 6-S. 2240–46/04, BStBl. I 2004, 434 Rn. 28; gilt ausweislich des Positivkatalogs Nr. 795 zum BMF-Schreiben vom 17.03.2021, IV A 2 – O 2000/20/10.001:001, BStBl. I 2021, 390.

[35] BFH-Urteil vom 18.09.2002 – X R 183/96, BStBl. II 2003, 238 Abschn. II.3.a).

[36] BFH-Urteil vom 18.09.2002 – X R 5/00, BStBl. II 2003, 286 amtlicher Leitsatz 2.

7.2.2 Internationales Steuerrecht – Besteuerung nach OECD-Musterabkommen/Doppelbesteuerungsabkommen

Stiftungen sind in Deutschland unbeschränkt körperschaftsteuerpflichtig, wenn sich ihre Geschäftsleitung[37] oder ihr Sitz[38] im Inland befindet.[39] In diesem Fall unterliegt ihr gesamtes Welteinkommen – und damit auch die Einkünfte aus Vermietung und Verpachtung[40] – in Deutschland der Besteuerung. Gleichzeitig unterliegen die Einkünfte auch im Belegenheitsstaat der Immobilie der Besteuerung.

Im Folgenden wird dargestellt, wie eine drohende Doppelbesteuerung nach den Regelungen des OECD-Musterabkommens („OECD-MA") vermieden wird, die in gleicher oder ähnlicher Form in die zwischen der Bundesrepublik Deutschland und dem jeweiligen Vertragsstaat abgeschlossenen Doppelbesteuerungsabkommen („DBA") übernommen wurden.

In den Anwendungsbereich des OECD-MA fallen ausschließlich Personen, die in einem Vertragsstaat oder in beiden Vertragsstaaten ansässig sind.[41]

Person im Sinne des OECD-MA kann jede natürliche Person, Gesellschaft oder andere Personenvereinigung sein.[42] Rechtsfähige Stiftungen erfüllen diese Voraussetzung, da jede juristische Person oder Rechtsträger, die für die Besteuerung wie juristische Personen behandelt werden, als *Gesellschaft* und damit als Person im Sinne der Artikel 1 und 3 OECD-MA gelten.

Ansässig ist eine Stiftung in dem Staat, in dem sie nach dem nationalen Recht dieses Staates aufgrund des Ortes der Geschäftsleitung oder eines ähnlichen Merkmals (nach nationalem deutschem Recht käme zum Beispiel der Sitz im Sinne des § 11 AO in Frage) unbeschränkt steuerpflichtig ist.[43] Ist die Stiftung in beiden Vertragsstaaten ansässig („Doppelansässigkeit"), sieht die Tie-Breaker-Rule des Artikel 4 Abs. 3 OECD-MA vor, dass zur Ermittlung des Ansässigkeitsstaates auf den Ort der tatsächlichen Geschäftsleitung abzustellen ist.[44]

Nach der Bestimmung der Ansässigkeit sind die konkreten Einkünfte der Stiftung anhand der Einkünftequalifikationstatbestände des OECD-MA[45] zu bestimmen, um hierdurch die Zuweisung der Besteuerungsrechte der Vertragsstaaten ableiten zu können. Diese Einkünftequalifikation und Zuweisung von Besteuerungsrechten entscheidet

---

[37] § 10 AO.

[38] § 11 AO.

[39] § 1 Abs. 1 Nr. 4 KStG.

[40] §§ 1 Abs. 1 Nr. 4 KStG, 8 Abs. 1 S. 1 KStG, 21 EStG.

[41] Artikel 1 OECD-MA.

[42] Artikel 3 OECD-MA.

[43] Artikel 4 Abs. 1 OECD-MA.

[44] Artikel 4 Abs. 3 OECD-MA.

[45] Art. 6 bis Art. 21 OECD-MA.

darüber, welche Einschränkungen für den Besteuerungsanspruch des Ansässigkeitsstaates zu beachten sind.

In einigen Fällen können Einkünfte aus unbeweglichem Vermögen verschiedenen Einkunftsarten des OECD-MA gleichzeitig zugeordnet werden.[46] Aus diesem Grund formuliert Artikel 6 Abs. 4 OECD-MA den Anwendungsvorrang des Artikel 6 OECD-MA „Einkünfte aus unbeweglichem Vermögen" vor Artikel 7 „Unternehmensgewinne".

Die Abgrenzung zwischen beweglichem und unbeweglichem Vermögen richtet sich gemäß Artikel 6 Abs. 2 S. 1 OECD-MA grundsätzlich nach dem innerstaatlichen Recht des Belegenheitsstaates. Artikel 6 Abs. 2 S. 2 OECD-MA durchbricht diesen Grundsatz und enthält einen Katalog von Vermögenswerten, die stets als unbewegliches Vermögen zu behandeln sind:

- Zubehör zu unbeweglichem Vermögen,
- Inventar land- und forstwirtschaftlicher Betriebe,
- Rechte, für die die Vorschriften des Privatrechts über Grundstücke gelten,
- Nutzungsrechte an unbeweglichem Vermögen sowie
- Rechte auf Vergütungen für die Ausbeutung oder das Recht auf Ausbeutung von Bodenschätzen.

Nach dem Wortlaut des Artikel 6 Abs. 3 OECD-MA fallen neben Einkünften aus der unmittelbaren Nutzung auch die Vermietung oder Verpachtung sowie jede andere Art der Nutzung unbeweglichen Vermögens in den Anwendungsbereich dieser Vorschrift.[47]

Unterschiede zwischen dem OECD-MA und dem nationalen deutschen Einkommensteuergesetz ergeben sich in Bezug auf Einkünfte aus der zeitlich befristeten Überlassung von Rechten, da diese im EStG zu den Einkünften aus Vermietung und Verpachtung,[48] abkommensrechtlich dagegen zu den Einkünften aus Lizenzgebühren[49] gezählt

---

[46] Reimer, Ekkehart. 2021. Artikel 6 Einkünfte aus unbeweglichem Vermögen OECD-Musterabkommen, Rn. 8-11d. In Kommentar Doppelbesteuerungsabkommen, 7. Aufl., Hrsg. Vogel, Klaus/Lehner, Moris. München: C.H.Beck.

[47] Da der Ausdruck *„andere Art der Nutzung unbeweglichen Vermögens"* in dem Abkommen nicht definiert ist, spricht sich *Wassermeyer* für eine Auslegung nach dem nationalen Recht des Vertragsstaates aus. Vgl. Wassermeyer in Wassermeyer (2021), Kommentar DBA, Artikel 6 OECD-MA Rn. 93. Dagegen spricht sich *Reimer* für eine abkommensautonome Auslegung aus. Vgl. Reimer in Vogel/Lehner (2021), Kommentar DBA, Artikel 6 OECD-MA, Rn. 133. Nach deutschem Steuerrecht erfasst der Artikel 6 Abs. 3 OECD-MA unter anderem den entgeltlichen Verzicht auf Rechte aus langfristigen Miet- und Pachtverträgen (BFH-Urteil vom 28.04.1982 – I R 151/78, BStBl. II 1982, 566), die entgeltliche Bestellung eines Vorkaufsrechts an einem Grundstück (BFH-Urteil vom 10.08.1994 – X R 42/91, BStBl. II 1995, 57) und die Zahlung von Erbbauzinsen des Erbbauberechtigten an den Erbbauverpflichteten (BFH-Urteil vom 04.07.1979 – VI R 259/67, BStBl. II 1979, 724).

[48] § 21 Abs. 1 Nr. 3 EStG.

[49] Artikel 12 OECD-MA.

werden.[50] Ein weiterer Unterschied besteht in Bezug auf Einkünfte aus der Vermietung von Sachinbegriffen und beweglichem Vermögen,[51] da diese abkommensrechtlich entweder Unternehmensgewinne[52] oder subsidiär andere Einkünfte[53] darstellen.

Artikel 6 Abs. 1 OECD-MA weist dem Belegenheitsstaat des unbeweglichen Vermögens das uneingeschränkte Besteuerungsrecht zu. Der Grund für diese Besteuerung nach dem Belegenheitsprinzip besteht in der engeren wirtschaftlichen Verbindung zwischen der Quelle der Einkünfte und dem Belegenheitsstaat.[54] Parallel dazu steht auch dem Ansässigkeitsstaat das uneingeschränkte Besteuerungsrecht zu (offene Rechtsfolge). Eine Doppelbesteuerung wird deshalb erst durch das Zusammenspiel des Artikel 6 Abs. 1 OECD-MA und der Anwendung des Methodenartikels[55] durch den Ansässigkeitsstaat vermieden.

Handelt es sich bei Deutschland um den Ansässigkeitsstaat, wird die Doppelbesteuerung im Regelfall durch Anwendung der Freistellungsmethode ohne Progressionsvorbehalt abgewendet.[56] Freistellung bedeutet, dass die im Belegenheitsstaat besteuerten Einkünfte von dem in Deutschland zu versteuernden Einkommen der Stiftung abgezogen werden. Ein Progressionsvorbehalt, der bedeuten würde, dass die ausländischen Einkünfte zwar von der in Deutschland zu versteuernden Bemessungsgrundlage abzuziehen, bei der Bestimmung der Höhe des Steuersatzes jedoch zu berücksichtigen wären, ist nach den Tarifvorschriften des KStG nicht vorgesehen. Grund hierfür ist, dass für juristische Personen nach § 23 Abs. 1 KStG ein von der Höhe des zu versteuernden Einkommens unabhängigen unabhängiger Steuersatz von pauschal 15 % vorgesehen ist, sodass ein Progressionsvorbehalt ins Leere laufen würde.[57]

Im Ergebnis sind die im Belegenheitsstaat des unbeweglichen Vermögens besteuerten Einkünfte von dem zu versteuernden Einkommen der Stiftung freizustellen. Nach der

---

[50] Bozza-Bodden in Schönfeld/Ditz (2013), Kommentar DBA, Artikel 12 OECD-MA Rn. 17; Pöllath/Lohbeck in Vogel/Lehner (2021), Kommentar DBA, Artikel 12 OECD-MA Rn. 9.

[51] § 21 Abs. 1 Nr. 2 EStG.

[52] Artikel 7 OECD-MA.

[53] Artikel 21 OECD-MA.

[54] Musterkommentar zu Artikel 6 Abs. 1 OECD-MA.

[55] Artikel 23 OECD-MA.

[56] Schwenke in Wassermeyer (2021), Kommentar DBA, Artikel 6 OECD-MA, Rn. 118.

[57] Für juristische Personen sieht § 23 Abs. 1 KStG einen fixen Steuersatz von 15 % vor. Einen Progressionsvorbehalt kann es nur bei einem progressiven Tarif, wie dem § 32a EStG für natürliche Personen geben. Für natürliche Personen sehen die Tarifvorschriften der §§ 32b Abs. 1 S. 2 Nr. 3 EStG (für positive und negative Einkünfte aus der Vermietung von Grundstücken in EU/EWR-Staaten) und 2a Abs. 1 S. 1 Nr. 6 Buchstabe a) EStG (negative Einkünfte aus Nicht-EU/EWR-Staaten) keinen Einbezug in den Progressionsvorbehalt vor.

Freistellung verbleibende Einkünfte unterliegen in Deutschland dem Körperschaftsteuersatz von 15 %[58] zuzüglich 5,5 % Solidaritätszuschlag.[59]

Erzielt die Stiftung einen Gewinn aus der Veräußerung unbeweglichen Vermögens im Sinne des Artikels 6 OECD-MA, ist Artikel 13 OECD-MA „Gewinne aus der Veräußerung von Vermögen" OECD-MA anzuwenden. In den Anwendungsbereich dieser Vorschrift fallen auch Gewinne aus der Veräußerung unbeweglichen Vermögens, das Betriebsvermögen ist oder einer selbstständigen Arbeit dient, selbst dann, wenn es zum Umlaufvermögen gehört.[60] Der Sinn dieser Einkunftsart liegt in der Erfassung und Besteuerung der stillen Reserven, die durch die Veräußerung aufgedeckt werden.

Nach Artikel 13 OECD-MA gilt grundsätzlich, dass der Vertragsstaat, der bereits die laufenden Einkünfte aus unbeweglichem Vermögen nach Artikel 6 OECD-MA besteuern durfte, auch das Besteuerungsrecht für die Gewinne aus der Veräußerung dieses Vermögens hat.[61] Das Besteuerungsprinzip der laufenden Einkünfte wird also auf Veräußerungsgewinne übertragen.

Nach Artikel 13 Abs. 1 OECD-MA können Gewinne aus der Veräußerung unbeweglichen Vermögens im Belegenheitsstaat besteuert werden. Der Staat, der zuvor die Einkünfte aus unbeweglichem Vermögen besteuern durfte, besteuert auch die Gewinne aus dessen Veräußerung.

Da es sich auch hier um eine Schrankennorm mit offener Rechtsfolge handelt, hat Deutschland als Ansässigkeitsstaat der Stiftung eine Doppelbesteuerung durch Anwendung des Methodenartikels (Artikel 23 OECD-MA) zu vermeiden und wendet in diesem Fall regelmäßig die oben genannte Freistellungsmethode ohne Progressionsvorbehalt an.[62]

Handelt es sich aus deutscher Sicht um eine Immobilie im Privatvermögen, bei der zwischen Anschaffung und Veräußerung die zehnjährige Mindesthaltedauer eingehalten wird, ist der Veräußerungsgewinn nach deutschem Körperschaftsteuerrecht[63] steuerfrei. In diesem Fall besteht kein Risiko einer Doppelbesteuerung.

7.2.3   Verkehrssteuern

Im Zusammenhang mit dem Erwerb/der Veräußerung von Immobilien sind zwei Verkehrssteuerarten zu beachten: die *Grunderwerbsteuer* und die *Umsatzsteuer.*

Einzelheiten der Grunderwerbsteuer sind in dem Abschn. 1.2.2 erläutert.

---

[58] § 23 Abs. 1 KStG.

[59] § 4 S. 1 SolzG.

[60] BFH-Urteil vom 23.03.1971 – I R 128/70, BStBl. II 1972, 948.

[61] Musterkommentar zu Artikel 13 Nr. 4 OECD-MA.

[62] Vgl. Ismer in Vogel/Lehner (2021), Kommentar DBA, Artikel 23 OECD-MA Rn. 16.

[63] §§ 1 Abs. 1 Nr. 4 KStG, 8 Abs. 1 S. 1 KStG, 22 Nr. 2 EStG, 23 Abs. 1 S. 1 Nr. 1 EStG.

Umsatzsteuerrechtlich stellt die entgeltliche Vermietung und Verpachtung von inländischen Grundstücken an Dritte einen steuerbaren Leistungsaustausch dar.[64]

Diese steuerbaren Umsätze sind grundsätzlich von der Umsatzsteuer befreit.[65] Im speziellen Fall einer Vermietung an andere Unternehmer, die die gemieteten Flächen selbst im Rahmen ihres Unternehmens zur Erbringung steuerpflichtiger Ausgangs-umsätze nutzen, kann auf die Steuerfreiheit verzichtet werden.[66] Dies hat zur Folge, dass eine Berechtigung zum Vorsteuerabzug unter den Voraussetzungen von § 15 UStG besteht.[67]

Bei Vorliegen einer gemischten Nutzung der vermieteten Grundstücke für unter-nehmerische und nicht-unternehmerische Zwecke durch den Mieter ist der Vorsteuer-abzug nur anteilig für die unternehmerisch genutzte Fläche möglich.[68] Nutzt der Mieter exemplarisch nur 30 % der gemieteten Nutzfläche für unternehmerische Zwecke, können auch nur 30 % der Vorsteuer erstattet werden.[69]

Weiterhin ist die Regelung des § 15a UStG über die Berichtigung des Vorsteuer-abzugs zu beachten. Wird eine Immobilie zur Vermietung an Unternehmer für deren Unternehmen erworben und wird der Vorsteuerabzug geltend gemacht, gilt ein Zeitraum von zehn Jahren ab dem Zeitpunkt der erstmaligen Verwendung.[70]

Die Veräußerung vermieteter Immobilien ist grundsätzlich eine nicht steuerbare Geschäftsveräußerung im Ganzen, sofern der Käufer die Vermietungstätigkeit fort-setzt.[71] Es liegt dann kein steuerbarer Umsatz vor und der Käufer tritt hinsichtlich eines etwaigen Vorsteuer-Korrekturzeitraumes nach § 15a Abs. 10 UStG die Rechtsnachfolge der Stiftung an.

Erfüllt ein Grundstücksverkauf nicht die Voraussetzungen einer Geschäftsveräußerung im Ganzen, liegt ein steuerbarer und steuerfreier Umsatz vor, da der Verkauf bereits der Grunderwerbsteuer unterliegt.[72] Hiervon abweichend kann auf die Steuerfreiheit verzichtet werden, sofern der Umsatz an einen anderen Unternehmer für dessen Unternehmen ausgeführt wird.[73]

---

[64] §§ 1 Abs. 1 Nr. 1 UStG, 2 Abs. 1 UStG, 3 Abs. 9 S. 1 UStG, 3a Abs. 3 Nr. 1 S. 1 und S. 2 Buch-stabe a) UStG.

[65] § 4 Nr. 12 S. 1 Buchstabe a) UStG.

[66] §§ 4 Nr. 12 S. 1 Buchstabe a), 9 Abs. 2 S. 1 UStG.

[67] vgl. zum Rechnungserfordernis 2.1.3; Bsp: Handwerkerrechnung für Sanierungsarbeiten.

[68] § 15 Abs. 4 UStG.

[69] Abschn. 15.17 Abs. 7 UStAE.

[70] § 15a Abs. 1 S. 2 UStG.

[71] § 1 Abs. 1a UStG.

[72] § 4 Nr. 9 Buchstabe a) UStG.

[73] § 9 Abs. 1 S. 1 UStG.

Beraterhinweis

Der Verzicht auf die Steuerfreiheit einer Grundstücksveräußerung im Sinne des § 4 Nr. 9 Buchstabe a) UStG ist in dem gemäß § 311b Abs. 1 BGB notariell beurkundeten Vertrag zu erklären, eine spätere Nachholung ist nicht mehr möglich.[74]

Dabei ist als Besonderheit zu beachten, dass bei Grundstücksveräußerungen der Leistungsempfänger die Umsatzsteuer schuldet, wenn er ein Unternehmer ist.[75] Dieses Reverse-Charge-Verfahren bewirkt, dass ein zum vollen Vorsteuerabzug berechtigter Leistungsempfänger in seiner Umsatzsteuer-Anmeldung (oder der Umsatzsteuer-Jahreserklärung) einen steuerpflichtigen Umsatz anmeldet und gleichzeitig den Vorsteuerabzug anmeldet, wobei beide Steueransprüche saldiert werden und EUR 0 ergeben.

7.3 Schenkungsteuerliche Begünstigungsmöglichkeiten

7.3.1 Wohnungsunternehmen

Die steuerliche Begünstigung von Wohnungsunternehmen im Sinne des.

§ 13b Absatz 4 Nr. 1 Buchstabe d) ErbStG ist seit jeher Gegenstand streitiger Diskussionen. Die Finanzverwaltung bejaht den „Hauptzweck des Unternehmens in der Vermietung von Wohnungen […], dessen Erfüllung einen wirtschaftlichen Geschäftsbetrieb erfordert" in einer Vereinfachungsregel („regelmäßig") bereits bei Vorliegen von mehr als 300 Wohnungen.[76] Der BFH ist hier ungleich strenger und verlangt unabhängig von der Anzahl der Wohnungen vor allem originär gewerbliche Tätigkeiten, die über das normale Maß der Vermietung hinausgehen.[77] Da das Urteil des BFH von der Finanzverwaltung noch nicht beachtet wird, könnte ein anhängiges Revisionsverfahren hierzu demnächst Klarheit bringen.[78] Bis zu einer endgültigen Klärung sollte bei einer großen Anzahl von Wohnungen in einem Unternehmen erwogen werden, mit der Finanzverwaltung[79] den einfacheren Weg mit mehr als 300 Wohnungen zu beschreiten.[80]

---

[74] § 9 Abs. 3 S. 2 UStG.

[75] § 13b Abs. 5 S. 1 und Abs. 2 Nr. 3 UStG.

[76] R E 13b.17 Absatz 3 ErbStR.

[77] BFH, Urteil vom 24.10.2017, Az.: II R 44/15.

[78] Anhängig unter dem Az.: II R 20/20; Näher dazu: Korezkij, DStR 2021, 145; Kraft, ZEV 2021, 550; Scharfenberg/Dorn, DStR 2021, 2881.

[79] Ggfs. auch abgesichert mit einer verbindlichen Auskunft.

[80] Zumal die vom BFH geforderten gewerblichen Sonderleistungen sicherlich zu Nachteilen im Rahmen der gewerbesteuerlich erweiterten Grundstückskürzung führen.

7.3.2   Unbebautes Grundstück oder Objekt mit Leerstand

Das Gesetz definiert im Grundsatz Grundstücke dann als Verwaltungsvermögen, wenn diese Dritten zur Nutzung überlassen sind.[81] Im Umkehrschluss kann demnach ein Grundstück dann nicht als Verwaltungsvermögen zu qualifizieren sein, wenn das betreffende Grundstück im Zeitpunkt der Steuerentstehung nicht Dritten zur Nutzung überlassen wurde. Auf die Entgeltlichkeit der Nutzungsüberlassung kommt es nach dem Wortlaut nicht an, sodass auch eine unentgeltliche Überlassung problematisch ist.[82]

Nicht Dritten zur Nutzung überlassen wird bspw. ein unbebautes Grundstück oder eine Immobilie, die z. B. aufgrund noch zu erfolgender Bebauung noch nicht vermietet ist.[83]Grundstücke, die sich im Zustand der Bebauung befinden, Grundstücke die entmietet worden sind und Leerstehen oder auch Grundstücke, die wegen Umbaumaßnahmen trotz bestehenden Mietvertrages tatsächlich im Übertragungszeitpunkt nicht genutzt werden können, sind daher nach überwiegender Auffassung kein Verwaltungsvermögen.[84]

Hierdurch lassen sich Fälle mit Gesellschaften mit unbebauten Grundstücken als einzigen Vermögenswert, auch in unbegrenztem Umfang, gestalten. Auch der Erwerb solcher Grundstücke – im Extremfall – am Tag vor der Steuerentstehung ist denkbar.

7.4   Grunderwerbsteuer und GmbH & Co. KG

Die unentgeltliche und damit grunderwerbsteuerneutrale[85] Übertragung von Immobilien des Privatvermögens auf eine Familienstiftung wird aufgrund der geringen schenkungsteuerlichen Freibeträge regelmäßig zu einer schenkungsteuerlichen Belastung führen. Nach Überschreiten der 10-Jahres-Frist des § 23 Absatz 1 Nr. 1 EStG bietet sich alternativ der Verkauf der Immobilie zum Verkehrswert an die Familienstiftung an. Vorteilhaft ist hier bereits die Schaffung von neuem Abschreibungspotenzial und dass eine Versorgung des Verkäufers und regelmäßig Stifters in der ersten Zeit allein aus (steuerfreien) Tilgungsleistungen erfolgen kann.

Beim Einsatz einer gewerblich geprägten GmbH & Co. KG könnte die Grunderwerbsteuer dadurch verhindert werden, dass in einem ersten Schritt eine Veräußerung

---

[81] § 13b Absatz 4 Nr. 1 Satz 1 ErbStG.

[82]Vgl. hierzu Weimann in Moench/Weimann, § 13b, Rz. 112; Jülicher in Troll/Gebel/Jülicher/Gottschalk, ErbStG, § 13b, Rz. 259.

[83]Vgl. hierzu Weimann in Moench/Weimann, § 13b, Rz. 112; Jülicher in Troll/Gebel/Jülicher/Gottschalk, ErbStG, § 13b, Rz. 259.

[84] Söffing/Kucza, ErbStB 2020, 14.

[85] Unter den Voraussetzungen des § 3 Nr. 2 GrEStG.

der Immobilie an die vom Stifter oder seiner Familie[86] gegründeten GmbH & Co. KG erfolgt. Eine anschließende Schenkung der KG-Anteile an die Familienstiftung wäre aufgrund der hohen Verbindlichkeiten schenkungsteuerneutral und aufgrund des.

§ 3 Nr. 2 GrEStG auch grunderwerbsteuerneutral möglich.[87]

7.5   Besonderheiten für liechtensteinische Familienstiftungen

Für liechtensteinische Familienstiftung ergeben sich insofern keine wesentlichen Besonderheiten. Ist die Familienstiftung selbst oder über eine Personengesellschaft Eigentümerin einer inländischen vermieteten Immobilie würde aus ertragsteuerlicher Sicht durch den Inlandbezug eine beschränkte Körperschaftsteuerpflicht der Stiftung in Deutschland entstehen.[88]

Literatur

Bozza-Bodden, Nadya. 2013. Artikel 12 Lizenzgebühren OECD-Musterabkommen. In *Kommentar Doppelbesteuerungsabkommen*, 1. Aufl., Hrsg. Schönfeld, Jens/Ditz, Xaver, S. 1056–1129. Köln: Dr. Otto Schmidt Verlag.

Fichtelmann, Helmar, Die rechtsfähige Stiftung im Rahmen einer Betriebsaufspaltung, *GmbH-StB* 2016, S. 50–54.

Ismer, Roland. 2021. Artikel 23 Methoden zur Vermeidung der Doppelbesteuerung OECD-Musterabkommen. In *Kommentar Doppelbesteuerungsabkommen*, 7. Aufl., Hrsg. Vogel, Klaus/Lehner, Moris, S. 1973–2146.

Jülicher, Marc. § 13b ErbStG Steuerbefreiung für Betriebsvermögen, Betriebe der Land- und Forstwirtschaft und Anteile an Kapitalgesellschaften. In *Kommentar Erbschaftsteuer- und Schenkungsteuergesetz*, 62. Lfg., 2021, Hrsg. Troll, Max/Gebel, Dieter/Jülicher, Marc/Gottschalk, Paul Richard. München: C.H.Beck.

Korezkij, Leonid, Begünstigungen für Betriebsvermögen in der Erbschaftsteuer: Aktuelle Rechtsprechung und Verwaltungsanweisungen, *Deutsches Steuerrecht* (DStR) 2021, S. 145–150.

Kraft, Gerhard, Aktuelle Entwicklungen bei der Betriebsvermögensbegünstigung von Wohnungsunternehmen, *Zeitschrift für Erbrecht und Vermögensnachfolge*, ZEV 2021, S. 550–557.

Pöllath, Reinhard/Lohbeck, Allit. 2021. Artikel 12 Lizenzgebühren OECD-Musterabkommen. In *Kommentar Doppelbesteuerungsabkommen*, 7. Aufl., Hrsg. Vogel, Klaus/Lehner, Moris, S. 1349–1423. München: C.H.Beck.

---

[86] Die Veräußerung wäre bei Ehepartnern nach § 3 Nr. 4 und bei Kindern gemäß § 3 Nr. 6 GrEStG jeweils i.V.m. § 5 Absatz 2 GrEStG steuerfrei.

[87] Unklar ist, ob dies auch für die vermögensverwaltende GmbH & Co. KG so gilt, oder ob man hier eine umfangreiche Teilentgeltlichkeit auch für grunderwerbsteuerliche Zwecke anzunehmen hat (§ 10 Absatz 1 Satz 4 ErbStG).

[88] § 2 Absatz 1 KStG i.V.m. § 49 Absatz 1 Nr. 6 EStG.

Pruns, Matthias, Notarielle Form des Stiftungsgeschäfts bei Zusicherung von Immobilienvermögen?, *Erbrecht*, (ErbR) 2020, S. 163–167.

Richter, Andreas in *Stiftungsrecht*, Auflage 2019, Hrsg. Richter, Andreas. München: C.H.Beck.

Scharfenberg, Jens/Dorn, Kathrin, Wann liegt denn nun ein Wohnungsunternehmen im erbschaftsteuerlichen Sinne vor?, *Deutsches Steuerrecht* (DStR) 2021, S. 2881–2884.

Schwenke, Michael. 2021. Artikel 6 Einkünfte aus unbeweglichem Vermögen OEDC-Musterabkommen. In *Kommentar Doppelbesteuerungsabkommen*, Band 1, 154. Lfg., Hrsg. Wassermeyer, Franz. München: C.H.Beck.

Söffing, Matthias/Kucza, Julian, Zur Interpretation des Tatbestands "Dritter zur Nutzung überlassene Grundstücke" i.S.d. § 13b Abs. 1 Nr. 1 ErbStG, *Erbschaftsteuer-Berater* (ErbStB) 2020, 14–19.

Wassermeyer, Franz. 2021. Artikel 6 Einkünfte aus unbeweglichem Vermögen OEDC-Musterabkommen. In *Kommentar Doppelbesteuerungsabkommen*, Band 1, 154. Lfg., Hrsg. Wassermeyer, Franz. München: C.H.Beck.

Weimann, Norman in *Erbschaftsteuergesetz*, 93. Aktualisierung, 2021, Hrsg. Moench Dietmar/ Weimann, Norman Haufe

Werner, Rüdiger Formbedürftigkeit der Übertragung von Immobilien und GmbH-Geschäftsanteilen im Rahmen der Stiftungserrichtung?, *Zeitschrift für die Steuer- und Erbrechtspraxis* (Zerb) 2021, S. 131–135.

The manufacturer's authorised representative in the EU is Springer
Nature Customer Service Centre GmbH, Europaplatz 3, 69115 Heidelberg,
Germany. If you have any concerns regarding our products, please
contact ProductSafety@springernature.com

Printed and bound by CPI Group (UK) Ltd, Croydon, CR0 4YY

24/04/2026

02096345-0017